하늘, 바람, 길 그리고 사람들
S&T 국토대장정

이재희 지음

평사리
Common Life Books

| 발간사 |

"S&T의 역사는
도전의 역사입니다!"

　기업의 가장 중요한 사명은 '생존(生存)'입니다. 어떤 위기가 있어도 반드시 살아남기 위해 끊임없이 '도전'해야 하고, '혁신'해야 합니다. 기업문화는 그러한 기업의 핵심가치를 창출하며, 그것이 곧 경쟁력입니다.

　S&T는 지난 38년간 대한민국 제조업 역사의 한 부문에서 수없이 많고 무거운 위기를 지나왔습니다. 생존을 위해 끊임없이 도전해 왔으며, 돌다리도 수십 번 두드려 보고 건넌다는 자세로 위기를 기회로 만들어 왔습니다.

　이러한 정신으로 S&T는 지난 2008년부터 4년 8개월 동안 'S&T 백두대간 대장정'을 완주하였고, 2013년부터는 대한민국 기업 최초로 임직원과 가족들이 나라사랑, 자연사랑, 기업사랑의 실천 의지를 담아 아름다운 우리 국토를 함께 걷는 'S&T 국토대장정'을 펼쳤습니다.

'S&T 백두대간 대장정'과 'S&T 국토대장정'은 S&T 도전정신의 상징입니다. 또한 소통과 화합의 기업문화가 우리의 저력이 되고 주춧돌이 돼야 한다는 의지입니다.

'S&T 국토대장정'은 임직원과 가족 사이에 세대를 넘어 소통하고 화합하는 문화를 만들자는 취지로 2013년 3월 울산 간절곶에서 출발했습니다. 2018년 1월 13일 50차 국토대장정까지 총 650여 km를 걸었고, 참여 인원은 무려 2만여 명에 달했습니다.

매번 우리 S&T 가족들이 아름다운 우리나라 사계절의 절경과 함께 소중한 추억을 남길 수 있도록 관심과 정성으로 배려해 왔습니다. 이 책에는 지난 5년간 'S&T 국토대장정'을 진행하며, 함께 걷고, 고민하고, 소통해 준 S&T 가족들과의 기록을 담았습니다.

경영인으로서 보람도 있지만, 무엇보다 우리 S&T 가족들과 '현장'에서 함께 '소통'하며 기업의 참모습을 담아냈다는 것에 무한한 감동을 느낍니다. 또한 아무리 힘들고 괴로운 상황에서도 S&T 도전의 역사를 지속해 왔다는 자부심은 미래를 위한 도약에 힘찬 기운을 실어 줍니다.

S&T는 항상 맑은 정신으로 투명한 기업, 정도를 지키는 기업, 현장에서 발로 뛰는 기업을 만들어 가고자 최선을 다하고 있습니다. 미래를 지향하고, 현재에 최선을 다하며, 젊고 양명한 기업으로 거듭나기 위해 끊임없이 노력하고 있습니다.

앞으로도 S&T는 'S&T 백두대간 대장정'과 'S&T 국토대장정'을 통해 얻은 소통과 화합의 기업문화와 '할 수 있다'는 도전정신을 바탕으로 계속 전진할 것입니다. 기업의 끈질긴 생명력을 위해 지속적인 변화와 혁신을 이뤄 갈 것입니다.

이 책이 대한민국 모든 기업과 그 가족들에게 가치 있는 전언(傳言)이 될 수 있길 바라며, 아울러 'S&T 도전의 역사'에 많은 관심과 응원을 부탁드립니다.

감사합니다.

2018년 2월 1일
S&T그룹 회장 최 평 규

| 추천사 |

자연과 사람이 동고동락하며 빚어낸 감동, 국토대장정

한반도의 삼면을 둘러싼 바다는 우리에게 삶 그 자체입니다. 굽이굽이 이어지는 우리 국토의 해안길은 일터로서의 현장과 자연환경으로서의 풍광을 동시에 품고 있습니다. 그래서 더욱 아름답습니다. 첫 출발지는 해가 뜨는 울산 간절곶이었습니다. 해무 속을 뒤채던 불덩이가 벌겋게 솟아오르는 해돋이의 장관, 그 기운을 온몸으로 맞이하는 인간의 탄성이 어우러지면서 국토대장정은 막을 올렸습니다.

물론 쉬운 일은 아니었습니다. 그동안 걷지 않던 다리는 수십 km를 걸을 때마다 비명을 질렀습니다. 허벅다리에 통증이 오고 사타구니가 화끈거렸습니다. 포기하고 싶은 때가 한두 번이 아니었습니다. 앞선 자와 처진 자의 사이가 벌어지고 대열이 흐트러지곤 했습니다. 그러나 우리 자연이 지닌 신비한 힘이 이 모든 것을 이겨 내는 에너지를 주었습니다. 우리가 두 발을 디디고 선 국토의 속살을 체험한다는 숙연함, 그림보다도 빼어난 우리 강산의 다채롭고 풍요로운 볼거리에 온몸이 반응하는 흥겨움이 바로 그런 힘이었습니다.

나이는 무의미한 숫자에 불과했습니다. 국토대장정에는 갓난아이부터 70대까지 다양한 연령대가 참여해 뒤섞였습니다. 동료들끼리 손잡아 주고 가족들끼리 안아 주며 서로 끌어 주고 밀어 주었습니다. 힘겹게 걸으면서 대화했습니다. 그리고 서로를 이해했습니다. 품 넓은 자연 속에서, 드넓은 바다 앞에서 한 사람 한 사람이 더 큰 하나가 되는 참으로 숭고한 광경이었습니다. 국토대장정은 자연과 사람과 사랑을 서로 가르치고 배우는, 다름 아닌 미래의 희망을 향한 대장정이었습니다.

국토대장정은 S&T그룹이 우리 강토와 자연에 대한 사랑을 담아 2013년부터 시작한 프로젝트입니다. 우리 국토의 맛진 길 중 일정 코스를 선정해서 한 달에 한 번씩 길게는 30km씩 걸었습니다. 전체 구간을 미리 정한 뒤에 계속해서 이어가며 걷는 통상적인 것과는 다른 방식이었습니다. 정해진 경로 없이 계절과 날씨에 따라 무작위로 코스를 선별하는 이런 방법은 비슷한 루트를 이어 걸을 때 발생하는 단조로움을 없애 주고 한층 다채로운 경험을 선사했습니다. 사내 공모를 통해 선발된 사원들, 자율적으로 참가한 시민들, 그리고 가족들과 함께한 사람들이 도보의 즐거움을 나누었습니다. 한 번에 많게는 1000명까지 함께 걸으면서 소통과 화합, 상생의 진정한 의미를 몸으로 새겼습니다. 도전정신과 국토사랑, 나라사랑도 마음에 담았습니다.

부산일보는 이번 국토대장정의 출발과 더불어 취재와 보도를 맡아 동행했습니다. 꼼꼼한 취재기가 매달 부산일보 지면에 게재됐습니다. 2013년 3월 간절곶~임랑해수욕장 구간을 시작으로 5년에 걸친 국토대장정의 소중한 기록을 마침내 책으로 엮었습니다. 이 대장정의 현장에 함께한 이재희 기자 취재기는 말 그대로 국토대장정의 살아 있는 역사입니다. 자연과 사람이 함께 동고동락하며 빚어낸 날것 그대로의 감동이 돋을새김되어 있습니다. 독자 여러분도 그 생생한 감동에 흠뻑 취해 보실 것을 권합니다.

국토사랑과 자연사랑을 모토로 한 국토대장정은 여전히 진행형입니다. 지금 이 순간에도 길을 떠나기 위해 준비하는 움직임은 간단없이 이어지고 있는 것입니다. 국토대장정은 바닷길이 엮어 준 화합의 한마당입니다. 이 소중한 만남이 앞으로도 끊이지 않고 계속되기를, 그리하여 미래를 꿈꾸는 도전에 대한 또 하나의 귀감이 되기를 바랍니다.

감사합니다.

2018년 2월 1일
부산일보 대표이사/사장 안 병 길

| 머리말 |

다시 길 위에서

2018년 1월 다시 길을 걷습니다. 이번엔 통영 미륵도입니다. 겨울바람이 맵찹습니다. 짐을 내리고 걸으니 홀가분합니다. 지난 5년간 매달 걸었던 그런 길이 조금 달라 보입니다. 아스팔트 위에 떨어진 씨앗 하나 눈에 담습니다. 지난해 빨간 동백이 키운 것입니다. 마음에 품고 또 걷습니다. 동백은 올해 또 어김없이 피어납니다.

지난 5년 동안 S&T와 국토대장정을 하며 부쩍 성장하였습니다. 길동무로 만났던 많은 분을 떠올립니다. 참 소중한 인연 덕분입니다.

S&T그룹 최평규 회장이 용기를 주셨습니다. "S&T와 함께한 지난 5년을 정제한 기록으로 남기는 것도 의미 있는 일이다"라는 말씀에 부산일보에 연재했던 기사를 책으로 내고자 결심하게 되었습니다.

이 책은 제 이름을 달고 태어나지만, 국토대장정을 시작하는 첫 회 '간절곶~임랑해수욕장' 구간 취재를 담당한 후배 윤여진 기자, 제가 해외 출장을 갔을 때 '포항 화진~칠포해수욕장'을 걸었던 전대식 기자, '남해지족어촌마을~물건방조어부림' 멋진 풍경을 소개한 선배 김은영 선임기자와 함께 만든 것입니다.

이분들은 '국토대장정'이 책으로 나온다니 흔쾌히 원고 게재를 허락해 주었습니다.

지면을 알차게 만든 지도 그래픽은 부산일보 미술팀의 류지혜 기자가 제 일처럼 도와주었고, 첫 회부터 '경남 고성 임포항~상족암'까지의 10개 지도 그래픽은 지금은 부산일보를 그만두고 계간지 〈다시, 부산〉의 에디터가 된 박나리 기자가 수고한 것입니다.

부산일보 사진부는 국토대장정 초창기 사진 취재를 담당하며 이후 제가 어떻게 사진 구도를 잡을지 알뜰하게 가르쳐 주었습니다. 또 S&T모티브 홍보팀은 제가 가지고 있지 않은 귀한 사진을 제공하여 이 책이 더욱 빛나도록 하였습니다. 무엇보다 기사의 제목을 달고 지면에 생명을 불어넣은 부산일보 편집부 편집기자 선후배들의 활약도 책의 가치를 높이는 데 기여했습니다. 국토대장정이 지면으로 소개되는 목요일만 기다리는 마니아가 생길 정도로 잘 편집된 기사는 인기가 좋았습니다. 물론 꼼꼼하게 교열을 해 준 교열부 두 분 선배도 있습니다.

생각건대 '화합, 상생, 소통, 그리고 국토·자연·기업 사랑'의 S&T 국토대장정은 제게 이 모든 좋은 인연을 가져다준 행운입니다.

결국, 사람이 남습니다. 늘 호쾌한 웃음으로 반겨주신 S&T모티브 유기준 사장, 국토대장정을 시작할 때부터 늘 힘이 돼 주시던 김택권 전 사장, 그리고 함께 같은 길을 걸었던 S&T그룹 열혈 독자들이 그렇습니다. 늘 좋은 길잡이가 된 S&T모티브 홍보팀 식구들과 친해진 것도 제게 고마운 일입니다.

S&T그룹도 부산일보를 통해 많이 알려졌습니다. 우선 아내 숙과 동·하·주 세 아이가 생판 모르던 'S&T'를 알게 되었고, 부산일보를 본 많은 이가 우리 국토의 광활함과 속살을 함께 느꼈다고 말하겠습니다. 최평규 회장이 막걸리를 먹는지, 어묵을 먹는지도 신문을 눈여겨보는 독자에게는 좋은 정보가 되었을 것입니다. 최 회장은 매회 '말씀과 행동'으로 영감을 주었습니다.

그래서 그룹의 대표이자, 국토대장정의 큰 어른이신 최 회장의 '말씀'은 늘 제게 고마움이었습니다. '공대 출신 시인'인 최 회장의 풍성한 멘트는 저의 부족한 문장력을 채워 주었습니다. 더불어 임직원들의 한마디 한마디가 기사의 자양분이 되었답니다. 고마움을 전합니다.

늘 격려해 주시고 멋진 추천사까지 주신 부산일보 안병길 대표이사 사장과 취재 과정에 많은 조언과 도움을 주셨던 부산일보 선후배들에게도 인사를 올립니다.

이제 이 길을 다시 걸을 독자 여러분에게 이 책의 부족함을 채워 달라고 감히 부탁드립니다. 길 위에서 늘 행복하시길 바랍니다.

2018년 2월

이 재 희

| 차례 |

발간사 "S&T의 역사는 도전의 역사입니다!" 2

추천사 자연과 사람이 동고동락하며 빚어낸 감동, 국토대장정 4

머리말 다시 길 위에서 6

1부

간절곶~임랑해수욕장
기대와 설렘으로 해안길 15km 함께… 어느새 따스한 정이 '소복' 14

해금강~명사해수욕장
길을 걷다 인연을 만나고 또 인생을 배우고 22

울산 우가포~나아해변
주상절리에 감탄, 해산물에 군침, 바다는 항상 열려 있다 30

감포 오류해변~양남 나아해변
황홀한 꽃밭 지나 어두운 터널… "포기하지 않고 우린 해낸다" 38

남해바래길 월포·두곡~사촌 해수욕장
강렬한 햇발 속 고단한 길 '터벅터벅'… "흘린 땀 죄다 몸엔 보약" 46

거제 능포항~장승포항
한 달 보름 만에 만난 친구들, 장대비로 땀 씻으며 색다른 체험 54

포항 모포항~경주 고아라해수욕장
머리 위 하늘은 가을빛을 품고, 발아래 바닷길은 추억을 걷고 62

포항 칠포~화진해수욕장
모래밭 · 고샅길 · 부둣길, 묘하고 흥미로운 길 "지루해할 틈이 없네" 70

경남 통영 산양초등 화양분교터~통영해양관광공원
길섶 동백꽃은 벌써 붉었고 남해 물비늘은 보란 듯 찬란했다 78

2부

경남 고성 임포항~상족암
상족암 해안 풍경, 제주 주상절리·격포 채석강에 뒤지지 않았다 … 88

포항 호미곶~구룡포항
수평선 너머 일출 맞으며 새해 국토대장정 첫걸음 내딛다 … 96

삼척 맹방해수욕장~삼척해수욕장
한치재 넘자 우렁찬 동해 파도 '이사부 장군 기개' 숨 쉬는 듯 … 104

경북 영덕해맞이공원~축산항
눈앞에 펼쳐진 장쾌한 동해, 600명 긴 행렬 봄을 걸었다 … 112

남해 두모유채꽃밭~상주 은모래비치
꿈길 같은 유채꽃길… 알록달록 무지개 같은 행렬이 이어졌다 … 120

영덕 축산천~고래불해수욕장
어디가 하늘이고 어디가 땅인지… 8km나 이어진 광활한 사구 … 128

남해 설리해수욕장~상주 은모래비치
탁 트인 쪽빛 바다 '한 폭 그림'… 걷는 게 힐링이다 … 136

통영 멍게수협~통영해양공원
'이순신의 바다'에서 판옥선 밑바닥 격군들의 삶을 되새기다 … 144

울진 후포항~영덕 고래불해수욕장
한껏 높아진 가을 하늘, 동해 넉넉한 품에 안겼다 … 152

하동읍 재첩특화마을~금성면 수변공원
햇살 눈부신 드넓은 갈대밭, 섬진강의 가을 속으로… … 160

3부

경북 영덕 삼사리~해맞이공원
한 걸음에 대게, 두 걸음에 가자미… 눈과 입이 호사로세 … 170

사천시 모충공원~남해군 단항회센터
해안길로… 다리 위로… 바닷바람 속 마음은 벌써 봄 … 178

여수 웅천 친수공원~엑스포해양공원
굴곡진 현대사의 현장 지나 오동도서 오동동타령 … 186

광양 관동마을~돈탁마을
겨울 마침표 매화 향기 속 섬진강의 봄 만끽 … 194

포항 환호공원~칠포해수욕장
탁 트인 동해안 따스한 갯내음 맡으며 봄 소풍 … 202

남해 동흥마을~하동 금남면사무소
아까시나무 꽃향기 실린 갯바람 타고 사뿐사뿐 … 210

울산 당월 삼거리~간절곶
'메르스'로 움츠렸던 발걸음, 초가을 수놓다 … 218

순천 장산마을~와온마을
울긋불긋 칠면초 절경 속 발걸음 가볍게 … 226

울진 후포항~구산해수욕장
길섶 야생화 상쾌한 해풍 물든 가을 한 아름 … 234

울진 망양휴게소~왕피천
우르릉 철썩 쾅 우르르~ 젊은 세월을 눈물로 보낼 순 없지 … 242

4부

태종대~송도해수욕장
굽이굽이 해안 절벽… 소중한 이의 손 놓지 말아라 … 252

통영마리나~세자트라숲
한산도 찬 바람에 가슴속 묵은 짐 실어 보내길 … 260

거제 구조라~몽돌해수욕장
한파에 꽃망울 터뜨린 동백, 설레는 발걸음은 벌써 '봄' … 268

사천 모충공원~선진리성
아이들 걸음마다 봄 내음 '폴폴' … 276

광양 돈탁마을~배알도해변공원
매화 향기에 사람도 섬진강도 취한 그 길… … 284

서구 암남동~송도해수욕장
회색 바위 절벽 봄맞이 옷 입다 … 292

여수 오천리 마을회관~장척갯벌노을마을
풍만, 충만, 낭만, 여자만(灣) … 300

경북 포항시 발산마을~호미곶광장
다정한 연인·가족과 손잡고 걷는 예쁜 길 … 308

울산 화암등대길~일산회센터
파도, 조선소 엔진, 뱃고동… 9色 소리 길　　　　　　　　　　　　316

부산 남구 오륙도~민락수변공원
환상의 바닷길, 잊지 못할 낭만에 젖다　　　　　　　　　　　　324

5부

민락수변공원~옛 송정역
해변과 마을, 그리고 바다 '아~ 아름답다'　　　　　　　　　　　334

가덕도 선창마을~대항마을
봄이 오는 길목, 가덕의 푸른 바다로　　　　　　　　　　　　　342

송정해수욕장~기장 월전마을
봄 바다가 건네는 향긋한 추파를 누군들 견디랴　　　　　　　　350

맥도강 생태공원~신호공원
30리 벚꽃길… 꽃이 걷는지, 사람이 걷는지　　　　　　　　　　358

삼락생태공원~구포대교
벚꽃 진 뒤 펼쳐진 녹음에 마음까지 짙푸르다　　　　　　　　　366

통영 연화도 일주
연꽃 봉오리처럼 섬들이 '피었다'　　　　　　　　　　　　　　376

남해지족어촌마을~물건방조어부림
숲과 바다 그리고 바람… 이 맛에 걷는구나!　　　　　　　　　384

금산 복곡탐방지원센터~상주 은모래비치
나에게 묻고 나를 찾는 '구도의 길'　　　　　　　　　　　　　392

울산 선바위~태화강체육공원
연어는 강을 거슬러 오르고, 우리는 물길 따라 걷고　　　　　　400

하동 쌍계사~평사리공원
십리벚꽃길과 섬진강100리길의 '가을 유혹'　　　　　　　　　408

1부

● 간절곶~임랑해수욕장

기대와 설렘으로 해안길 15km 함께…
어느새 따스한 정이 '소복'

S&T 국토대장정 종주단과 함께 제1차 코스의 시작인 간절곶을 출발해 임랑해수욕장까지 15.1km를 걸었다.
해안을 따라 이어지는 길이 단조로울 법도 하건만 여러 사람이 같이 걸으니 지겨울 틈이 없었다.
길 옆으로 펼쳐질 바다와 항구 경치는 덤으로 얻었다.

간절곶에서 바라본 3월의 일출.

부산일보가 S&T그룹과 공동으로 국토대장정에 나섰다. 이번 국토대장정은 통상적인 '이어 가기' 방식과 다르다. 계절과 날씨에 따라 구간과 코스를 달리해 걷되 총체적으로는 전체 구간을 다 답사하는 무작위의 '랜덤' 방식을 취한다. 부산일보는 2013년 3월 23일 S&T그룹 임·직원과 가족 1천여 명이 참석한 가운데 그룹 산하 S&T모티브 직원 34명으로 구성된 'S&T 국토대장정 종주단'의 장도에 합류했다. 첫 코스로 '동해안 해파랑길'의 울산 울주군 간절곶과 부산 기장군 임랑해수욕장을 잇는 15.1km 구간을 걸었다.

일출과 함께 대장정 시작되다

2013년 3월 23일 국토대장정 종주단이 첫발을 내디딘 간절곶에는 기대와 설렘의 기운이 충만했다. 간절곶 광장에 도착하니 1천여 명에 이르는 인파가 한데 모여 있었다. 국

S&T 국토대장정 발대식

토대장정 종주단과 함께 제1차 코스 걷기에 나선 S&T그룹 임직원과 그 가족들이었다. 다들 걷기에 앞서 해돋이를 기다렸다. 간절곶에서 일출을 맞을 줄이야. 기대감에 부풀었지만 해무와 구름이 번진 바다는 좀처럼 해를 보여 주지 않았다. 포기하고 돌아설 즈음 구름이 벌겋게 번졌다. 마침내 구름 사이로 해가 살짝 고개를 내밀었다. 곳곳에서 탄성이 쏟아졌다.

해돋이 감상을 마치고 간절곶 광장을 둘러보는데 맞은편으로 안내 표지판이 보였다. 계단을 따라갔더니 드라마하우스가 나타났다. 지상파 TV 드라마가 촬영된 세트장을 결혼사진 전문 스튜디오와 식당으로 만들었다. 식당은 드라마 촬영 현장을 담은 사진과 함께 촬영 현장을 직접 체험할 수 있도록 새로 꾸며 놨다. 좀 생뚱맞은 느낌이 있었지만 둘러보는 재미는 쏠쏠했다.

발대식 행사가 끝나고 걷기에 나섰다. 간절곶을 시작으로 고리원자력발전소를 지나 월내, 임랑해수욕장에 이르는 15.1km 코스였다. 운동해 본 지가 까마득한데 제대로 걸을 수 있을지 걱정스러웠다. 그렇다고 포기할 수는 없는 일. 조금이라도 한눈팔았다가는 쉽게 뒤처질 것 같아 앞장서는 국토대장정 종주단과 발을 맞췄다.

S&T 국토대장정 종주단은 20대부터 50대에 이르기까지 다양한 연령대가 포진했다. 입사 2년 차인 진주(26) 씨가 가장 어렸다. 학창 시절 국토대장정에 도전해 보지 못한 것이 아쉬워 국토대장정 종주단을 선발한다는 소식을 듣자마자 지원했다며 큰 기대에 부풀어 있었다. 그는 "땅에 두 발을 디디며 국토 이곳저곳을 누빈다는 것에 설렌다"며 "특히 해안길은 볼거리가 풍부해 지겹지 않을 것 같다"고 말했다.

자녀와 함께 온 단원도 눈에 띄었다. 김호(46) 차장은 "막내 건우(10)가 새벽 4시부터 서두르는 모습을 보고 놀랐다"고 말했다. 요즘 인기를 끌고 있는 '아빠, 어디가?'란 TV 프로그램을 보면서 자녀와 좋은 추억을 자주 만들어야겠다는 생각을 하고 있던 그는 첫 대장정 길을 일부러 아들과 함께했다고 자랑스러워했다.

길 위를 사람의 점으로 채우고

이들과 함께 간절곶 해안길을 따라 걸었다. 코끝을 스치는 간절곶의 바다내음이 시원했다. 전망덱(deck)을 따라 간절곶 기념비를 지나자 간절곶의 명물인 커다란 우체통이 모습을 드러냈다. 경치를 즐기며 걷다 보니 스트레스가 어느 틈에 자취를 감췄다. 산길을 지나자 어느덧 길은 나사마을로 이어졌다. 마을 앞으로 펼쳐진 바다와 함께 마을 곳곳에 그려진 아기자기한 벽화가 묘한 조화를 이뤘다. 천사의 날개처럼 다소 진부한 그림도 있었지만 바다마을의 특색을 살린 수작이 적지 않았다. 벽화 앞에서 사진을 찍고 싶었지만 꾹 참고 대열의 보폭에 맞췄다.

마을을 지나자 산길이 이어지고 이내 해안길이 나왔다. 단조로울 법한 길이지만 여러 사람이 함께하니 지겹지 않았다. 오랜만에 함께 외출에 나섰다는 지성국(45) 기술사원과 아내 변경미(44) 씨는 "해안가를 따라 걷는 길이 평지여서 쉬울 줄 알았는데 생각보다 꽤 힘들다"면서 "함께 걸으며 이야기를 나누니 견딜 만하다"고 웃었다.

도보에 나선 지 1시간 정도 지나자 다리가 슬슬 저렸다. 저질 체력을 실감하면서 걷는데 큰 배낭을 짊어진 사람들이 앞에 보였다. 알고 보니 지난 2008년부터 4년여 동안 백두대간을 누빈 'S&T 백두대간 대장정 종주단'이었다. 당시 대장을 맡은 박광호 씨는 정년퇴직 뒤에도 사내 산악팀에서 활동 중이라고 했다. 당시 경험을 흥미롭게 들려주던 박 씨는 휴식 시간이 되자 시원한 막걸리를 권했다. 한 잔 들이켜고 싶었지만 또 참았다. 혹시 걷는 데 방해가 될까 싶어서였다.

부지런히 발걸음을 옮겼다. 고리원자력발전소를 지나는 오르막길에 오르자 월내마을이 보였다. 여럿이 떼 지어 걸음을 옮기자 마을 주민들이 신기하다는 듯 바라보았다. 한 주민이 어디서부터 걸었느냐고 묻기에 간절곶에서 왔다고 하니 "대단하다"며 엄지를 추켜세웠다. 미역철 막바지를 맞아 주민들이 널어놓은 미역향이 갈수록 깊어졌다.

다리 아래서 그물을 던져 고기를 잡는 강태공의 모습을 지켜보니 마음이 한결 여유로워졌다. 앞서 가던 국토대장정단 관계자가 먼발치에서 발걸음을 빨리 옮기라고 손짓했다. 치열한 경쟁률을 뚫고 선발된 최강 체력의 소유자들이라는 김택권 종주단장(S&T모티브 대표이사 사장)의 말이 불현듯 기억났다.

4시간여 만에 임랑해수욕장에 도착했다. 바닥에 그대로 주저앉았지만 점심은 꿀맛 같았다. 곁에 있던 권민호(44) 기술사원의 아내인 전영미(44) 씨가 함께 먹자며 음식을 나눠 주었다. 올해 고3인 양후(18)와 동생인 남희(14), 인혁(13)도 온 가족과 함께 걸었다는 사실에 뿌듯해했다. 전 씨는 특히 고3 아들에게 좋은 선물이 된 것 같다고 말했다.

함께 걸으니 15km가 두렵지 않았다. 문득 임랑해수욕장의 드넓은 바다 옆으로 걸어온 길이 시야에 들어왔다. 길에는 어느새 따스한 정이 소복이 쌓였다.

이번 코스는 간절곶~나사마을~고리원자력발전소~월내마을~임랑해수욕장으로 이어졌다. 첫 구간이라 속도를 크게 내지 않아 거의 4시간 만에 완보할 수 있었다. 대부분의 길이 평지여서 초보자라도 거뜬하고 해안을 따라 걷는 까닭에 도중에 헤맬 이유도 없었다. 그러나 정부가 일찍부터 '동해 해파랑길'로 지정했음에도 이렇다 할 표지판을 찾을 수 없었던 것은 무척 아쉬운 대목이다.

환한 모습으로 해안길을 걷는 국토대장정 참가자들.

course
: 간절곶~임랑해수욕장 :

해가 가장 빨리 뜨는 간절곶
장엄한 첫걸음을 내딛다

- **총 거리**   15km
- **소요시간** 4시간 10분
- **난이도**   ★★☆☆☆
- **코스**   간절곶~간절곶 관광휴게소~나사해수욕장~서생중학교~효암천~신암마을~
            고리원자력발전소~월내마을~임랑해수욕장

○ **코스 소개**   간절곶은 우리나라 내륙에서 해가 가장 빨리 뜨는 곳이다. 2018년 1월 1일 간절곶 해는 정확하게 오전 7시 32분에 떴다. 포항 호미곶에서는 이보다 1분 늦은 오전 7시 33분에 일출을 볼 수 있었다. 국토대장정의 첫걸음을 간절곶에서 시작한 의미다. 이번 코스는 간절곶에서 해파랑길을 따라 남쪽으로 내려온다. 간절곶 소망우체통에서 시작하여 나사해수욕장으로 내려오면 푸른 동해가 한눈에 보인다. 나사리는 작은 어항이지만, 물이 맑아 해수욕을 즐기기에 좋다. 신암마을에 들어서면 제법 번화한 거리를 지나게 된다. 신암마을부터는 우리나라 최대 핵발전소 밀집 지역이 있기 때문에 해안으로 가지 못하고 내륙으로 우회해야 한다. 지금은 사라진 효암마을을 지날 때는 망향의 아픔을 함께 느껴 보는 것도 좋을 것이다. 이 길은 차량 통행이 많기 때문에 주의해야 한다. 원자력발전소 입구를 지나면 월내마을이다. 월내는 '원래'와 경상도식 발음이 같다. 부산 인근에서는 하급자가 상급자에게 "원래 그게 아니라" 하고 변명하면 상급자가 "원래는 무슨 원래. 원래 기장 위에 있는 것이 '월내'고~" 하면서 면박을 줄 때 인용하기도 한다. 동해남부선 월내역을 지나면 1구간의 종착지인 임랑해수욕장에 도착한다. 임랑해수욕장은 부산이 가장 북쪽에 위치한 곳이지만 시내와 가깝고, 파도 또한 장쾌하기에 사시사철 방문하는 사람이 많다.

○ **주변 볼거리**   간절곶에서 차로 20분 정도 가면 울산 외고산 옹기마을이 있다. 이곳에 있는 울산 옹기박물관에는 기네스에 오른 세계 최대 크기의 옹기가 전시돼 있다. 세계 최대 옹기 외에도 문어 통발 등 300여 점의 다양한 옹기를 볼 수 있다. 중장년층이라면 시골집 장독대 풍경을 보며 향수에 젖을 수 있다. 나사방파제와 신암방파제는 어촌 주민들의 삶을 표현한 다양한 부조 조형물과 벽화가 빼곡하다. 사진을 찍을 수 있는 포토존도 있어 발길이 오래 머문다. 장안사 대웅전과 수령 1300년이 훌쩍 넘은 장안리 느티나무는 너무도 늠름하여 찾아가는 이를 푸근하게 반긴다.

● 해금강~명사해수옥장

길을 걷다 인연을 만나고
또 인생을 배우고…

S&T 국토대장정에 나선 대원과 가족들이 거제 해금강 바람의 언덕을 지나 걸음을 재촉하고 있다.
이번 해금강~명사해수욕장 구간은 거제도에서도 가장 풍광이 아름다운 해안 절경을 곳곳에서 만날 수 있었다.

벌써 국토대장정 1호 단짝이 탄생했다. 건호(10)와 권엽(10)이다. 둘은 사는 곳도 다르고 학교도 다르다. 다만 아빠가 다니는 회사가 S&T모티브로 같고, 학년이 같다. 둘은 한 달 전 국토대장정 해파랑길을 함께 걸었다. 그런데 아무래도 13km의 전 구간을 완주하는 것은 무리였다. 그래서 누가 먼저랄 것도 없이 긴급 구조용 구급차 신세를 졌다. 물론 다친 게 아니라 단지 다리가 조금 아팠을 뿐이었다. 걷지 않고 차를 타는 것만으로 체력은 금방 회복되었다. 그렇게 맺은 '구급차 인연'으로 둘은 친구가 되었다. 국토대장정 1호 단짝이다.

유채꽃 만발한 대지 위 걷는 재미

걷는다는 것은 아름다운 일이다. 자신의 발로 유채꽃 피어나는 아름다운 대지를 누릴 수 있는 것은 도보 여행꾼의 특권이다. 어리거나 나이가 들었거나, 길에서는 누구나 하나가 된다. 어찌보면 S&T모티브 이동호(44) 차장의 아들인 권엽이(금양초등 4학년)와 김호(46) 차장의 아들 건호(신도초등 4학년)가 만난 것은 필연일 것이다.

"이번엔 어땠어. 구급차 많이 탔니?" 돌아오는 버스 안에서 장난스레 물었더니 "조금밖에 안 탔어요. 탔다가 내려서 걷다가 했어요"라고 이구동성으로 대답했다. 아무래도 18km가 넘는 거리라 많이 힘들었을 거라고 생각했다. 한 번 더 물었다. "다음 달에 또 올 거니"라고. 그랬더니 "건호 오면요." "저도 권엽이 오면요." 둘의 대답은 결국 같은 이야기였다.

S&T모티브가 야심차게 기획한 국토대장정이 2회째를 맞아 남해안 구간 해안누리길을 다녀왔다. 경남 거제도 해금강~명사해수욕장을 걷는 장장 18.15km의 도보 여행이다.

부산과 경남 일원의 S&T 가족 500명이 동참했다. 그룹 산하 지역 업체 5개사에서 골고루 여행에 참여했다. 모티브 34명의 국토대장정 단원이 깃발을 들고 길을 열었고, 중공업, C, 모터스, 저축은행 식구들이 동참했다. 특히 전 사원 27명의 S&T저축은행은 행장과 7명의 직원들이 참여해 전체 인원의 25%가 동참하는 기염을 보였다.

유채꽃이 흐드러지게 핀 해금강 해안 절경.

오른편도, 왼편도 다 바다

부산과 창원에서 각각 출발하여 모인 장소가 거제도 해금강 신선대 전망대. 버스가 도착하자마자 일행들은 바람의 언덕으로 향했다. 해금강 도로에서는 오른편도 바다, 왼편도 바다다. 작은 반도인 해금강은 어찌 보면 한반도와 생긴 모양이 꼭 같았다. 우리는 반도에서 시작하여 대륙으로 갈 채비를 하였다.

바람의 언덕에는 거대한 풍차가 하나 서 있다. 힘차게 파이팅을 외친 500여 가족들이 출발을 하자 축하라도 하듯 풍차가 돌기 시작했다. 느긋하게 풍경을 즐기는 사람은 연둣빛 등대를 배경으로 사진을 찍었다. 종주대원들이 출발을 다그쳤다. "출발하셔야 합니다. 지금 출발합니다." 아무래도 500명의 대가족이 움직이다 보니 기본적인 독려가 필요하다는 걸 안 것은 한참 나중이었다.

나무와 정원이 잘 가꾸어진 외도로 들어가는 입구인 도장포선착장에서는 바다고둥을 파는 할머니를 보았다. 특이하게 거북손도 삶아 팔고 있었다. "이건 아무 데서나 못 먹어. 어서 사 가. 얼마나 맛있다고." 살까 말까 고민이 되었다. 한 종지 5천 원. 조금 비싸 보였다. "이거 따는 데 얼마나 힘든데. 안 비싸." 속마음을 어떻게 읽었는지. 30년을 이곳에서 고둥을 판 관록이 무서웠다. '할머니, 제가 마음이 급해서 못 사네요. 죄송해요.' 속으로 사과를 드리고 승천하는 용처럼 이미 언덕을 오르고 있는 일행을 쫓아 부리나케 걸음을 옮겼다.

소를 부리는 장면 구경도 '잔재미'

S&T모티브 김택권(53) 사장이 후미를 격려했다. "대열이 너무 많이 떨어졌네요. 조금 앞당깁시다." 사장이 참 오지랖이 넓다는 생각이 들었다. 그저 앞에서 걷기만 해도 될 텐데. 그런데 김 사장도 국토대장정 34명의 핵심 대원 중 한 명. 그들의 임무는 가족 대열의 안전과 건강을 챙기는 것. 사장도 예외는 없었다. 오직 대원의 역할을 충실히 하는 것일 뿐. 걸음이 한결 빨라졌다. 언덕의 유채는 푸른 바다와 어울려 황홀한 봄날을 그려 내고 있었다.

소를 부리는 낯선 풍경이 눈앞에 펼쳐졌다. 남편이 중공업에 다니는 박상아(50) 씨는 아버지 생각이 난다고 했다. 고향이 경북 청도인데 어릴 적 추억이 새록새록한 모양이었다. 정작 남편은 일이 바빠 못 온 해안누리길에서였다.

오직 걷는 데만 충실해야 했다. 산길을 좀 다녔다고 자부했는데 그게 아니었다. 허벅다리에 약간의 통증이 왔다. 사타구니는 걸을 때마다 바지에 쓸려 화끈거렸다. 바지를 추슬러 겨우 보폭을 맞췄다. 2시간을 더 걸어 다포항에 가서야 충분한 휴식 시간이 주어졌다. 사탕과 초콜릿을 '폭풍 흡입'했다.

대열을 따라잡는 데 급급해 이름도 물어보지 못한 초등 5학년 여자아이는 저도 땀이 날 텐데 아빠에게 부채질을 해 주었다. 힘들어하는 아이의 손을 끌거나 아예 업고

가는 이들도 있었다. 가족은 길에서 또 서로의 정을 재확인하는 중이었다.

비포장에 오르막 '숨이 턱'

여차몽돌해변을 지나니 비포장 길이었다. 오르막길이라 숨이 턱에 찼다. 멀리 예쁘게 손수건을 머리에 쓴 여성이 다정하게 남자친구와 걷고 있었다. 말을 건넸다. 알고 보니 저축은행 이수임(30) 주임이었다. 남자친구로 오해했던 사람은 조충현(28) 행원. 이 주임은 중공업의 백두대간 산행에도 참여한 적이 있다고 한다. 이번 국토대장정은 빠지지 않고 참석하고 있다. 옆에서 걷던 양은숙(36) 대리는 첫 참석. 행사 참여 여부는 직원들의 자유의사. 누구든 오고 싶으면 올 수 있다.

고갯마루에 도달했다. 발아래로 푸른 풍광의 남해와 다도해의 섬들이 산수화처럼 펼쳐졌다. 맑은 봄 햇살은 바다를 더욱 눈부시게 하였다. 처음부터 직원들과 함께 걷던 S&T그룹 최평규(61) 회장이 탄성을 자아낸다. 손수건을 예쁘게 머리에 두른 여직원들과 함께 사진을 찍으며 격려한다.

최 회장 대열 바로 뒤에서 걸었다. 선뜻 앞서나가기도 어색했거니와 실은 추월할 만한 체력도 없었다. 그런데 기회가 왔다. 최 회장이 잠시 쉬어 가겠다는 것이다. 성큼 나서며 종착지인 명사해수욕장을 향해 내달렸다. 목적지가 눈앞에 다가왔다. 그런데 웬걸. 막판에 최 회장 일행에게 추월을 당하고 말았다.

"아니 회장님, 왜 이렇게 빠르십니까. 분명 쉬고 계신 걸 봤는데요." 최 회장이 말했다. "쉬고 왔으니 더 빨리 온 게 아니오. 허~허~." 쉬었다 올 줄 몰랐던 것이다. 길은 속도전이 아니라 여유다. 꼴찌 대열에서 핵심 대원들의 박수를 받으며 살짝 부끄러웠다. 길에서 또 인생을 배웠다.

소를 부리는 농부의 손길.

병대도전망대에서 바라본 남해 바다.

course

: 해금강~명사해수욕장 :

거제 최고의 전망···
풍광은 지루해할 틈조차 안 주고

- **총 거리**   18.15km
- **소요시간** 4시간 30분
- **난이도**   ★★★☆☆
- **코스**   해금강 신선대 전망대~바람의언덕~함목 삼거리~거제유스호스텔~다대항~다포 삼거리~
         다포항~여차몽돌해수욕장~병대도전망대~홍포~대포 삼거리~명사해수욕장

코스 소개　　S&T 국토대장정 2차 '남해안길 거제 해금강~명사해수욕장' 구간은 거제 최고의 조망을 자랑하는 병대도전망대가 압권이다. 전체 코스 자체가 오르내림이 반복돼 다소 어렵게 느껴질 수도 있다. 하지만 오르막이 있으면 내리막이 있는 법. 느긋하게 걷는다면 그리 힘들지는 않다. 해금강의 수려한 바다 풍광과 때 맞춰 피어 있는 언덕배기 유채꽃에 탄성이 절로 나온다. 약간 지겹다 싶으면 나타나는 다대항과 여차항, 홍포항 등 바다 풍경은 실제로 지루해할 틈을 주지 않는다. 여차몽돌해수욕장을 지나 비포장 오르막길을 오르면 눈앞에 펼쳐지는 다도해의 장관에 숨이 막힐 지경이다. 한려해상국립공원이다. 소병대도, 어유도, 소매물도, 대매물도가 그림처럼 떠 있고, 가익도와 가왕도가 오른편에, 대병대도가 시야의 왼편에 있다. 홍포마을을 지나 바다로 길게 이어진 다락밭은 변화무쌍하다. 밭작물에 따라 옷을 갈아입기 때문이다. 명사해수욕장의 고운 모래와 아름드리 소나무 숲 아래에 잘 마련된 덱 공간은 지친 다리를 쉬어가기에 안성맞춤이다.

○ **주변 볼거리**　　거제 해금강은 명승 제2호로 빼어난 해양 풍경을 자랑한다. 도장포 유람선 터미널에서 외도보타니아를 다녀올 수 있다. 신선대 바로 옆에는 해금강 테마박물관이 있다. 다대마을은 갯벌 체험 활동을 할 수 있다. 도장포도 어촌 체험마을로 지정돼 있다. 여차몽돌해수욕장과 명사해수욕장이 유명하다. 가라산과 망산을 오를 수 있는 등산로도 구간 중에 있다. 종착지인 명사해수욕장에서 조금만 더 걸어가면 저구에서 매물도를 왕래하는 여객선을 이용할 수 있다.

● 울산 우가포~나아해변

주상절리에 감탄, 해산물에 군침, 바다는 항상 열려 있다

국토대장정에 참가한 S&T그룹 직원과 가족들이 울산 북구 강동동 해파랑길을 지나고 있다.
S&T 국토대장정 3차 코스로 선택된 울산 우가포~나아해변은 어디에서라도 바다를 만날 수 있는 아름다운 코스다.
작은 어촌 마을의 정취도 한껏 만끽할 수 있다.

S&T 국토대장정

울산 북구 당사동 우가포항.

해안누리 해파랑길은 문명과 자연의 경계이다. 길 좌우로 두 극단의 풍경이 존재하지만, 기실 우리가 걷는 길은 그 둘을 잇고 있다. 길이 없으면 화해가 없다. S&T 국토대장정 3차 동해 우가포~나아해변 구간을 걸었다.

5월의 신록은 연초록의 세상으로 다가왔다. 바다는 걸음을 바꿀 때마다 표현할 수 없는, 다양한 색감의 '블루'를 뿜냈다. 주상절리 바위가 보여 주는 이색적인 풍경은 '여기 제주인가' 하는 착각을 불러일으키게 했다.

아이처럼 들뜬 사람들

우가포는 작은 항구다. 울산 북구 강동면에 있는 작은 마을이다. 물론 동해가 마을의 앞마당이다. 슬픈 전설이 있다. 어미 소를 판 아버지가 워낭만 부뚜막에 두었다. 아들 망이가 묻자 바다로 풀 뜯으러 갔다고 속였다. 망이는 송아지를 데리고 바다가 바라다

보이는 언덕에서 하염없이 기다렸다. 동네 처녀들과 노느라 소를 제대로 보살피지 않은 것이 후회가 되었다. 어느 날 바다에서 어미 소가 걸어 나오는 것을 본 망이가 어미 소와 바다로 갔다. 망이도 어미 소도 돌아오지 않았다.

도대체 이 슬픈 전설은 누가 만들었을까? 예전에 동해 연안의 마을을 취재할 때 마을마다 관청의 착취가 심해 민초들이 난을 일으킬 정도였다는 이야기를 들었다. 우가포도 그런 아픔이 있었을까? 전설은 슬펐지만, 마을은 아름다웠다.

해송은 자라면서 가지를 나눴다. 양팔을 머리 위로 들어 감싸는 형태가 되었다. 사람들은 '금실송'이라 이름 붙였다. 그 밑에는 사진을 찍을 수 있도록 했다. 풍경은 사람들을 위해 만들어지기도 했다. 전설처럼.

이번에도 488명의 S&T 식구들이 국토대장정에 참여했다. 사람들은 흥겨워했다. 정자항에 들어서자 대게 삶는 냄새가 물씬 풍겼다.

"야, 오늘 카드 가져온 사람 있어? 난 깜박했네. 누가 가져왔니? 좀 빌려줘." 도무지 게 냄새에 마음을 뺏겨 꼭 사고야 말겠다는 의지가 충만했다. 회사 측에서 음료수와 도시락까지 모두 제공하니 방심(?)을 했던 모양이다. 판지항에 도착했다. 마을 어르신들이 한창 미역을 다듬고 있었다. "이게 뭡니까?" 할머니들이 한꺼번에 와락 대답했다. "제일 좋은 미역이지. 묶어 봐. 맛있어. 누가 귀 좀 잘라 봐! 빨리~!" 귀를 자르라니. 깜짝 놀랐는데 미역귀를 수북이 건넨다. 살아 있다. 길손에게 먹을 것을 나누는 정이 이곳 판지마을 어르신들에게 있었다.

외로움도 수채화처럼

바람이 많은 곳인가 보다. 해안길에 있는 포장마차는 모래 베자루로 꽁꽁 묶어 놓았다. 이 모래 베자루를 이겨 낼 바람이 있을까. 바람이 더 세게 불겠지만 사람들은 더 많은 베자루를 매달 것이다.

작은 어촌 마을엔 사람들이 예술을 입혀 놓았다. 강동 화암마을 초입의 작은 담벼락엔 이기철(?)이 썼음이 분명한, 이런 글이 적혀 있었다. "바다는 항상 열려 있고 사람들

강동 화암마을 초입의 담벼락 예술.

일광욕을 즐기고 있는 다시마

은 가끔 마음을 닫고 산다." 바다라는 제목이었다. 나는 얼마나 마음을 연 적이 있던가.

길은 이어졌다. 다시마가 자갈밭에서 여유롭게 일광욕을 즐기고 있다. 사람 키만큼이나 긴 다시마가 수없이 누워 있는 장면을 보니 유영하는 물고기 떼 같다는 생각이 들었다. 다시마는 제 몸을 말려 또 맛난 국물을 선사할 것이다.

기웃기웃 구경을 하다 보니 맨 꼴찌가 되었다. '꼴찌는 최평규 회장 차진데' 하고 보니 역시나 바로 앞에서 걸어가고 있다. 나중에 식사 자리에서 들은 얘기이지만 최 회장은 "10년이 걸리더라도 국토대장정을 '완수'하겠다"고 했다. 걷는 뒷모습의 어깨가 오른쪽으로 살짝 기울었다. 곡절이 있는 삶이 궁금했다. 최근 '뜨거운 노래는 땅에 묻는다(리더스북)'라는 자서전을 냈다.

빨리 갈 욕심으로 자갈밭이 끝없는 정자해수욕장을 택했다. 거리는 짧았으나 힘은 더 들었다. S&TC에서 온 직원 3명이 함께 일탈했다. 남자 한 명과 여자 두 명이었는데 처음엔 가족으로 오인했다. 서로가 참 살가워 보였다.

시·도 경계를 지나니 경북 경주시 양남면이다. 관성해수욕장 송림에 도착했다. 다들 삼삼오오 모여 있는데 갈 곳이 없다. 바다 쪽으로 혼자 슬그머니 걸었다.

경계를 걷는 자유로움

햇볕 아래 평상이 있기에 앉았다. 주남복(47·양산시 평산동) 씨와 서경숙(47) 씨가 먼저 자리를 차지하고 있었다. 집에서 가져온 원두커피를 건네기에 냉큼 받아 마셨다. 보온병에 있어서인지 따끈따끈했다. 뜨거운 커피는 외로움을 녹였다. 남복 씨는 신랑이 S&T모티브에 다니는데 진행 요원이란다. 그래서 짝이 없어 동네 친구인 경숙 씨와 늘 함께 다닌다고 했다. 국토대장정을 시작한 이후 한 번도 빠지지 않은 열혈 대원(?)이었다.

진행 요원은 S&T모티브 고참 사원 20여 명으로 이뤄졌다. 교통정리와 길 안내 등을 도맡아 한다. 이 사람들의 노고로 길은 늘 안전하다. 그러고 보니 우가포 해파랑길에서 철조망을 하염없이 잡고 조심해서 가시라던 사람도 진행 요원이었다. 남복·경숙 씨와 초콜릿과 과자를 주고받았다. 외로움을 느꼈다는 말은 이제 취소해야겠다. 길은 다시 시작됐다. 시끌벅적한 소리가 들려 뒤를 돌아다보니 얼굴이 낯익다. "혹시 바람의 언덕에서 본 베트남 모자?" 알은체를 했더니 바로 그 사람들이었다. 부모님이 여행갔다 오며 사 준 삿갓을 쓰고 부인을 애타게 찾던 그 남자. 모티브 박정재(33) 씨. 이번에는 부인과 나란히 걷는다. 모자는 너무 튈까 봐 안 쓰고, 가방에 막걸리만 4통 가져왔다고 했다. 동료들과 다 나눠 먹고 없다며 다음엔 꼭 한 잔 주겠단다. 기자에게도 친구가 생기기 시작했다.

양남면 소재지를 지나는데 바이크가 우렁찬 소리를 내며 달린다. 어, 그런데 S&T모터스가 아닌가. 대형 오토바이를 생산하는 모터스의 동호인들이 3차 국토대행진에 동참한 것이다. 홍일점인 안진경 대리는 단연 멋있었다.

하서리에서 읍천리로 이어지는 '파도소리길' 주상절리 해변은 탄성을 자아내게 했다. 다들 휴대전화에 풍광을 담느라 여념이 없었다. 세계에서도 희귀한 부채꼴 주상절리는 조물주의 '자랑질'이었던가.

누웠거나, 위로 솟고, 나래를 활짝 펼친 돌기둥들. 해안누리를 걷는 호사를 누렸다. 18km 구간길 90% 이상을 종주대원인 아빠의 목말을 탔던 나한결(6)은 나아해변에 도

파도소리길 누운 주상절리.

착한 뒤에도 생생했다. 어찌 보면 이 큰 국토대장정 행사를 매번 기획하고 지원하는 사람들은 한결이 아빠처럼 무한사랑을 베푸는 사람이라는 생각이 들었다.

course
: 해안누리 울산 우가포~나아해변 :

해파랑길에는 야생화가 지천…
바다를 볼까 육지를 볼까 고민

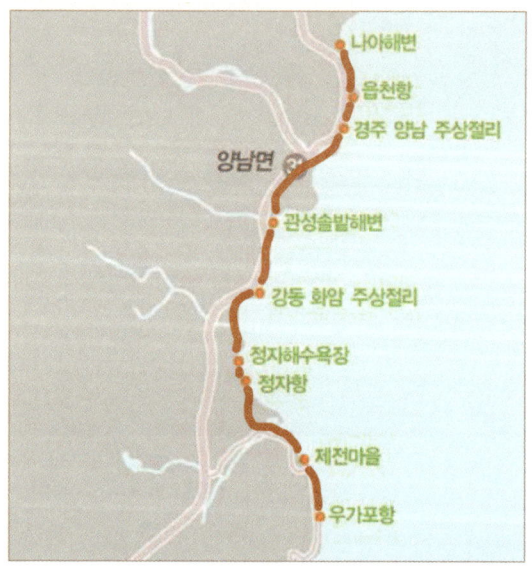

○ **총 거리**   18km
○ **소요시간** 4시간 50분
○ **난이도**   ★★☆☆☆
○ **코스**   울산 북구 강동동 우가포~제전 마을회관~정자항~정자해수욕장~강동 화암 주상절리~
신명천~지경마을~관성솔밭해변~농월정~양남면소재지~경주 양남 주상절리~읍천항~
죽전마을~나아해변

○ **코스 소개**　　작은 어촌 우가포를 출발하면 울산 강동 해파랑길이 바다에 바싹 붙어 있다. 사람이 한 줄로 다닐 수 있을 정도의 작은 길인데다가 자연스러운 자갈길이다. 자갈은 고정돼 있지 않으니 발목이 삐지 않도록 주의해야 한다. 이 길은 갖가지 야생화가 지천으로 피어 있어 바다나 육지 쪽 어느 곳이라도 눈을 뗄 수 없다. 다만, 곳곳에 버려진 폐냉장고가 볼썽사납다. 전체적으로는 오르내림이 거의 없는 길이라 어렵지 않다. 언제나 바다 내음을 맡을 수 있고, 사람 사는 풍경을 즐길 수 있다. 어촌 풍경을 제대로 느낄 수 있는 것이다. 정자항은 인근에서 큰 어항 중 하나라 각종 해산물을 많이 구경할 수 있다. 특히 정자 대게는 울진이나 영덕 못지않게 잘 알려졌다. 정자항을 지나면 정자해수욕장이 나온다. 길을 버리고 해변을 걷는 것도 한 방법이다. 잔 자갈로 되어 있는 정자해수욕장과 달리 관성해수욕장은 모래다. 아름드리 소나무가 장관이다. 작은 어촌의 낮은 담장과 골목을 지나며 어느 풍경 하나라도 눈에 담아 둘 만하다. 양남면 소재지를 지나면 파도소리길 주상절리가 펼쳐진다. 입구 주차장도 무료인데다 덱으로 잘 정비된 길이어서 가족 산책 코스로도 그만이다. 다만, 휴일에는 너무 많은 사람이 몰려 주상절리 사진을 찍는 데 시간이 많이 걸린다. 주상절리를 지나면 나아해변까지 평지 길이 또 이어진다. 오르내림이 거의 없어 거리만 조절하면 아이들을 데리고 가도 좋을 길이다.

○ **주변 볼거리**　　읍천항은 동네 담벼락이 벽화로 장식돼 있다. 그냥 보아도 훌륭할 정도의 작품성 있는 그림이 많다. 아무래도 압권은 주상절리. 주상절리는 마그마에서 분출한 용암이 지표면의 상대적으로 차가운 공기와 접촉하면서 표면이 오각형 또는 육각형으로 틈이 생겨 만들어졌다. 부채꼴 모양으로 펼쳐져 있는 주상절리와, 거인이 씀 직한 연필을 던져서 쌓아놓은 듯한 모양은 압권이다. 정자항에서 해산물을 파는 좌판이나, 우가포 제전 지경 관성 읍천 죽전마을 등 작은 어촌 마을의 풍경은 또 다른 볼거리이다. 바닷가에 우뚝 솟은 바위에서 자라는 해송도 자연의 경이로움을 보여 준다.

● 감포 오류해변~양남 나아해변

황홀한 꽃밭 지나 어두운 터널…
"포기하지 않고 우린 해낸다"

갯메꽃이 만개한 경주시 감포읍 척사마을에서 S&T 국토대장정 단원들이 걷고 있다.
4구간은 이 같은 야생화를 곳곳에서 만나 즐기는 재미가 크다.

'잡은 손 놓지 않을 테요. 그대와 가는 이 길 끝까지….'

　닭살커플은 4구간 국토대장정 내내 한 번도 잡은 손을 놓지 않았다. 일부 도로 구간에서는 일렬로 걸어야 했는데, 비스듬히 걸으며 애정을 과시했다. 아, 몇 번 있긴 했다. 야생화를 포착한 신랑이 꽃사진을 찍으러 가는 순간 정도. 이날 하필이면, 그것도 주황색의 화사한 커플룩을 갖춰 입은 결혼 2년 차 신혼(?)부부 뒤에서 걸을 게 뭐람. S&T중공업 박무영(32)·이현경(29) 씨의 '길 위의 사랑'은 6월 S&T 국토대장정 길 위에 화사하게 영근 붉은 장미꽃이었다.

꽃들이 우리를 반기다

말은 하지 않았지만, 한결같이 폭염을 걱정했다. 그래서 인원을 최소화(?)하여 대략 300명으로 잡았단다.

　뒤에 들으니 이번 국토대장정은 모집 과정에서 경쟁이 치열했다고 한다. S&T모티브 다이캐스팅 파트 박정재(32) 씨는 동갑내기 부인 김선미 씨의 참가 티켓을 동료에게 양보했다. 부인은 오지 못했지만 지난달 약속한 막걸리는 배낭에 꼭꼭 넣어 왔다.

　출발지인 경주시 감포읍 오류해변에서 남하했다. 3구간 종착지인 나아해변을 향해 가는 것이다. 그런데 웬일인지 오늘은 15km라고 했다. 그리고 문무대왕릉이 있는 봉길해변에서 마감을 한다고 했다. 나아해변까지 실제 거리는 약 20km. 날씨 때문에 구간을 줄였을 거라 짐작했다.

　다행히 하늘엔 구름이 잔뜩 끼어 강한 햇볕을 가렸다. 반팔 소매로 걸을 만했다. 발아래 갯메꽃이 활짝 피었다. 나팔꽃을 닮은 갯메꽃은 우리나라 해안 어디에서나 볼 수 있는 친숙한 야생화다. 갯메꽃만 핀 것이 아니라 서양채송화, 엉겅퀴, 패랭이꽃, 나리꽃, 덩굴장미도 활짝 피었다. 꽃은 사랑. 유월은 하필 장미의 계절이던가.

　바다에서 불어오는 바람엔 시원함이 묻어 있고, 흩날리는 꽃향기, 풀향기는 황홀했다. 이 계절을 어찌 사랑하지 않으랴.

　걷는 일은 어찌 보면 무의미하지만, 걷다 보면 풍경은 우리에게 늘 새로움을 선사해

감포항에서 청어를 하역하는 인부들.

준다. 그런데 길손이 풍경을 구경한다고 생각했는데 착각이었다. 전촌 새마실의 텃밭 가꾸던 할머니, 야구인의 집이라 간판이 붙은 감포항의 '부산우리회·대게 도매센타' 주인아주머니와, 오류 2리의 가정집에 묶인 진돗개는 벌떡 일어서서 지나가는 국토대장정 팀을 구경하며 격려하고, 웃고 즐겼다.

사람이 너울거리는 길

어디선가 향긋한 오이 냄새가 났다. 산행을 할 때 갈증을 달래는 데는 오이가 최고다. 돌아보니 젊은(?) 아주머니 한 분이 오이를 꺼내서 먹고 있다. 너무 진지하게 쳐다보았던 모양이다.

"드릴까요?" 말이 떨어지기가 무섭게 냉큼 손을 내미니 툭 분질러 큰 쪽을 준다. "아니, 저쪽 주세요." 작은 부분을 달라고 했으나 큰 놈을 굳이 내놓는다. S&T모티브 사내에 있는 에어백 협력 업체에 근무한단다. 이름을 물으니 주변에서 '이쁜 언니'라고 부른단다. 나이를 또 물으니 이제 29세라며 웃는다. 기자보다 한 살 많다고 농담을 건네니 배꼽을 잡고 넘어간다. 배낭 안에 간식으로 해물파전을 부쳐 왔다고 했다. 얻어먹고 싶었지만 쉴 참에는 그만 만나지 못했다.

그러고 보니 배가 살짝 고팠다. 3차까지는 출발하기 전에 나눠 주는 간식에 김밥이나 삼각김밥이 있었는데, 이번에 없었다. 대신 에너지바였다. 사람들이 수군댔다. '밥을 안 주면 미리 얘기를 해야지.' 말은 모여서 여론이 되었다가 파도처럼 한바탕 휘돌았던 모양이다.

놀랄 일이 벌어졌다. '말궁둥이 상징물' 동상이 멋드러진 전촌항에 도착하니 S&T 마크가 선명한 간이 천막이 갑자기 차려졌다. 김밥과 음료수, 얼음에 재운 생수 그리고 초코파이가 펼쳐져 있었다. 욕심을 내서 두 개를 챙기려 덤볐는데 다 같이 나눠 먹어야 하니 하나씩만 가져가라고 진행 요원들이 부탁했다.

어느새 여론을 들은 S&T그룹 최평규 회장과 경영진이 지시한 깃이있다. 부러웠다. 이렇게 작은 여론도 가벼이 여기지 않는 회사 간부들. 불과 1시간여 만에 '민원'이 해결되다니. 단순히 시스템이 아니라, 이건 혹 사랑이 아닐까. 전촌마을 시골집 담장에 활짝 핀 장미꽃이 '우련' 붉었다.

사랑스러운 풍경은 또 있었다. 딸이 더울까 아버지는 산길을 걸으며 두 개의 부채를 들고 쉴 새 없이 딸의 등 뒤에서 부채질을 했다. 얼음 생수를 수건에 감싸 바통처럼 잡고 부녀가 서로 끌며 정을 나눴다. 커플룩을 입은 '닭살 커플'은 더위도 아랑곳 않고 서로 잡은

얼음 생수를 바통처럼 잡고 함께 걷는 부녀

손을 끝내 놓지 않았다.

장미에는 가시가 있다

멀리 바다에 한 점 바위가 있다. 문무대왕릉이다. 대종천 끼고 도는 길가에 우현 고유섭 선생의 '나의 잊히지 못하는 바다' 비가 있다. 일제 강점기 미학을 전공한 선생의 수필 제목이다. 선생은 일제 때 후학들에게 문무대왕의 위업을 각인시킨 분이다. 암울한 일제 강점기였지만 역사를 통해 독립의 의지를 설파했을까.

바다로 침공하는 왜적을 막아 내기 위해 바다에 무덤을 쓰라고 한 문무대왕의 의지는 희생의 리더십이다. 그리고 가식 없는 실천이다. 통일신라 문무왕 시절 병장기는 녹여 보습을 만들었다. 감옥은 비고 곳간은 가득 찼다고 한다. 태평성대에 미래의 어려움을 대비하고 후대를 위해 장엄한 유언을 남긴 문무대왕을 한번 만나 뵙고 싶다는 상상을 한다.

300명 국토대장정단의 순례는 대왕암이 바라다보이는 봉길해변 솔밭에서 끝이 났다. 그런데 점심을 먹으며 모티브 김택권 사장이 다른 이야기를 했다. 전체 대오의 일정은 여기서 끝나지만 34명의 대장정 팀은 봉길터널을 지나 5km 떨어진 나아해변까지 더 간다는 것이다. 3구간 종점인 나아해변을 잇기 위해서는 앞으로 5km 정도를 더 가야 하는데 사전 답사팀의 조사에 따르면 2.4km 길이의 터널이 가로막고 있다는 것이다. 긴 터널을 통과해야 하기 때문에 가족들을 다 이끌고 가기엔 안전상의 문제가 있어 그런다고 했다. 가족팀에 묻혀 이른 귀가를 하기가 낯간지러워 대장정 정예팀에 합류했다.

터널은 어둡고 길었다. 무엇보다 자동차가 지나갈 때의 굉음은 지옥을 방불케 했다. 막막한 어둠 속에서 누군가 파이팅을 외쳤다. 여기저기서 호응했다. 안심이 되며 힘이 났다. 멀리 빛이 보였다. 처음엔 왜 따라나섰을까 후회했지만 3구간 종착점을 밟았을 때의 희열은 주체할 수 없을 정도였다.

김택권 사장이 말했다. "여러분이 방금 지나온 긴 터널은 바로 우리 대장정단의 몫입니다. 이런 길은 가족을 대신해 우리가 이어야 합니다. 터널이 아무리 길어도 끝이 있습니다. 불빛이 그 증거입니다. 아무리 힘들어도 결코 포기하지 않는다면 우리는 해낼 수 있습니다."

터널은 고통스러웠다. 하지만 장미가 아름다운 것은 가시가 있기 때문이다.

나아해변의 S&T 국토대장정 대원들.

course

: 경주 오류해변~나아해변 :

송대말 등대 뒤 아름드리 솔밭, 감포항에선 활기찬 바다 진면목 만나

- **총 거리** 20km
- **소요시간** 5시간
- **난이도** ★★★☆☆
- **코스** 경주시 감포읍 오류해변~척사마을~감포항~전촌솔밭해변~나정고운모래해변~ 해경 대본출장소~이견대~대종천~문무대왕릉~봉길교차로~봉길터널~ 경주시 양남면 나아해변

○ **코스 소개**   6월의 해안누리는 눈이 즐겁다. 곳곳에 핀 야생화가 지루해할 틈을 주지 않는다. 길가에 일부러 심은 꽃도 제 모습을 뽐낸다. 경주시 오류해변은 모래와 콩알크기의 자갈이 인상적이다. 덱도 잘 만들어졌다. 해변 곳곳에는 캠핑족이 자리 잡고 있다. 4구간 전체 코스는 대부분 평탄하다. 감포항을 지나며 작은 동산을 지나는데 귀한 솔숲은 청량감을 느끼게 한다. 코스가 시작되는 오류2리 바닷가 마을은 전형적인 어촌이다. 해안누리길은 해변과 나란히 이어진다. 척사마을을 지나 해안 절벽에 뿌리를 내린 낙락장송이 장엄하다. 이맘때면 바다는 더욱 반짝인다. 감포항에 가기 전에 송대말 등대 뒤 아름드리 솔밭을 지나게 된다. 솔바람이 상쾌하다. 코스 내내 수많은 해변을 지나게 되는데 일부 구간은 정제되지 않은 해변이다. 자갈이 많이 움직이기 때문에 목이 긴 등산화를 신으면 발목을 보호하는 데 도움이 된다. 대종천은 모래톱이 쌓여 좁아진 내의 건너편을 코앞에 두고 다리로 한참을 돌아가야 하는데 지루하다. 문무대왕릉이 보이는 솔밭에서 긴 휴식을 즐길 수 있다. 해안누리는 원전 시설 때문에 내륙으로 한껏 들어가야 한다. 봉길터널이 고비다. 긴 터널을 지나면 3구간 종점인 나아해변이다.

○ **주변 볼거리**   감포항에서는 바다의 진면목을 만날 수 있다. 각종 어구를 손질하는 사람들과 항구, 어선과 횟집은 누리꾼의 시선을 훔쳐 간다. 펄떡이는 물고기와 어부들의 굵은 팔뚝은 무한한 생명력을 느끼게 한다. 전촌솔밭해변과 나정고운모래해변에서는 동해 특유의 해안 풍광을 접할 수 있다. 청정 해변에 서면 눈과 마음이 탁 트인다. 문무대왕릉이 있는 봉길해변은 신라의 흔적을 찾으러 온 사람들로 북적인다. 문무왕의 호국의지에 관한 이야기는 언제 들어도 거룩하다. 코스 내내 갯메꽃과 개망초, 나리, 인동초꽃, 찔레꽃, 서양채송화, 장미 등이 있어 6월의 해안누리길은 향기롭다.

● 남해바래길 월포·두곡 ~ 사촌 해수욕장

강렬한 햇발 속 고단한 길 '터벅터벅'…
"흘린 땀 죄다 몸엔 보약"

선구몽돌해변의 파도.

모난 돌들은 없었다. 하나같이 둥글둥글한 놈들뿐이었다. 남해바래길을 걸었다. 파도는 이미 바람이 저만치 지나갔는데도 분이 안 풀린 듯 거세게 해안을 향해 몰아쳤다. 새벽에 내린 빗물이 바다와 만나 물거품은 군데군데 황토색을 띠었다. '잘그락잘그락' 금속성 소리를 내며 자갈들은 서로 몸을 비벼댔다. 이미 수많은 세월 부대끼고 뒤섞여 살면서 많이 부드러워졌지만 더 온화해지기를 멈추지 않았다. 작은 모서리라 하나라도 더 깎아 내기 위해서 몸을 굴렸다. S&T 국토대장정 다섯 번째 길. 남해바래길 월포·두곡해수욕장~사촌해수욕장 15.18km를 걸으며 소통과 화합에 대해 생각했다.

폭염 주의보

새벽 5시에 출발한다고 했다. 부산에서 남해까지 자동차로 2시간 30분 정도 걸리는 거리여서 출발을 앞당긴다고 했다. 새벽 소나기 소리에 잠이 깼다. 예보에는 비가 오지 않는다고 했으나 하늘은 캄캄했다. 동이 트지 않을 시각이다.

도착한 남해에도 한 줄기 비가 지나갔는지 땅이 젖어 있다. 새벽녘의 바다는 하늘과 한 색깔이다. 이미 동이 텄지만, 남해 앵강만의 바다는 아직 하늘과 분리되지 않았다. 햇살은 먹구름에 가려 산통을 겪는 중이었다.

"해가 이대로 나오지 않으면 더 좋을 텐데." 국토대장정 참가자 한 사람이 바람을 말했다. 동의했다. 그도 그럴 것이 낚시·레저 취재만 다니다 보니 얼굴은 이미 거무튀튀하다. 한마디로 촌스럽다는 이야기다. 손등엔 빨간 열점이 돋아나기도 했다. 불길한 것은 일부 지방은 폭염 주의보가 내릴 예정이라는 것이다. 월포·두곡해수욕장에서 출발했다.

'유리병 없는 해변 만들기'란 플래카드가 임해봉사실 앞에 걸려 있었다. 병으로 만든 음료 제품은 소주나 맥주가 대부분이다. '덕분에 해변 음주도 좀 줄어들까' 생각했다. 파도는 거칠었다. 장마철이니 비와 바람은 시시때때로 내리고 분다. 바다도 이참에 앙탈을 부려 보는 것이다.

파도가 칠 때마다 물속에서 자갈돌이 부딪치는 소리가 들렸다. 우르르 몰려오는 파

S&T 국토대장정 종주단원과 가족 참가자들이 파란 바다를 배경으로 녹음이 짙은 남해바래길을 걸어가고 있다.
남해바래길은 남해 사람들이 갯가로 먹을 것을 구하러 다니던 옛길로 이 고장 사람들의 근면성과 끈기를 배울 수 있는 길이다.

도, 쏴아~ 밀려가는 파도에도 자갈은 서로의 몸을 비볐다. 그렇게 다듬어진 돌은 거친 단면이 매끄럽게 갈려 동글동글해졌다. 몽돌이다. 몽돌은 이곳 남해 해안의 또 하나 명물이었다.

돈을 준다 해도

한여름 땡볕에서 사십 리 길을 걸어야 한다. 쉬운 일도 아니고, 누가 시켜서도 될 일이 아니다. 그런데 이번에도 250명이 참가한다고 했다. S&T모티브 홍보실에 있는 홍성진 차장이 말했다. "사실 저희들은 안전사고도 우려되고 해서 국토대장정 단원들만 가고 싶었죠. 그런데 그게 아니었습니다."

가천 다랭이마을의 정자.

 이런 소식을 전해 들은 가족대원(?)들의 항의가 빗발쳤다. '뭐냐. 사원들, 아니 종주단원들만 가면 1회부터 참가한 우리들은 어쩌란 말이냐'라는 항의성 여론이 사내에 폭염처럼 밀려들었단다.
 최종 결정을 한 것은 최평규 회장. 최 회장의 "가족들과 함께하기로 한 처음의 취지를 계속 살려 나갑시다"란 말로 모든 것은 정리가 되었다. 그 대신 준비팀은 마감 시간을 엄격하게 정해 참가자를 줄이려는 귀여운 '꼼수'를 썼다. 그래도 열혈 가족대원들은 기회를 놓치지 않았다.
 S&T모티브 윤치호 사원의 아내 박미정(48 · 부산 금정구 청룡동) 씨도 그 열혈 가족대원의 한 사람이다. S&T 국토대장정 마니아가 돼 버린 박 씨는 물도 주고 소금도 주

고, 오이도 주고, 맛있는 점심도 주는 이 좋은 행사를 마다할 이유가 없었다. 그뿐 아니다. 친구들에게도 홍보를 해서 이번에도 마을 친구 4명이 함께 왔다. 오긴 같이 왔으나 걷는 것은 각자의 몫. 굳이 동행을 찾을 이유도 없다. 어디에서 걷더라도 밥 먹을 때면 만나게 된다. 걷는 순간은 자유를 만끽하는 것이다.

모티브 파트장 최현준 씨도 최근 집안 모임에서 손위 처남에게 행사를 소개한 인연으로 같이 왔다. 좋은 일은 널리 퍼지게 돼 있는가 보다.

남해와 인접한 하동 화개장터가 고향인 최 씨는 같이 길을 걷는 이들에게 자연 해설을 하고 있다. "이것이 토란이고, 저건 고구마지요." 도시에서 자란 아낙들은 "토란을 먹어 보긴 했는데 직접 보기는 처음이네" 하며 즐거워했다. 이 뙤약볕 아래에서 돈을 준다 해도 못 걷는다. 자발적인 참여 의지가 이를 가능하게 한다.

이것이 보약

아무래도 국토대장정은 S&T 여러 계열사 중에서도 주최사인 모티브의 식구들이 제일 열성이다. 김택권 사장은 이번에도 종횡무진이다. 앞에서 이끌고 뒤에서 격려한다.

바다와 접한 벼랑에 난 바래길을 한참 걸었다. 한 사람만 지나가게 돼 있는 좁은 길이다. 사색에 잠기기 좋은 길이었다. 꼬불꼬불 숲길을 지나니 가천 다랭이마을이 보인다. 바다가 잘 보이는 곳에 정자가 생겼다. 암수바위가 있는 곳에서 긴 휴식을 했다. 마을을 가로지르는 도랑에는 맑은 물이 넘쳤다. 더위에 지친 대원들은 등산화를 훌렁 벗어던지고 탁족을 했다.

아침의 바람과 달리 햇볕은 더 강렬해졌다. 가천 다랭이마을을 지나 향촌전망대까지는 아스팔트 길. 고단한 길을 추적추적 걷고 있는데 무전 소리가 들렸다. "가족 분들은 차량에 탑승하겠습니다. 잠시 기다리시면 버스가 점심 식사 장소까지 모시겠습니다." 그러고 보니 노란색 운동화를 갖춰 엄마 아빠와 걷던 아이는 보이지 않는다. 더위에 지친 몇몇이 차량에 탔다는 이야기도 들렸다.

이번에도 최평규 회장이 지시를 내렸다. "이대로 무리하면 사고 위험이 있으니 가족

폭염을 뚫고 완주한 참가자들에게 박수를 보내는 종주단원들.

들은 차로 모십시다"라고. 하긴 중간중간 건네받은 얼음물을 수시로 목에 들이부어도 더위가 가시지 않았다. 딱 알맞은 시기에 내려진 결정이었다. 그래도 종주단원들과 계속 걷기를 원하는 가족대원들은 남은 4km 구간을 걸어가기로 했다. 자발적으로 가기로 했는데 34명의 종주단원에다 그 정도의 가족대원들이 참여했다.

　옥성호 종주단원은 이 코스를 마련하기 위해 사전 답사를 왔는데 마을 주민들과 풀베기도 하며 길을 미리 단장했단다. 같이 걷던 김희락 파트장이 흑하수오를 건네기에 냉큼 받아 마셨다. 알고 보니 담금주였다. 보약이라고 했지만, 이미 걸어오며 흘린 땀이 내 몸에 보약이었다. 다들 보약을 먹어 좋았던 건지 사촌해수욕장 솔숲의 점심 자리에서는 즐거운 기운이 펑펑 샘솟았다.

course

: 남해바래길 월포·두곡 ~ 사촌 해수욕장 :

월포·두곡해수욕장 몽돌 천지,
홍현해라우지마을에선 어촌 체험

- **총 거리**   15.18km
- **소요시간**   4시간
- **난이도**   ★★★★☆
- **코스**   경남 남해군 남면 월포·두곡해수욕장~숙호숲~홍현해라우지마을~가천 다랭이마을~
           향촌전망대~향촌조약돌해변~선구몽돌해변~사촌해수욕장

○ **코스 소개**   폭염에다가 일부 구간의 길이 좁아 걷기가 조금 까다롭다. 남해바래길 해안누리는 본격 휴가철을 앞두고 숨을 고르는 중이었다. 잘생긴 몽돌이 지천인 월포·두곡해수욕장은 화장실, 탈의실, 샤워실을 잘 갖추고 있다. 해변에 벌거벗은 남녀 아이가 조각된 수도 시설은 미소가 지어지는 풍경이다. 월포마을의 오래된 당산나무를 지나 작은 숲을 건넌다. 숙호숲이다. 숙호숲은 홍현해라우지마을의 방풍림이다. 홍현은 해라우지, 즉 무지개 형상으로 생겼다고 해서 그리 부른단다. 마을 어귀의 논에는 모가 한 뼘 이상 자라 있다. 자세히 보니 모 포기에 연분홍색 논고둥 알이 무수히 매달려 있다. 청정 지역이라는 말이 실감난다. 홍현마을을 지나면 가천 다랭이마을까지 해안 벼랑길을 가야 한다. 길은 산길과 경운기 길, 그리고 옛 초소길을 번갈아가며 잇는다. 외지고 가팔랐다. 4km가량의 긴 거리라 인내심이 필요하다. 마침내 두 개의 정자가 보이면 고생은 끝이 난다. 이번 코스가 별점 4개를 받은 것은 오직 이 구간 때문이다. 향촌전망대까지는 주로 아스팔트 길이다. 향촌전망대에서 해변으로 내려서면 바다와 잇닿은 포장도로를 걷는다. 선구몽돌해변으로 가기 위해서는 작은 고개를 올라야 한다 사촌해수욕장까지는 어렵지 않게 도달할 수 있다. 사촌은 모래해변이 좋은 해수욕장이라 가족 여행객이 많다. 편의 시설도 잘 갖춰져 있다.

○ **주변 볼거리**   남해바래길 2코스와 맨 처음 열린 1코스의 진면목을 맛볼 수 있는 구간이다. 홍현 해라우지마을의 석방렴은 원시 어업의 형태를 그대로 갖춘 어장이다. 돌을 쌓아 조수 간만의 차를 이용해 물고기를 잡는다. 홍현마을에 문의하면 체험할 수 있다. 아무래도 가장 큰 볼거리는 남해 가천 다랭이마을. 다랭이마을은 대한민국 명승 15호. 벼농사를 짓기 위해 산비탈을 깎아 만들었다. 제일 큰 논은 600평. 제일 작은 논은 6평 정도 된단다. 가천 암수바위도 신묘롭다. 마을의 평안과 풍어를 빈다고 한다. 사촌해수욕장은 옛날 '모래치'로 불렸다. 송림과 모래가 좋고 개울물이 맑고 깨끗하기 때문이다.

● 거제 능포항~장승포항

한 달 보름 만에 만난 친구들, 장대비로 땀 씻으며 색다른 체험

양지암조각공원의 조각 작품들을 감상하며 걷고 있는 참가자들

여행이 즐겁다. 날씨가 좋아도, 비가 오거나 바람이 불어도 다 좋다. 오히려 실컷 고생을 하고 다녀온 여행은 더 오래 기억되는 묘한 마력을 지녔다. 8월 국토대장정은 폭염을 피해 2주를 미뤘다가 이뤄졌다. 폭염은 피했지만 그래도 더웠다. 게다가 비까지 내려 길이 힘들었다. 길을 나서고 한 시간쯤 지났을 무렵에는 아예 장대비가 쏟아졌다. 롤러코스터를 타듯 길은 긴 오르막과 내리막을 반복했다. 비옷을 입은 국토대장정 대원들의 행렬은 때때로 장엄했다.

만나면 좋은 친구

낮 더위를 피해 새벽 4시에 출발했다. 대장정 출발지인 거제 능포항까지는 2시간 남짓. 태양이 제 몸을 달구기 전에 일정을 마친다는 계획이었다. 연일 30도가 넘는 폭염이 기승을 부렸지만 예상과 달리 132명이 참가했다. 아무리 폭염이 기승을 부려도 세 자릿수는 보장된다는 것이 증명된 셈이다. 폭염 때문에 참가자가 줄면 수월하지 않을까, 하는 준비팀의 기대(?)도 여지없이 무너졌다.

한 달 하고도 보름이 지나 만난 대원들은 여전히 늠름했다. 이제 6회째니 얼굴을 보면 짐작이 가고, 서로 눈인사 나누는 사람도 제법 많아졌다. 비록 해안누리를 타박타박 걷는 길 위에서 스치듯 만났지만, 같은 길을 걷는다는 것에 대한 동질감은 꼭 오래 못 본 가족을 만나는 것처럼 푸근했다.

차에서 내리자마자 걷는 것은 이제 불문율이 됐다. 여러 대의 차량이 동시에 도착하니 선두 대열이 앞으로 쭉 나가 줘야 길이 엉키지 않는다. 역대 최소 인원이 참가했지만, 대열은 꼬리를 물고 길게 이어졌다. 능포항을 바라보며 씩씩하게 걷기 시작했.

고작 오전 6시가 조금 지났을 뿐인데도 더위가 훅 느껴졌다. 습도가 높은 것도 한몫했다. 사진을 찍느라 선두와 후미를 두어 번 왔다 갔다 하니 옷은 이미 흠뻑 젖은 상태였다.

능포항은 좌우 방파제가 긴 팔처럼 바다를 감싸고 있다. 방파제는 인공 구조물이지만 바다와 잘 어울렸다. 등대 때문일까. 촉수처럼 빨간 등대와 흰 등대는 뱃길을 인도

했다. 해안누리를 걷는 장대한 대열이 능포항의 벌린 팔에 안기듯 빨려 들어갔다.

본격적으로 이어지는 해안길. 동편방파제 소공원에서 피서를 즐기던 아저씨 몇 명이 갑자기 나타난 사람들을 보며 깜짝 놀라 당황했다. 서로가 서로를 구경하는 진풍경이 연출됐다. 방파제 해안길을 지나 양지암으로 가는 임도에 들어서자 산책을 나온 주민이 박수를 치며 환영했다. 예감이 좋다.

반가운 빗줄기

양지암은 능포에서 바다를 향해 쭉 뻗은 곶부리를 이르는 말인가 보다. 작은 반도는 길게 바다를 향했다. 새벽인데다 흐린 날씨 탓인지 임도로 접어드니 어두컴컴했다. 사진이 제대로 찍히지 않아 손전등을 켰다. 비가 조금씩 뿌리기 시작했다. 이른 새벽에 이 숲길로 승합차 한 대가 들어왔다. 살짝 눈살을 찌푸렸다. '끝이 막힌 길인데 무슨 생각으로 들어 온담.' 속으로 핀잔을 주고 있는데 알고 보니 비옷을 싣고 헐레벌떡 달려온 지원팀의 차였다. 비옷을 건네받는 손이 머쓱했다.

임도가 끝나자 본격적인 산길이 시작됐다. 길지는 않지만 가파른 산길을 오르려니 비인지 땀인지 분간이 안 되는 물기에 몸이 젖었다. 빗방울은 생각보다 차가워 청량감마저 들었다. 맨몸으로 비를 받아도 좋으련만. 짧은 오르막이 끝나자 멋진 정자가 나났다. 그 옆엔 쉴 수 있는 나무덱도 있었다.

정자에 한 번 올라가 보고 싶지만 대열에서 이탈하는 게 쉽지 않다. 그때 한 사람이 성큼성큼 2층 형태의 정자로 올라갔다. 저곳엔 또 어떤 풍경이 기다리고 있을까. 뒤따라 계단을 밟았다. 비를 맞는 고요한 바다가 있었다. 바람이 부는 날이면 한참이고 오래 있어도 좋을 곳이었다. 색다른 풍경은 약간의 수고에 대한 보상이다. S&T모티브 사원인 윤홍제 씨가 이끈 풍경이었다.

하늘로 쭉쭉 뻗은 편백나무 숲길을 지나니 산림욕장이다. 비는 세차게 쏟아져 대지를 적셨다. 말라 가던 초목들이 환호를 지르는 듯했다. 오랜만에 오는 비를 직접 맞고 걸으니 나무처럼 온몸이 물을 빨아들이는 느낌이다. 지심도와 공곶이가 보인다는 전

바다를 배경으로 서 있는 양지암조각공원의 조각품.

망대는 앞이 확 트여 있었지만 아쉽게도 풍경은 해무에 가렸다.

임도를 통해 어느새 산림욕장까지 달려온 지원 차량이 잘 씻은 오이를 한 아름 내놓았다. 입안에 '아싹' 하는 소리와 함께 퍼지는 향이 진했다. 백일홍이 흐드러지게 핀 고운 길을 다시 걸었다. 거대한 조각품들이 바다를 배경으로 서 있는 양지암조각공원. 작품 사이사이로 난 길을 걸었다. 음수대조차 예술 작품이었다. 물이 정말 나오나 싶어 수도꼭지를 누르니 맑은 물이 콸콸 치솟았다.

해무 덕분에 퍼질러 앉다

산길을 벗어나 장승포 해안도로로 들어섰다. 인도는 사람들이 걷기 좋았다. 저만치 몸

장승포 해안도로를 걷는 참가자들. 해안도로에서는 장승포항이 한눈에 보인다.

의 균형이 예사롭지 않은 여성 한 분이 가고 있어 눈이 번쩍 뜨였다. S&T모티브 김택권 사장이 옆에서 "우리 회사에서 제일 유명한 마라토너"라고 소개했다.

종아리를 살짝 봤더니 근육이 정말 탄탄했다. 하지만 이보다 더 놀란 건 그 다음이었다. 각종 마라톤 대회에서 수차례 우승한 그가 대학생 아들을 둔 마흔다섯의 주부라는 것이다. 그는 곧 중국과 일본의 마라톤 대회에도 참가할 계획이라고 했다.

장승포 시내로 들어섰다. 수협 앞에서 할머니 세 분이 해산물을 팔았다. 호래기, 꼬치고기, 갈치, 전갱이. 호래기는 생으로 먹어도 된다며 입에 넣어 주었다. 지나가던 아저씨가 "초장을 찍어 먹어야 맛있제"라며 핀잔을 주었다. 얻어먹은 게 미안해 조금 샀다.

이번엔 인원이 적어 식당을 예약했다고 했다. 푸짐하게 차려진 간장게장이 먹음직스러웠다. 일정도 일찍 마쳤겠다, 비도 맞았겠다, 분위기가 한껏 고조됐다. 이런 분위기를 눈치챈 S&T그룹 최평규 회장이 참가자 전원에게 해금강 유람선을 태워 주겠다고 선언했다. 하지만 해무 때문에 유람선은 운항하지 못했고, 우리는 40분 이상 해무만 바라봐야 했다. 대신 막걸리를 몇 병 더 시켰다. 막걸리병은 쌓여 갔지만 끝내 해무는 걷히지 않았다. 최 회장이 말했다. "여행은 의외성이 있어. 짜여진 일정대로 하면 그게 일이지 뭐겠어요." 감히 전 국토의 해안누리를 다 걷겠다고 나선 뚝심의 정체를 알겠다.

course

: 거제 능포항~장승포항 :

숲길과 해안 어우러져 아기자기…
온 가족 부담 없이 걸을 수 있어

- **총 거리**   9.5km
- **소요시간**   3시간
- **난이도**   ★★☆☆☆
- **코스**   경남 거제시 능포동 버스 정류장~능포항~양지암~제1전망대~제2전망대~산림욕장~
임도~양지암조각공원~장미공원~장승포 해안도로~장승포 우체국~장승포항

○ **코스 소개**　　　날씨만 선선하다면 가족 단위로 부담 없이 걸을 수 있는 구간이다. 양지암 임도에서 산길을 조금 걸어야 하지만 예방 주사라 생각하면 된다. 나머지 구간은 평탄하여 콧노래가 절로 나온다. 거제는 바다와 접한 풍광이 좋아 해변길은 어디라도 좋다. 이번 국토대장정 능포항~장승포 구간은 임도와 숲길, 해안산책로가 어우러져 아기자기하다. 간편하게 먹을 수 있는 음식을 가져간다면, 양지암산림욕장에서 오래 머물러도 좋겠다. 편백 숲에서 뿜어내는 피톤치트와 맑은 날이면 지심도와 공곶이가 바라다보이는 풍광이 좋다. 산림욕장을 지나면 체육 시설이 나오고 산길 임도를 따라가다 보면 국내 유명 작가들의 조각 작품 21점이 전시된 조각공원이 나타난다. 2007년 완공된 조각공원은 화장실을 달팽이 모양으로 만들었다. 장승포 해안도로는 긴 내리막길이다. 우레탄 포장을 해 놓아 걷기에 무난하다. 해안도로를 내려서면 장승포 시내. 우체국과 거제수협을 지난다. 거제수협 앞에 세워 놓은 부조 상징물은 그물을 당기는 어부의 형상이다. 수협 옆에는 해산물 위판장이 있는데 경매가 끝난 해산물이 입구 좌판에 나와 있다. 흥정을 잘하면 신선한 해물을 싸게 살 수 있다. 장승포항은 번화하다. 각종 먹을거리가 풍부하니 허기를 달래기에 좋다.

○ **주변 볼거리**　　　장승포항에서는 해금강 유람선을 탈 수 있다. 해금강과 주변 해상을 한 바퀴 돌아오는 데 3시간 정도 걸린다고 한다. 날씨 영향을 받으니 사전에 문의(055-681-6565)를 하고 가는 편이 낫겠다. 지심도를 가는 도선도 장승포항에서 이용할 수 있다. 20분이면 가는 지심도는 동백나무가 무성해 동백섬으로도 불린다. 공곶이는 노부부가 50년 동안 가꾼 농장으로 수선화가 장관이다. 거제 8경의 하나로 꼽힌다. 양지암조각공원과 장승포장미공원, 벚꽃길 등은 제철에 맞춰 가면 볼거리가 많은 곳이다. 장승포항 주변은 유명 브랜드 커피체인점이 많이 들어서 또 다른 풍경을 연출한다. 바다를 바라보며 진한 향기의 커피를 음미해도 좋겠다.

● 포항 모포항~경주 고아라해수욕장

머리 위 하늘은 가을빛을 품고,
발아래 바닷길은 추억을 걷고

S&T 국토대장정에 나선 참가자들이 해안누리길을 걷고 있다.
가을로 접어들면서 하늘도 바다도 푸름을 한껏 더하고 있다.
공기도 선선해 걷는 이들의 마음이 즐겁다.

가을이라면 모름지기 이래야 한다. 날씨가 덥지도 춥지도 않아야 하고, 가슴이 맑아지는 공기가 풍부해야 한다. 선선해서 기분 좋게 가슬가슬한 바람이 반팔 차림의 팔뚝을 시원하게 쓰다듬어 주어야 한다. 하늘은 한껏 높아졌다. 참가자들은 "올해 국토대장정 행사 중 최고의 날씨"라고 입을 모았다. 긴 여름의 끝, 본격적인 가을의 시작인 2013년 9월의 마지막 주 토요일. S&T 국토대장정 종주단원들과 가족 참가자들이 동해안 해안 누리길인 포항 모포항~경주 감포 고아라해수욕장 18km 구간을 다녀왔다.

다시 가족이 뭉쳤다

바다에는 향기가 있다. 이른 아침 바닷가에 서면 상쾌함에 기분이 절로 우쭐댄다. 바다가 만든 맑은 기운, 살아 있는 파도의 역동성은 삶의 존재감에 재차 의미를 부여한다. 조금 일찍 도착한 출발지인 포항 모포항은 쉬지 않고 밤새 밀려온 파도가 먼저 출근해 있었다.

'안녕! 그동안 잘 있었니?' 파도에 말을 걸었다. '응. 또 왔네. 반가워. 이번엔 누가누가 왔지?' '응. 더운 여름엔 함께하지 못한 가족들도 이번엔 꽤 왔어!' '그래 잘 왔어. 재미있게 걷다 가.'

고등학교 1학년 옥승환 군은 엄마보다 훨씬 큰 키를 자랑하며 대장정의 대열에 합류했다. 초등학생 박효빈(양산 천성초등 4학년) 양은 아빠의 손을 꼭 잡고 걸었고, 김어진(양산 삽량초등 5학년) 양도 아빠와 의젓하게 보폭을 맞췄다. 어진이는 무려 다섯 차례나 참가한 국토대장정 베테랑(?)이 됐다.

가을이 오면서 걷기에 적당한 날씨가 되자 해안누리 대장정의 분위기가 또 확 달라졌다. 전체 대열을 두 개로 나눠 걷기로 했다. 먼저 출발하는 대열에 잽싸게 합류했다. 아무래도 뒤에 처지면 자꾸 따라가게 돼 힘이 더 든다. 이제 요령도 조금씩 생겼다. 가방도 확 비워 마실 물과 옷가지 하나만 챙겼다.

아무리 날씨가 도와준다고 해도 18km라는 거리는 만만치 않다. 옛 셈법으로 무려 사십오 리. 아무리 애를 썼지만, 주변을 기웃거리다 보니 어느새 대열의 후미에 서 버렸다.

여명이 밝아오는 바다.

하지만 두 번째 대열보다는 앞이었다. 대열 후미에서는 오래된 가족들의 상봉이 이루어지고 있었다.

코스모스가 피었다

건강미가 철철 넘치는 아주머니 한 분과 나란히 걸었다. 혼자 왔다고 했다. 신랑은 오늘도 일을 한단다. 아무도 자기를 알아보는 사람이 없어 오히려 이 여행이 즐겁다고 했다. 아저씨는 25년 이상 근무한 사원이라고. 더 이상 묻지 말라고 해서 신상을 캐묻지는 않았다. 그때였다. 옆에서 걷던 다른 아주머니가 말했다. "혹 사택에서 사신 적이 없나요?" "예, 있었죠. 한 25년 전인가. 사택에서 살았죠." "아, 그래요. 저도 사택에서 살았는데. 그러고 보니 안면이 있는 것 같네요." 말상대를 하면서 지루함을 달래려고 했는데 그만 파트너를 빼앗겨 버렸다.

두 사람의 대화는 이어졌다. "그때는 아침에 일어나면 산에서 뱀이 내려와 아파트 앞마당에 웅크리고 앉아 있어 난리 법석을 피웠죠." "그랬죠. 그런 일이 있었죠. 하하."

아, 그런 일이 있었구나. 두 사람이 공유하는 20년도 훌쩍 넘은 옛 추억은 국토대장정 해안누리길에서 술술 풀리고 있었다. 가만히 귀 기울이면 다들 회사에서 와는 다른 대화가 오갔다. "나락이 익은 걸 보니 고향 생각이 나네요." "고향이 어디십니까?" "아, 함안 쪽인데요. 여항산, 서북산 있는 곳." "아, 그래요. 경치 좋은 곳인가 봅니다." "아 예, 어릴 적엔 탄피도 많이 주웠는데. 거기가 한국 전쟁 격전지였거든요."

평소 일과 관련한 업무적인 대화만 나누던 직원들이 국토대장정 해안누리 길에서는 서로 마음을 열고 고향을 이야기하고 추억을 이야기했다. 바로 길 위에서. 코스모스는 하늘하늘 피어 바다를 향해 손짓하며 가을을 뽐냈다.

바다 정취에 흠뻑 빠진 참가자들.

가을, 준비하는 계절

모포해변은 고운 모래 해변, 이후 고아라해변으로 가는 길은 잔 자갈과 굵은 자갈 해변이 번갈아 나타났다. 콘크리트로 포장된 길보다 비포장길이 운치가 있지만, 걷기엔 꼭 좋은 것만은 아니었다. 모래 해변은 푹푹 발이 빠져 체력 소모가 많았다. 자갈로만 된 길도 잘 미끄러져 마찬가지였다. 큰 자갈과 작은 돌, 모래가 뒤섞인 길이 제일 걷기 좋았다. 조화로운 삶이어야 한다.

S&T모티브 김택권 사장이 좋은 소식 한 가지와 나쁜 소식 한 가지를 동시에 말해 주었다. 이번 행사엔 모처럼 가족들도 많이 참석하고, 인원도 200명 정도로 단출해서 양

포항에서 방어회를 먹을 작정이었다고 했다. 하지만 방어가 제철이 아니고(겨울철에 맛있단다) 소매는 하지 않아 맛볼 수 없게 됐다며 아쉬워했다. 아쉽기는 기자가 더했다. 쩝.

그러나 이번 행사에는 특별히 부산의 명주 '금정산성 막걸리'가 준비됐다. 하루 전에 200병을 주문해서 1인 1병을 먹을 수 있게 됐다.

가을이 되니 주변 풍경도 풍성해졌다. 해풍에는 물고기들이 꾸덕꾸덕 말라 가고 있었다. 수세미, 호박, 황금색으로 변해 가는 벼논은 풍요 그 자체였다. 해안누리에 있는 장기 일출암은 육당 최남선이 조선 10경으로 명명한 명소. 바닷가는 바닷가대로 묘미가 있고, 숲으로 난 오솔길은 또 그렇게 억새가 피어 있어 아름다웠다.

한 4km 정도를 남겨 두고 체력에 살짝 무리가 왔다. 슬쩍 둘러보니 5학년 어진이도 다리가 아픈지 쉬고 있었다. 하지만 어진이도, 효빈이도 다들 완주했다. 의젓한 승환이는 다 걷고도 지친 기색이 없었다.

점심을 먹으면서 좀 허전한 느낌이 들었다. 그러고 보니 최평규 회장이 참석하지 못한 것이다. 일이 바빠서란다. 늘 식사 자리의 좋은 분위기를 이끌었는데 빈자리가 컸다. 든 사람은 몰라도 난 사람 자리는 안다는 말이 꼭 들어맞는다.

감포 고아라해수욕장에 도착하기 직전이다. 앞 사람의 바지 끝에 도꼬마리 열매 하나가 위태롭게 달랑달랑 붙어 있었다. 도꼬마리는 국토대장정을 통해 새로운 세상을 향한 모험에 나선 참이다. 이제 도꼬마리는 내년 봄 포항이 아닌 경주에서 싹을 틔울 것이다. 걷는다는 것은 행복을 목표로 하지만 그 자체가 행복인 고귀한 행위이다. 더욱이 생명이 넘실대는 해안누리를 걷는 일이니 오죽하겠는가.

해풍에 꾸덕꾸덕 말라 가고 있는 가자미.

가을볕에 익어 가고 있는 수세미.

course
: 포항 모포항~경주 고아라해수욕장 :

고운 모랫길·코스모스길·벽화마을길
쉬엄쉬엄 즐기기 제격

- **총 거리**   18km
- **소요시간**   5시간
- **난이도**   ★★☆☆☆
- **코스**   경북 항시 남구 장기면 모포항~대진교~대진리~영암리~일출암~금곡교~신창1리~
              양포항~계원리~두원리~경주시 감포읍 오류리 고아라해수욕장

○ **코스 소개** 푸른 동해를 늘 옆구리에 끼고 걷는다. 해변길이 물리면 도로를 따라가도 좋다. 마음만 먹으면 언제든지 바닷가로 내려설 수 있다. 포항 구룡포 바로 아래에 있는 모포항은 고운 모래 해변이다. 고운 모래는 길손의 발목을 잡는다. 쉬엄쉬엄 가라는 것이다. 이어 이어지는 바닷길은 작은 자갈과 큰 자갈이 섞여 있고, 모래 해변도 있다. 해풍에 말라 가는 생선들과 반짝이는 바다를 배경으로 우뚝 선 등대는 그대로 한 폭의 그림이다. 그물을 말려 깁는 어부와, 크고 작은 통발 같은 어구들은 다른 곳에서는 볼 수 없는 색다른 풍경을 제공한다. 여행의 잔재미다. 영암리를 지나면 작은 둔덕길을 올라야 한다. 코스모스가 하늘거리고, 작을 골짝 근처에는 연분홍 고마리꽃이 피었다. 둔덕을 내려서면 제법 물이 콸콸 흐르는 장기천이 나온다. 바다 쪽에는 예사롭지 않은 바위섬들이 있다. 일출암이다. 육당 최남선이 '장기 일출'을 조선 10경의 하나로 쳤단다. 민물과 바닷물이 만나는 자리에서 옛날부터 생수가 솟아난다고 해서 날물치라고도 불렀단다. 신창2리는 어촌 체험마을로 지정돼 단장이 한창이다. 벽화를 그리는 사람들로 분주하다. 바닷물을 끌어들여 방어를 양식하고 있는 곳을 지나니 양포항이다. 근린공원을 만들어 놓아 캠핑하는 사람도 많다. 도착지인 경주시 감포읍 오류리 고아라해수욕장은 고운 모래와 자갈, 잘 자란 해송이 그늘을 만들어 푹 쉬어 가기에 좋다.

○ **주변 볼거리** 고아라해수욕장은 예전에 오류해수욕장으로 불렸다. 백사장의 폭이 70m이고 길이가 600m나 된다. 캠핑장이 마련돼 사계절 즐기는 해수욕장이다. 인근 감포항에서는 동해에서 금방 잡은 각종 횟감을 살 수 있다. 특히 3일과 8일은 감포 오일장. 볼거리와 먹거리가 풍부하다. 해안누리에서 불과 얼마 떨어지지 않은 장기면 소재지에는 장기읍성이 있다. 신라 시대 서라벌을 침공하는 왜구를 방어하던 전진 기지였다. 양포항을 지나 바닷가에 솟은 작은 봉우리 소봉대는 경치가 아름다워 시인 묵객이 많이 다녀간 곳이라고 한다.

● 포항 칠포~화진해수욕장

모래밭·고샅길·부둣길, 묘하고 흥미로운 길
"지루해할 틈이 없네"

바다를 바라보며 걷노라면 저절로 마음이 편안해진다.
출발 지점인 칠포해수욕장에서 월포해수욕장까지 걷는 데 2시간이 걸렸다.

해수욕장은 여름을 이미 잊은 듯했다. 멀리 동해 수평선 너머로 솟아오른 해에서조차 열기는 느껴지지 않았다. 오히려 백사장 뒤 솔밭에서는 초가을 정취가 가득했다. 등산화를 살짝 적신 파도도, 어깨 위로 지나간 바람도 은근히 차가웠다. 그 바뀐 계절 속으로 S&T 국토대장정 종주단이 걸어 들어갔다.

기수단을 선두로 전담 종주단 34명이 앞에 서고, 자율 참가자 170여 명이 그 뒤를 따랐다. 자율 참가자 중에는 엄마 손을 잡은 아이, 젊은 아들을 따라나선 노모도 있었다. 이날 예정된 행로는 약 20km. 경북 포항 칠포해수욕장에서 화진해수욕장까지였다. 국토대장정 전체로는 8차, 동해안 해파랑길로는 간절곶~임랑해수욕장, 울산 우가포~나아해변, 감포 오류해변~양남 나아해변, 포항 모포항~경주 고아라해수욕장에 이어 5번째였다. 난코스는 없었지만 노약자들에게는 쉽지 않은 거리였는데, 다행히 아무도 낙오하지 않았다.

옻칠처럼 검은 칠포해수욕장

이번 구간의 출발지인 칠포해수욕장(폭 200~300m · 길이 4km)은 해운대해수욕장(폭 30~50m · 길이 1.5km)보다 훨씬 더 넓고 길었다. 그 해수욕장 뒤로 솔밭이 감쌌다. 칠포해수욕장의 '칠포(漆浦)'는 옻칠에서 유래했다는데, 실제로 해수욕장 인근의 바위와 바다, 모래가 다 옻칠처럼 검었다. 그 검은 빛의 유래는 오도리 앞바다의 오도에서도 전해졌다. 오도의 '오(烏)'가 '까마귀'였던 것이다. 민물과 바닷물이 만나는 용두리 개천에는 청둥오리 떼가 한창 놀고(?) 있었다. 사진을 찍고 때때로 고함을 쳤지만 오리 떼는 들은 척도 하지 않았다.

길은 묘하고 흥미로웠다. 해수욕장의 모래밭이 끝나면 고샅길이 이어졌고, 그 길이 시나브로 마감하면 부둣길이 등장했다. 그러니 지루해할 틈이 없었다. 길의 질감에 따라 발밑에서 나는 소리도 다양했다. 모래밭에서는 사각사각, 고샅길에서는 뚜벅뚜벅, 자갈길에서는 찰찰찰 소리가 났다. 힘들거나 난해한 구간도 없었다. 곳곳에 핀 꽃은 초가을 트레킹의 재미를 더하게 했다. 일부 구간에서는 동요 '해당화'의 한 소절이 절로

칠포해수욕장의 검은 바위들.

흘러나올 정도로 야생화가 많았다.

인도 출신 아쿠마루 "3번째 참가"

S&T모티브 자동차부품사업본부 생산팀 직원인 이기훈(31) 씨의 어머니 정경분(65) 씨는 "매달 부산일보에 소개된 국토대장정 기사를 보며 참여하고 싶다는 생각을 많이 했는데, 이제야 기회를 잡았다"며 즐거워했다.

엄마와 함께 나란히 걷던 8세 오수빈 양은 "어디서 어디까지 가는지 모르겠지만 걷는 게 신나고 재미있다"며 함박웃음을 보였다. 아빠 손을 잡고 걷던 나성윤(9) 군은 이 날 "두 번째 참가"라며 "처음에는 아빠 권유로 왔지만 이번에는 제 스스로 결정하고 왔다"고 뿌듯해했다. 참가자 중에는 외국인도 있었다. 벌써 3번째 참가했다는 키란 아쿠마루(27·S&T모티브 부산본사 품질본부 자동차부품QA팀) 씨는 "지난 4월 인도에서 부산으로 연수를 왔다"고 자신을 소개했다. 이제 겨우 6개월 됐는데도 그는 부산 사투리를 제법 잘 썼다. 그는 이날 "트레킹 구간이 고향 풍경을 닮았다"며 그곳에서 살고 있는 자신의 부모를 떠올렸다.

겸재 정선이 그림 그린 명소도

국토대장정 팀은 아스팔트 도로를 가급적 피했다. 자동차의 속도 때문에 트레커들이 위협받을 수 있기 때문이었다. 그러나 일부 구간에서는 불가피하게 이런 도로를 지나야 했다. 칠포해수욕장~오도리, 화산마을~7번 국도~화진해수욕장 구간이 그런 경우였다. 이 구간에서는 종주단 안전 요원의 마음이 크게 바빠졌다. 발에 땀이 나도록 앞뒤를 다니며 참가자들의 안전을 챙겼다.

　오도리를 지날 즈음에 오이와 식수를 실은 지원 차량이 비상등을 깜빡거리며 다가왔다. 모두 미소를 지었다. 1시간쯤 쉼 없이 걸었으니 한둘은 허겁지겁 달려들 법한데

포항 칠포해수욕장을 지나는 국토대장정 대원들.

조용히 줄을 서서 자기 몫만 받아가는 모습이 좋았다.

　용두리 해변에 있는 '조경대'는 왕관, 거북, 용을 닮은 바위들이 해안선을 따라 줄지어 선 풍경이었다. 조선 시대 진경산수화의 대가인 겸재 정선이 청하현감으로 2년간 머무를 때 이곳에 자주 와 그림을 그렸다고 한다. 그만큼 풍광이 빼어났다. 예전에는 여기서 고래를 잡기도 했단다. 조경대를 지날 무렵 대열이 약간 어수선해졌다. 간첩 침투에 대비해 군인과 예비군이 배치되던 작전 지역이라고 누가 소개했다. 초소와 경고 간판 등을 본 참가자들이 긴장한 표정을 지었다.

방어 대신 오징어 덕장 '가을 정취'

월포해수욕장의 솔밭은 해안가를 따라 길쭉하게 자리 잡았다. 운치가 있고 그늘도 넉넉했다. 여름이라면 웃옷을 벗고 그대로 바다에 풍덩 빠지고 싶을 정도로 물이 맑았다. 방어리는 방어가 많이 잡힌다고 해서 이름이 붙었다. 그러나 정작 방어리에서 목격한 것은 오징어 덕장이었다. 공중에 줄줄이 매달린 오징어가 역광 때문에 오묘한 풍경을 빚어냈다.

　조사리는 고려 말의 고승 원각(圓覺) 조사가 태어난 마을이다. 그는 열반 직전 "100여 년 뒤 큰 전쟁이 일어날 것"이라고 예언했다고 한다. 그 전쟁이 바로 임진왜란이다. 조사리에서 가까운 화전리는 임진왜란 때 조선 수군과 왜병이 치열한 전투를 벌인 곳으로 유명하다. 당시 마을 앞 백사장에는 유골이 산더미를 이뤘다고 한다.

　화산마을(화전리)을 통과하니 누런 벼가 황금물결을 이뤘다. 그 물결을 감상하며 종착지인 화진해수욕장에 도착했다. 구간 완주가 끝나자 작은 막걸리 자축 파티가 열렸다. 서로에게 막걸리 한 사발을 권하며 하루를 마감했다.

　여성 종주단원인 진주(27) 씨는 "다른 구간보다 보행 속도가 빠른 편이었지만 오르막이 거의 없고 경치가 워낙 좋아 걷는 내내 즐거웠다"고 소감을 밝혔다.

가을 햇볕과 해풍 속에서 건조되고 있는 칠포리 덕장의 오징어.

여성 종주단원인 성은 씨의 행복한 포즈.

course

: 포항 칠포~화진해수욕장 :

운석 같은 갖가지 모양 조경대 바위, 발걸음 절로 멈춰져요

- **총 거리**   20.8km
- **소요시간**   4시간 30분
- **난이도**   ★★☆☆☆
- **코스**   경북 포항시 북구 흥해읍 칠포리 칠포해수욕장~오도리~청진리~이가리~조경대~
월포해수욕장~용두리~방어리~조사리~방석리~화진리~화진해수욕장

○ **코스 소개**　　7차 구간에 이어 이번에도 확 트인 동해 바다를 실컷 본다. 일부 구간을 제외하고 대부분 해안선을 따라가거나 마을길, 부둣길이라 까다로운 코스가 거의 없다. 칠포·월포·화진해수욕장 등은 피서철이 지나면 인적이 뜸하다. 백사장에 앉아 바다를 바라보면서 시름이나 고민을 파도에 실어 보내면 어떨까? 걷다가 피곤하면 월포나 화진해수욕장을 감싸는 풍성한 솔밭에 돗자리를 깔고 누워도 좋다. 칠포해수욕장~칠포리, 이가리~조경대 사이에 있는 참호나 초소 등은 색다른 재미가 있다. 칠포리에서 오도리로 갈 때 800m가량 도로(20번 지방도로)를 걸어야 한다. 편도 1차로인 도로는 갓길이 좁아 이동할 때 조심해야 한다. 마을길로 들어가면 선착장과 방파제가 어김없이 나온다. 출어를 준비하는 고깃배나 방파제에서 고기를 낚는 낚시꾼 풍경이 정겹다. 월포해수욕장으로 가기 전에 나오는 조경대는 이번 구간의 백미이다. 하늘에서 떨어진 운석처럼 온갖 생김새의 바위들이 발걸음을 멈추게 한다. 잠시 서서 바위 생김새에 따라 이름 짓기 놀이를 하거나 사진을 찍으면 좋겠다. 조사리에서 방석리로 가는 길은 모래를 밟고 간다. 발이 푹푹 빠져 한 걸음 한 걸음 내디딜 때마다 힘이 든다. 맞바람이라도 불면 보행 속도가 더 줄어든다 화진리 화산마을을 벗어나면 7번 국도를 200m쯤 걷는다. 종일 차량 이동이 많아 주의해야 한다.

○ **주변 볼거리**　　칠포리 일대는 선사유적이 많다. 칠포해수욕장 뒤의 곤륜산 중턱에는 암각화군(유형문화재 제249호)이 있다. 높이 1.4~1.8m, 폭 2~3m의 암각화들이 바위와 골짜기마다 새겨졌다. '검파형'으로 불리는 칼 손잡이 모양의 암각화는 청동기 시대에 다산과 풍요를 기원하는 의미란다. 칠포리에는 고인돌도 많다. 칠포리 마을에만 5기가 있고 주변 언덕에 10여 기가 더 있다. 해발 177m에 불과한 곤륜산은 1시간이면 올라갈 수 있다. 높이는 낮지만 정상 조망이 끝내준다. 종착지인 화진해수욕장에서 4.5km 떨어진 곳에 보경사(송라면 중산리)도 있다. 보경사에서 1시간가량 떨어진 내연산의 12폭포는 조선 시대 숙종이 감동하고 갔을 정도로 비경을 자랑한다.

● 경남 통영 산양초등 화양분교 터 ~통영해양관광공원

길섶 동백꽃은 벌써 붉었고
남해 물비늘은 보란 듯 찬란했다

S&T 국토대장정에 참여한 대원과 가족들이 경남 통영시 미륵도 삼징이해안길을 걷다가 쉬고 있다.
자전거도로와 산책로가 잘 가꿔진 이곳 해안누리는 아름다운 바다 풍광과 산세가 어우러져 한 폭의 산수화를 보는 듯하다.

만산이 홍엽이다. 단풍이 제 몸을 활활 태워 이 땅을 붉고 환하게 밝히는 주말, 통영으로 갔다. 미륵도는 한려해상국립공원을 빛내는 한 떨기 연꽃으로 피어 있었다. 길섶에 핀 수줍은 들국화는 짙은 가을 향기를 뿜었다. 때마침 바람은 겨울을 예감하여 미리 제 온도를 낮추었다. 성급한 동백은 또 꽃망울을 터트렸다. 300여 S&T그룹 가족들이 국토대장정 아홉 번째 길을 떠났다.

미리 꽃망울을 터트린 동백.

젊은 피는 뜨겁다

경남 통영 미륵도 국토대장정 9차 출발지인 통영시 산양읍 미륵도로 가는 1호차 버스. 30년 경력의 베테랑 기사는 웬일인지 차를 천천히 몰았다. 도착 예정 시간이 점점 다가와서 준비팀의 마음은 바빴지만 그는 개의치 않았다. 1호차 기사는 "빨리 가면 2호차가 따라오지 못한다"고 말했다. 특히 GPS 내비게이션에만 의지하는 요즘 젊은 기사들은 아예 현실의 길눈이 어두워 한 번 간 길도 기억 못하는 경우도 있다고 했다.

하기야 전화번호가 전화기에 저장되고 난 이후부터 아내 전화번호조차 몰라 헤맨 적이 있으니 그 말이 맞겠다. 더디 가더라도 2호차와 3호차를 데리고 가다 보니 출발 예정 시간보다 20분 늦게 도착했다.

아침 공기는 상큼했고, 대열은 큰 깃발을 펄럭이며 해안누리길을 용틀임하기 시작했다. 허겁지겁 등산화를 갖춰 신고 대열의 맨 꽁지에 섰다. 8차에 해외 출장을 가느라 한 번 빠졌는데 고향이 삼천포인 안전 요원 이혁섭 파트장이 안부를 물어 주었다.

그런데 서로를 다 알지는 못해도 웬만큼 얼굴이 익었는데 한 번 빠졌다고 많이 낯설어졌다. 생소한 얼굴의 젊은 사람들이 한둘이 아니었다. 인턴 신입 사원들이란다. 모티브와 중공업에서 40명 정도 참여했다고 한다. 평균 연령이 낮아지니 대열 전체가 젊어졌다.

한 여자 두 남자

부산일보 로고를 단 차량을 보고 또다른 인턴은 호기심을 보였다. '취재 차량이 여기 왜 왔지?' 옆에 동기와 혼잣말처럼 나눴다. 해안누리 안전 요원이 뒤에 있는 사람이 취재기자라고 소개했다. 그랬더니 꼬치꼬치 국토대장정과 언론 관계를 캐물었다. 신입사원다운 호기심이었다. 한 인턴은 이틀 전에 첫 월급을 탔다며 자랑을 했다. 다가오는 주말에는 부모님을 찾아뵙고 내복 선물을 하겠다고 말했다.

'무소유'를 온몸으로 실천했던 법정 스님이 출가를 한 미래사 입구에서부터 도로를 버리고 해안길로 들어섰다. 바다에 우뚝 솟은 바위가 절묘한 해안 쉼터에 도착하니 하늘에서 서광이 비쳤다. 아침 햇살에 일렁이는 물비늘은 찬란했다. 김택권 사장은 도로에서 안전을 챙기려 계속 들고 다니던 경광봉을 그제야 내려놓았다.

해안누리길을 걷다 보면 가장 반가운 것이 있다. 바로 S&T모티브 문일관 파트장이 실어 나르는 물과 오이가 풍성한 보급차다. 차량은 삼칭이해안길 입구에서 길손들을 기다리고 있었다. 하지만 날씨도 선선하여 물만 하나 챙겼다. 그런데 한 5분을 걷다 보니 사방에서 향긋한 오이 냄새가 진동을 했다. 입맛을 너무 크게 다셨던가. 앞에서 걷던 아주머니 한 분이 어디선가 오이 토막을 얻어 와서 툭 잘라 나눠 주셨다. 염치없이 냉큼 받아 입에 물었다. 즐거움이 온몸에 퍼졌다.

자전거와 사람만 다니도록 배려한 미륵도 삼칭이해안길은 해안누리꾼들에게는 최고의 축복이었다. '삼칭이'는 조선 시대 통제영이 있던 삼천진에서 유래했단다. 길이 넓어 서너 사람이 어깨를 나란히 하고 걸어도 될 정도였다. 그런데 특이한 풍경이 눈에 들어왔다. 한 여자가 중간에 섰고, 양옆에 젊은 남자와 연세가 지긋한 남자가 각각 팔짱을 끼고 걷고 있다. 질투 나는 풍경의 주인공은 이제 막 품절녀가 된 황지영 씨. 지난 6월에 결혼했지만 국토대장정 하루 전날 혼인 신고를 했단다. 신랑과 함께 가야 하는

요트대회에 참가한 세일 요트들.

줄 알아 늦은 거라고 했다. 바쁜 신랑은 모티브에 근무하는 안승환 대리. 한쪽 팔짱을 차지한 중년의 남자는 지영 씨의 아버지 황희성 씨였다.

고독은 외롭지 않다

가을이 너무 무르익어서일까. 좋은 풍경은 눈에 담다 보면 진한 감동에 오히려 쓸쓸한 느낌이 들기도 한다. 등대낚시공원을 돌아서자 바다에는 온통 부푼 세일을 펼친 요트들이 수놓고 있다. 이순신배 국제 요트대회에 참가한 요트들이란다. "S&T가 국토대장정 온다니까 마중 나왔나 보네요." 누군가의 농담으로 모두 한바탕 웃었다.

통영등대낚시공원은 수중 암초에 세운 등대까지 다리를 만들어 낚시를 즐길 수 있게 해 놓았다. 그냥 들어가 보는 데는 1천 원, 낚시를 하려면 4시간당 1만 원이었다. 화

다리 위에서 낚시를 즐길 수 있는 통영등대낚시공원.

장실로 갑작스레 사람들이 몰리자 운영자가 당황했다. 사람 구경하느라 요금 받을 생각도 못 하다가 낚시터는 유료 입장이라고 뒤늦게 안내했다.

삼칭이해안길에는 자전거를 대여하는 곳도 있었다. 느긋하게 라이딩을 해도 좋았다. 철 지난 통영공설해수욕장은 쓸쓸했다. 웬 남자가 해변에서 오래 고독을 즐기고 있었다. 통영국제음악당도 막 준공됐다. 세계적인 작곡가 윤이상 선생을 기념하는 음악당으로 시작했으나 우여곡절 끝에 이런 이름을 달았다고 했다.

다소 복잡한 시내를 통과하는데 앞서 가던 모티브 사원 가족 류재순(동래구 낙민동) 씨가 깎은 단감을 주변에 나눠 주었다. 달콤함에 힘이 솟았다. 국토대장정 맨 뒤에는

통영공설해수욕장에서 고독을 즐기는 남자.

노장들이 섰다. 힘이 달려서가 아니라 길을 양보하는 것이리라. 날씨가 너무 좋아 걸음이 모두 빨랐다. 후미는 더 바빴다.

course

: 경남 통영 산양초등 화양분교 터~통영해양관광공원 :

기암절벽과
바다 위 우뚝 솟은 바위기둥에 절로 탄성

- **총 거리**   16.5km
- **소요시간** 4시간
- **난이도**   ★★☆☆☆
- **코스**   경남 통영시 산양읍 산양초등 화양분교 터~신전 삼거리~
              국립수산과학원 남동해수산연구소~미래사 입구~영운마을~삼칭이해안길~
              통영등대낚시공원~통영국제음악당~김춘수유품전시관~충무교~통영해양관광공원

○ **코스 소개** 통영은 예향이다. 이 지역 사람들은 '토영'이라고 발음하며 친근감을 표시한다. 시인 청마 유치환, 시인 김춘수, 소설가 박경리 선생, 서양화가 전혁림, 그리고 작곡가 윤이상 선생이 이곳과 인연을 맺은 분들이다. 이번 9차 해안누리 코스의 출발지인 산양초등학교 화양분교도 윤이상 선생이 교사로 봉직했던 곳이다. 지난 2007년 학생 수가 줄어들어 폐교가 되었다. 신전 삼거리에는 오래된 숲이 있다. 마을 숲은 작은 공원으로 변신했다. 아름드리 느티나무는 오랜 세월을 기억하고 있는 듯하다. 국립수산과학원 남동해수산연구소 윗길을 지나 미래사 입구까지는 차도를 걸어야 하니 잘 살피면서 걸어야 한다. 미래사 입구에서 우측 산 쪽으로 난 작은 길을 들어서면 꼬불꼬불한 고추밭길 사이로 바다로 가는 길이 있다. 이때부터 길은 해안으로 이어진다. 영운마을을 지나면 산양 일주도로를 따라 차가 다닐 수 없는 삼칭이해안길로 이어진다. 길은 해안누리꾼들이 편하게 걸을 수 있도록 잘 가꿔져 있다. 곳곳에 벤치와 물고기 조각상이 설치돼 있다. 삼칭이해안길은 돌벽수가 길손을 반기고, 기암절벽과 바다 위에 우뚝 솟은 바위기둥이 기묘한 풍경을 선사한다. 자전거도로도 잘 정비돼 가족 단위 나들이를 가볍게 즐겨도 좋겠다. 통영국제음악당과 통영마리나는 동영의 한 면복을 제대로 볼 수 있는 곳이다. 곳곳에 정박한 요트와 현대식 건물은 신선함을 더해 준다. 충무교 인근에는 해저터널이 있다. 충무교부터 통영대교까지는 해안산책로가 잘 나 있다. 통영해양관광공원은 널찍하게 잘 가꿔져 쉬어가기 좋다.

○ **주변 볼거리** 통영 미래사는 편백나무 숲이 좋다. 미륵산에는 케이블카가 설치돼 있다. 통영 해저터널은 일제 강점기 때 만들어졌는데 사람의 통행은 가능하다. 통영 서호시장은 아직 전통의 냄새가 많이 남아 있는 전통시장이다. 각종 해산물도 풍부하다. 동피랑마을은 벽화마을로 잘 알려져 있다. 드라마의 배경 마을로 방송을 타면서 찾는 사람이 많다. 통영꿀빵과 충무김밥은 전국적으로 명성이 자자하다.

2부

● 경남 고성 임포항~상족암

상족암 해안 풍경,
제주 주상절리·격포 채석강에 뒤지지 않았다

경남 고성군 임포항에서 16km 거리의 해안누리를 4시간 30분 동안 걸어 상족암에 막 도착한
S&T모티브 국토대장정 참가자들이 책을 수천 권 쌓아 놓은 듯한 절경에 감탄하며 주변을 돌러보고 있다.

식은 빵 하나를 건네받았다. 튀김 소보로빵은 대전에서부터 왔다. 이른 아침이라 먹을까 말까 고민하다가 마른 침을 삼키며 빵을 베어 먹었다. 단팥이 달콤함을 몰고 왔다. 맛있었다. 안승환 대리의 부인이 20분이나 줄을 서서 사 왔다는 대전의 명물빵이었다. 마음이 훈훈해졌다. S&T모티브 10차 국토대장정은 자란만을 품고 있는 경남 고성에서 이뤄졌다. 한반도의 어느 한곳에서는 풍랑이 일고, 눈보라가 친다는데 이곳은 봄날처럼 따뜻했다.

잔뜩 움츠렸던, 그러나
겨울 국토대장정이라 다소 긴장을 했다. 추우면 큰일이다 싶어 방풍재킷에 다운재킷, 구스다운 바지까지 챙겨 넣다 보니 36리터들이 배낭이 빵빵하게 찼다. 2시간의 이동 끝에 도착한 경남 고성군 임포항은 그러나 의외로 따뜻했다.

이른 아침이라 그런지 분명 부산과는 사뭇 다른 공기였다. S&T모티브 홍성진 홍보차장이 말했다. "10차 코스를 고성으로 정한 이유는 이곳이 다른 곳에 비해 포근하기 때문이죠. 겨울에도 훈풍이 분답니다." 가족 위주의 국토대장정이다 보니 추위 대책을 가장 먼저 생각한 것이다. 임포항은 자란도가 바라다보이는 곳에 자리 잡은 작은 어촌이다. 바다는 호수처럼 잔잔했다. 북쪽은 높은 산들이 병풍처럼 둘러서 겨울에도 따뜻했다.

바다와 육지의 경계에서 첫걸음을 뗐다. 몇몇 얼굴이 익은 분들과 인사를 나누고 있는데, 얼굴이 가물가물한 분이 있었다. 기억을 살려 보니 5차 남해 구간에서 흑하수오 술을 준 고기홍(특수사업부) 씨였다. 고 씨는 배낭부터 걷기에 적합한 차림을 했다. 그는 인터넷 카페 '발견이의 도보여행' 운영자였다. 이날은 회원 12명과 함께 대장정에 참가했다.

자그락자그락 해안누리
송천2구역 생명환경숲은 해안으로 돌출한 곳인데 산책로를 만들어 숲을 즐길 수 있도

생명환경숲의 산책로.

록 했다. 잘 만들어진 산길을 살짝 올라가니 바다가 나타났다. 바다를 잘 볼 수 있도록 목재덱을 깔아놓았다. 그곳에 또 다른 섬이 있었다. 섬은 모래밭으로 이어졌다. 아마 밀물이 들면 잠길 정도로 모래밭은 낮았다. "랑데부 비치로 명명합시다!" 여성 한 분이 외쳤다. 안목이 대단했다.

생명환경숲을 빠져나오니 긴 해안길이 또 눈앞에 나타났다. 그런데 겨울은 겨울이었다. 발밑에서 뭔가 반짝이는 것이 있어 허리를 굽혀 자세히 봤더니 서릿발이었다. 물이 고였던 곳은 살얼음도 있었다. 굴과 가리비 껍데기가 바스락거렸다. 아침 햇살이 빚은 물비늘과 겨울이 어우러져 한 편의 겨울 뮤지컬을 연출하는 느낌이었다. 우리는 겨

맥전포 어귀 건조장에 널린 물메기.

울나그네다.

한데 날씨 걱정은 혼자만 한 것이 아닌 모양이다. S&T모티브 사원들도 이런 날씨에 어떤 복장으로 걸어야 할지 고민이 돼 설왕설래했다. 특히 육군 스타 출신의 조인섭 전무는 장성을 지낸 체면에 내복을 입을 수도 없고, 그렇다고 입지 않으려니 추위가 걱정돼 몇 번이고 고민했단다. 과연 조 전무가 내복을 입었을지 무척 궁금했다. 동화어촌체험마을을 지나 신기마을로 들어서는 입구엔 큰 팽나무 한 그루가 늠름하게 서 있었다. 한눈에 보기에도 근엄함이 느껴지는 나무다.

억겁의 세월을 품은 듯

재잘재잘거리는 소리가 계속 들린다. 20대 인턴사원들이 국토대장정에 동참에서 내는 생명의 소리다. 가만히 들어 보니 지금 밭에 있는 것이 '양파다, 마늘이다'라는 논쟁이 붙었다. 한 명은 살짝 전라도 사투리가 밴 억양으로 '저것은 양파가 분명하다'고 확신했다. 경상도 억양의 동료가 아니라고 주장했다.

급기야 그 틈에 끼어들고 말았다. 마늘은 이 시기에 심는 것이 맞는데 양파도 같이 심는지 헷갈렸다. 그런데 직접 심어 봤다는 친구가 양파도 이 시기에 심는다고 했고, 또 모양을 보니 양파가 맞았다. 정읍 출신 촌놈이 창원 출신 촌놈과의 내기에서 이겼다. 500원을 받으면 나눠 가지자고 했다.

맥전포 해양공원에서 휴식을 하며 막걸리와 도토리묵을 얻어먹었다. 몸이 나른해졌다. 또 걸음을 재촉하여 고성 상족암군립공원에 도착했다. 예전에는 이곳이 잔잔한 호수였단다. 공룡이 노닐던 지층은 파도에 드러났고, 사람들은 그것을 알아챘다. 자기들의 존재 이전에 또 다른 거대한 존재가 있었다는 사실을.

격포 채석강이나 제주도 주상절리 해안도 아름답지만 고성 상족암도 전혀 뒤지지 않는 풍경이다. 이곳 자연에 대한 다큐멘터리를 봤다는 한 분이 지층 하나가 쌓이는 데 3천 년이 걸린다고 했다. 사람들은 억겁의 세월을 간직하느라 바쁘게 사진기 셔터를 눌렀다. 둥근 발자국, 발가락이 세 개인 발자국, 아기 공룡 발자국을 보면서 문득 내가 지나온 이 길엔 어떤 발자국이 남을까 궁금해졌다.

한 해를 마무리 하는 10차 구간. 바쁜 시기이지만 국토대장정에 참여한 280여 명의 얼굴엔 발그레한 빛이 보였다. 점심을 먹으며 도무지 궁금해서 조인섭 전무에게 내복을 입었냐고 물었다. "평소 입고 다니는데 걸으면 더울까 봐 고민 많이 했어요. 오늘 안 입고 오길 잘했네요. 날씨가 따뜻해서."

장성의 체면, 이런 것이 아니라 평소에는 추우니 입고 다닌다는 거였다. 사전 정보는 명백한 오류였다. 혼자만 아는 미소를 지으며 정보 전달자를 혼내리라 결심했다.

상족암 주변의 공룡 발자국들.

course
: 경남 고성 임포항~상족암 :

차량 통행 뜸한 고즈넉한 길
공룡 발자국 따라 상상의 나래

○ **총 거리**   16km
○ **소요시간** 4시간 30분
○ **난이도**   ★★☆☆☆
○ **코스**   고성 임포항~송천생명환경숲~동화리~신기마을~용암포~맥전포~
                공룡발자국따라걷는길~병풍바위전망대~상족암

○ **코스 소개**   임포항은 내비게이션에 나타나지 않는다. 경남 고성군 하일면 학림리로 표기해야 한다. 이곳 하일면은 막걸리가 맛 좋기로 유명하다. 임포의 작은 항구에서 출발하여 서쪽으로 향하면 송천마을이 나온다. 송천에는 생명환경숲을 가꾸어 놓았다. 해안누리를 따라 걷는 길은 주로 포장돼 있지만, 차량 통행이 거의 없다. 이날 4시간여를 걸으면서 만난 차량은 고작 10대 정도로 고즈넉한 해안누리다. 생명환경숲을 지나 학림권역 농어촌체험센터가 들어선 해안길을 걷는다. 이곳에는 덱과 의자, 화장실 등 편의 시설이 갖추어져 있다. 큰 팽나무가 서 있는 신기마을을 지나면 넓은 들이 펼쳐지는데 신기들이다. 벼를 수확한 논은 황량하고 쓸쓸하여 겨울 걷기의 또다른 느낌을 준다. 용암포에서 작은 고개를 살짝 넘어가면 맥전포다. 맥전포는 음악분수와 각종 편의 시설물이 잘 갖추어져 있다. 아무래도 겨울이라 황량한 감은 든다. 맥전포부터 상족암까지는 '공룡발자국따라걷는길'로 명명해 놓았다. 해안 절벽을 따라 잘 만들어진 산책로는 이번 여행의 백미. 병풍바위전망대에서는 상족암이 보이고, 상족암에 가면 병풍바위가 펼쳐진다. 절경은 걷는 자만 누릴 수 있는 행복이다. 이 코스는 유독 볼거리가 많아 느긋하게 걸어야 한다.

○ **주변 볼거리**   상족암군립공원은 백악기 공룡의 발자국 화석 전시장이다. 이곳을 고성군은 공룡테마파크로 만들어 박물관(입장료 3천 원)과 전시장을 갖추어 놓았다. 공룡탑과 전망대가 있다. 상족암에 들어서기 전에 만나는 주상절리는 덤. 고성 읍내에는 사적 119호인 고성 송학동 고분군과 작은 박물관이 있다. 이 고분군은 가야 시대 고분으로 알려져 있다. 임진왜란 당시 이순신 장군이 두 차례에 걸쳐 왜선 57척을 격침시킨 승전지로 유명한 당항포도 가 볼 만하다. 한반도 공룡화석테마박물관이 있어 가족과 함께 가면 더 좋다.

● 포항 호미곶~구룡포항

수평선 너머 일출 맞으며
새해 국토대장정 첫걸음 내딛다

2014년 새해 첫 S&T 국토대장정 코스의 출발지인 포항 호미곶 해맞이광장에서 맞은 일출.
청마의 기세를 닮은 붉은 해가 동해 바다에서 힘차게 떠올랐다.
참가자들은 저마다의 소망을 담아 뜻 깊은 한 해를 보내자고 다짐했다.

한솥밥을 먹는 사람을 식구라고 한다. 식구는 어떤 단체나 모임보다 존재감이 강하다. 포항 호미곶 해맞이광장에는 최대 2만 명분의 떡국을 끓일 수 있는 가마솥이 있다. 그 솥을 물끄러미 보다가 해안누리길을 함께 걷는 식구들을 떠올렸다. 2014년 새해 첫 'S&T 국토대장정'은 포항 호미곶에서 해맞이를 하며 시작했다. 여명의 광장에서 발을 동동 구르고, 손을 호호 불며 한 20분을 기다렸을까. 동해 수평선 저 너머에서 크고 붉은 해가 불끈 솟아올랐다. 사람들은 환호를 질렀다. 갑오년 새해. 새로운 느낌, 새로운 국토대장정이 시작되었다.

호미곶광장의 전국 최대 가마솥.

해를 바라다

해는 오전 7시 33분에 뜬다고 했다. 모두들 마음이 바빠져 호미곶을 향해 달렸다. 일출을 맞이하기 위해 평소보다 30분쯤 일찍 출발했는데 다행히 제시간에 도착할 수 있었다.

　해맞이광장은 전국에서 몰려든 관광객들로 북적였다. 모두들 총총걸음으로 바다를 향해 달려가고 있다. 그곳에는 상생의 손이 있다. 대형 상징물인 상생의 손은 바다와 육지에 각각 한 개씩 있다. 손의 주인공은 상상컨대 대지다. 땅의 기운인 손은 호미곶에서 하늘의 기운인 해를 맞이하기 위해 존재하는 것일까.

　S&T모티브 파트장 등으로 구성된 국토대장정 지원팀들이 유자차와 커피를 끓여 커다란 보온통에 넣어 왔다. 유자차를 두 잔이나 먹었다. 따뜻했다. 속이 풀리니 추위가 스르르 도망간다.

　배낭 속에는 구스다운 바지를 넣었지만 꺼내지 않았다. 곧 걷기 시작하면 또 벗어야 하기 때문이었다. 상생의 손 뒤로 벌겋게 달아오른 수평선이 드디어 뜨거운 해를 솟구쳐 올린다. 천지가 환해지면서 주위가 한껏 밝아졌다. 해가 떴다.

포항 호미곶 해맞이광장에 세워진 상생의손.

해안누리를 걷고 있는 참가자들.

새해 첫 국토대장정을 시작하면서 S&T모티브 국토대장정 종주단은 간단한 기원제를 올렸다. 김택권 사장과 박덕조 본부장이 제례를 지냈다. 김 사장은 "작년에 국토대장정을 처음 시작하면서 기원제를 올렸는데 한 해 동안 날씨도 좋고 무탈했다"며 "직원들이 새해이니까 또 기원제를 올리는 것이 좋겠다고 제안했다"고 설명했다. 직원들은 단, 기원제의 효력은 다음 행사 때부터이니 오늘 날씨는 기원제와 상관없다며 좋아하지 말라고 했다며 웃었다.

240여 명의 직원과 가족 참가자들이 잠에서 깬 용처럼 움직이기 시작했다. 대열은 막 태어난 태양이 강렬하게 비치는 남동쪽으로 걸어갔다. 갈매기들이 열병식을 하듯 국토대장정 참가자들을 반기고 있다.

해와 함께 걷다

호미곶은 호랑이의 기운이 강렬하게 느껴진다고나 할까. 남해에서는 볼 수 없는 웅장한 파도를 가진 동해와 호랑이가 있으니 새해 첫 나들이 장소로는 으뜸인 것 같다. 구룡포로 가는 해안누리는 조금씩 고도를 올리는 태양을 옆구리에 끼고 계속 걸을 수 있어 좋았다. 더구나 뼛속까지 얼어붙는 한겨울이 아닌가. 빛이 있으면 밝기도 하지만, 온기를 전해 주니 참 고마운 존재다.

군데군데 바다로 이어진 긴 파이프가 있었다. 인근 양식장에서 바닷물을 끌어들이는 장치였다. 그 장치가 있는 곳 인근에는 어김없이 배출구가 있었다. 배출구는 흰 포말을 일으키며 양식장을 한 바퀴 돈 바닷물을 바다로 되돌려 준다.

바다는 생명의 시원이라고 한다. 이런 고마운 바다가 여전히 아낌없이 제 일부를 인간에게 제공하고 있다. 그 물은 또한 생명들을 살찌우고 있다. 마르지 않는 샘은 어쩌면 바다가 아닐까. 바다 같은 든든한 친구가 있다면, 삶은 더 여유로워질 것이다.

발끝을 보며 묵묵히 걷는다. 상념은 꼬리를 문다. 여럿이 함께 걸어서 좋기도 하지만, 또 혼자 생각하며 걸을 수 있어 걷기가 행복하다. 한참 걷다 보니 헤어스타일이 군인 같은 멋진 청년이 옆에 있다. 관자놀이엔 땀이 난 흔적까지 있다. 주변 동료와 이야

구룡포로 가는 해안길을 걷는 대원들.

기 하는 것을 들으니 특수 복장을 갖추고 왔단다. '깔깔이'라 불리는 노란색 군용 방한 내피였다. 제대한 지 6개월밖에 되지 않는다고 했다. S&T중공업 인턴이었다. "요즘 군대 물품 성능이 최고"라며 동료가 농담을 했다. 깔깔깔 젊은 웃음소리를 한바탕 듣고 또 걷는다.

송림에 자리 잡은 오토캠핑장을 지나자 해국 자생지가 있다는 안내판이 나왔다. 사진으로 보니 연보라색 구절초 같아 보이기도 한다. 해국은 꽃대궁을 꺾지 않고 겨울을 나고 있다. 이제 봄이면 뿌리에서 새로운 싹을 키워 낼 것이다.

햇살과 노닐다

강사마을에 접어드니 고향을 그리는 시비 하나가 서 있다. 서울에 사는 시인이 짠 냄새 나는 고향 강사마을을 그리며 지은 시다. '그리운 바다, 절절한 산천, 다시 태어나도 고향의 품으로 안기고 싶다'는 향수를 돌에 깊게 새겨 놓았다.

동해의 고래가 보이는 마을인가. 다무포 고래마을이다. 길가에는 꽁치를 말리는 덕장이 자주 보인다. 과메기를 만드는 것이다. 차가운 해풍과 겨울 햇살에 얼었다가 녹았다가 하며 맛이 좋은 과메기가 생산된다고 한다. 오징어도 말린다. 구룡포가 가까워진 것이다.

삼정마을엔 주상절리가 있었다. 이곳 주상절리는 화산이 폭발하는 모양을 연상할 수 있는 형상이라고. 사선으로 용암이 분출하면서 주상절리가 형성돼 용암 폭발 지점과 분출 장면이 사진에 담긴 것처럼 멈췄다.

삼정해변의 모래는 곱기도 하거니와 무척 단단하여 걷기에 좋다. 해가 중천에 솟자 기온이 한껏 높아졌다. 바람막이 재킷을 벗어 배낭에 집어넣었다. 한 번의 쉴 참에 뒤 대열에 서 있었는데 출발을 했는데도 앞에서 미적미적 나가지 않는 것이 이상했다. 진행팀들이 꼴찌 대열을 앞에 배치해 주었다. 순식간에 선두가 되었다. 뒤처지는 사람들을 위한 배려였다. 저질 체력의 꼬리 대열 참가자들에게도 볕들 날이 있었다.

구룡포해수욕장 끝 지점에 있는 우뚝 솟은 바위들은 지구가 아닌 곳에 온 듯한 착각을 일으키게 하는 풍경이었다. 집채 같은 바위들이 미로처럼 엉켜 있다.

종착지인 구룡포항 관광종합수산물센터에 도착하자 각설이 풍악소리가 반겨 주었다. 뜨거운 음료 말고 이것도 연출한 것이냐고 묻자 김택권 사장은 "사전에 기획한 적 없다"고 손사래를 쳤다. 의도하지 않았어도 흥겨운 팡파르는 이 겨울 찬 바람을 맞으며 긴 해안길을 걸어 온 모두에게 주는 축복인 것은 분명했다.

course
: 포항 호미곶~구룡포항 :

처음부터 끝까지 바다와 접하는 아름다운 길…
국토부 지정 '동해안 해파랑길'

- **총 거리**   15.5km
- **소요시간** 4시간
- **난이도**   ★☆☆☆☆
- **코스**   포항 호미곶 해맞이광장~그린오토캠핑장~해국자생지~강사2리~다무포 고래마을~
             구룡포청소년수련원~삼정리 주상절리~구룡포해수욕장~구룡포항

○ **코스 소개**　　포항시 남구 호미곶면 해맞이광장은 명실상부 한반도 최대 일출 조망지 중의 하나이다. 포항시는 호미곶면의 의미를 극대화하기 위해 행정 면의 이름도 2010년 대보면에서 호미곶면으로 개편했다. 호미곶 해맞이광장에서 구룡포항까지 가는 해안길은 처음부터 끝까지 동해 바다와 접할 수 있는 아름다운 길이다. 국토부가 지정한 동해안 해파랑길이기도 하다. 호미곶에서 남쪽으로 내려가는 이번 코스는 해안길과, 바닷가 기암절벽 위로 낸 해안 덱이 연결돼 걷는 내내 동해 절경을 감상할 수 있다. 경사도는 거의 없어 어린이와 함께 걷는다 해도 힘들다고 불평할 사람이 없을 듯하다. 광장에서 출발해 해안길을 걷다 보면 송림 사이에 만든 오토캠핑장이 나온다. 겨울인데도 캠핑족이 빼곡하다. 이곳을 지나면 해국 자생지다. 전형적인 어촌 마을인 대보1리와 강사2리를 통과하면 다무포 고래마을이 있다. 다무포는 어촌 체험을 할 수 있도록 프로그램을 운영하고 있다. 구룡포 청소년 수련원이 있는 즈음의 해안길을 지나면 자연의 선물 삼정리 주상절리가 나온다. 규모는 그리 크지 않지만 육각형의 돌기둥이 뚜렷하다. 삼정해변은 구룡포해수욕장과 더불어 풍광이 아름답다. 모래로 이루어진 해변을 지나다 보면 선명한 발자국이 남는다. 구룡포항은 제철을 맞은 과메기, '피데기'(반 선조 오징어)를 판매하는 주민들의 상설시장이 들어서 대목장을 보는 듯 후끈하다. 주말이면 찾아오는 각설이 팀들의 노래에 어깨춤이 절로 나온다.

○ **주변 볼거리**　　호미곶광장 200m 이내에 새천년기념관, 등대박물관, 연오랑세오녀탑, 국내 최대 가마솥, 상생의 손 등 박물관과 상징물이 산재해 있다. 특히 등대박물관은 1985년 국내 최초로 들어섰다. 한국 등대의 발달사와 각종 해양 수산 자료를 한눈에 볼 수 있는 유일한 곳인데, 등대 관련 자료와 소장품 등 3천여 점이 전시돼 있다. 구룡포는 과거와 현재가 공존하는 마을이다. 일제 강점기의 느낌이 물씬 나는 구룡포 근대문화역사거리는 타임머신을 타고 간 듯한 착각을 불러일으킨다.

● 삼척 맹방해수욕장~삼척해수욕장

한치재 넘자 우렁찬 동해 파도
'이사부 장군 기개' 숨 쉬는 듯

S&T 국토대장정 12차 참가자들이 눈보라가 휘날리는 삼척 한치재를 지나고 있다.
한치재 고갯마루에 올라서면 신라 장군 이사부의 기개처럼 늠름한 동해 파도를 감상할 수 있다.

겨울이 이렇게 지나가나 싶었다. 입춘도 지났으니 눈 볼 일이 더욱 없겠다 생각했다. 그런데 2월 국토대장정 구간이 강원도 삼척 해안누리길이라는 통보를 받고 느낌이 이상했다. 급기야 출발 하루 전날 휴대전화로 날아온 기상 예보는 충격적이었다. '영동 폭설 비상… 내일까지 70cm 이상'. 그래도 국토대장정을 취소한다는 연락은 없었다. 드디어 당일 새벽 4시 출발.

맹추위 속을 걷고 있는 국토대장정 참가자들.

부산에서 간간이 뿌리던 비는 울진을 넘어서자 진눈깨비로 바뀌더니 삼척에 다다르자 굵은 눈송이가 됐다. 강원도로 가는 길은 '겨울왕국'으로 가는 길이었다.

삼척은 아름다운 겨울나라

명사십리 맹방해수욕장은 꽁꽁 얼어 있었다. 북극에서 불어온 차가운 바람은 바다와 땅을 모두 얼려 놓았다. 차에서 내린 사람들이 발을 동동 구르며 어두운 표정을 지었다. 이미 폭설 경보는 내린 상태. 국토대장정이 제대로 진행될까 걱정이 되다가도 기상 사정이 좋지 않으면 정해진 코스를 중단하고 마무리한다는 S&T모티브 홍보팀 홍성진 차장의 얘기에 다소 안심이 되었다.

  등산화 끈을 조여 매야 하는데 눈보라 때문에 눈을 뜨지 못할 지경이었다. 대형 아치 탑 아래로 피하고 나서야 겨우 정신을 차렸다. 추운 날씨를 염두에 두었는지 지원팀이 일찌감치 뜨거운 차를 내놓았다. 유자차 한 잔을 마시고 달콤한 커피도 보온병에 가득 담았다.

  이즈음 맹추위 속에서 본 따뜻한 풍경 하나. S&T모티브 김택권 사장이 웬 젊은 직원에게 자기 장갑을 벗어 한사코 건넸다. 인턴사원이 장갑을 미처 준비하지 못해 추위에 떨며 빨간 맨손이었던 것을 지나치지 않은 것. 김 사장은 선뜻 자기 장갑을 벗어 주고 주유소에서 공짜로 주는 얇은 속장갑만 꼈다.

깃발을 선두로 국토대장정 대열이 이동을 시작했다. 삼척의 해안 풍경은 남쪽과 자 못 달랐다. 곳곳에 해안 초소가 있어 전방이 가까워졌음을 실감케 했다. 그런데 초소는 주변 풍광과 어울리게 지어 크게 거슬리지 않았다. 국방색 위장 무늬도 기하학적인 디 자인으로 보였다. 긍정적으로 생각을 바꾸니 모든 게 좋아 보였다.

해변에는 곰솔을 심어 방풍림을 조성하고 있었다. 끝없이 펼쳐진 모래사장을 보면 서 걸으며 하맹방해수욕장을 지나자 해안길은 끊어졌다. 옛 7번 국도로 올라서야 했 다. 눈은 부드럽게 내려, 쌓이거나 혹은 사라졌다. 함박눈이 펑펑 쏟아졌지만 영상 2도 의 기온 탓인지 많이 쌓이지는 않은 것이다.

한치재는 차량 통행이 거의 없었다. 한치재 아래로 터널이 뚫리면서 옛길은 차들에 게 외면을 받았다. 눈까지 내리니 더욱 그랬다. 하지만 넓은 도로는 모두 국토대장정 참가자들의 차지여서 좋았다.

질척거리는 고갯길을 오르다 보니 몸이 더워졌다. 옷섶을 풀어헤쳐 몸을 식혔다.

한치재를 넘자 이사부 정신

한치재 정상에서 본 동해는 활기찼다. 동해 파도의 힘이 고갯마루에서도 느껴졌다. '쿵 쾅~ 우르릉~ 쾅' 갯바위에 부딪치는 파도는 거친 함성을 질렀다. 신라 장군 이사부의 기개였다.

삼척은 지금 이사부 정신을 되살리기 위한 맹렬한 운동을 벌이는 중이다. "지증왕 13년 섬나라 우산국… 신라 장군 이사부 지하에서 웃는다, 독도는 우리 땅." 가요 '독도 는 우리 땅'의 가사 일부다. 이사부는 1천502년 전인 서기 512년(지증왕 13년)에 우산 국을 복속시켜 우리 역사상 처음으로 독도를 우리 땅으로 만든 인물이다. 삼척시는 이 사부의 해양 개척 정신을 기리기 위해 2008년부터 이사부 장군 기억하기 사업을 펼치 고 있다. 이사부 장군이 울릉도로 출발한 곳이 삼척이라는 것이 관련 학자들의 유력한 견해란다.

삼척항에서 소망의 탑이 있는 광장을 오르는 길에 만난 거북을 닮은 바위.

　일본 총리 아베의 우경화 발언이 거세지는 이 시점에 이사부 정신이 되살아나는 삼척으로 오게 된 것이 우연치고는 독특해서 필연이라는 느낌이 들었다.
　오분마을에서 한참을 쉰 일행은 드디어 삼척 시내로 들어섰다. 삼척 오십천은 천천히 바다로 흘렀다. 동양시멘트 공장으로 이어지는 대형 파이프라인이 이색적인 풍경을 연출했다.
　삼척 시내를 관통하여 삼척항에 들어섰다. 눈보라를 뚫고 갑자기 나타난 200여 명의 사람들을 보고 횟집 상인들이 놀라 눈이 커졌다. "어디서 오셨나요?" "부산에서 왔습니다." "우~와. 부산에서 여기까지 걸어왔어요? 미쳤다 미쳤어~." 횟집 아주머니의 진한 환영 인사를 들으며 삼척항을 요리조리 빠져나왔다. 피항한 대형 오징어잡이 어선들도 손을 흔들어 주었다. 축구장이 마련된 이사부광장을 지나 소망의 탑이 있는 언덕까지 해안길을 끊임없이 걷는다. 눈보라는 한 번도 쉬지 않고 '부산에서 걸어온' 국토대장정 참가자들을 반긴다.

동심으로 돌아간 '낭만가도'

우리가 걷는 이 길은 강원도에서 정한 '낭만가도(Romantic Road of Korea)'였다. 강원도 최북단 고성에서 최남단 삼척까지 해안누리를 그렇게 정해 놓았다. 도보 여행자들을 위해 대부분의 해안길을 나무덱이나 우레탄으로 정비해 놓았다.

 소망의 탑이 있는 광장에서 또 한 번 휴식했다. 사람들은 일출을 보며 세 번을 치면 소원을 들어 준다는 '소망의 종'을 울리기도 하고 소망낙서판에서 새해 다짐을 적어 넣기도 했다. 작은 눈사람을 만들거나 눈싸움을 하며 동심으로 돌아갔다. S&T 국토대장정단은 소망의 탑 앞에서 소치 올림픽에 출전한 한국 팀의 선전을 기원하는 간단한 응원 행사를 갖기도 했다.

 유달리 앞서거니 뒤서거니 열심히 사진을 찍는 사람이 있다. 인턴사원 황경욱 씨였다. 자동차학을 전공했는데 대학 때 사진 동아리에서 활동해서 자청해서 사진 취재를 하고 있었다. 좋은 사진 몇 장 보내 달라고 연락처를 주었다.

 소망의 탑을 지나 해안 굽이를 돌아가니 비치조각공원이다. 바이올린을 켜는 소녀와 삼척 특산 곰치를 형상화한 조각 작품이 인상적이었다.

 눈길을 서너 시간 걷다 보니 신발이 젖어 낙오하는 사람도 몇몇 있었다. 그런데 S&T모티브 방산조립파트 김경희 씨는 레인코트에 레인부츠 차림으로 씩씩하게 완주했다. 준비성의 승리였다.

 조각공원을 지나니 드디어 최종 목적지인 삼척해수욕장이다. "파도는 으릉 으르렁 손을 내저어 오지 마라 오지 마라 하고, 고운 눈송이는 스르르 얼굴을 부벼대며 반갑다고 인사를 하네." 국토대장정 삼척 구간. 눈보라 몰아치는 4시간의 도보 여행을 마친 눈길을 걷고 있는 국토대장정 참가자들.

S&T모티브 김택권 사장이 막걸리 한 잔을 마시고는 시인이 된 듯 읊조렸다. 인턴사원은 잊지 않고 빌려 간 장갑을 고이 되돌려주었다.

course

: 삼척 맹방해수욕장~삼척해수욕장 :

동해 바다 곁에 끼고 이어진 '낭만가도'·명사십리 해수욕장 어우러져

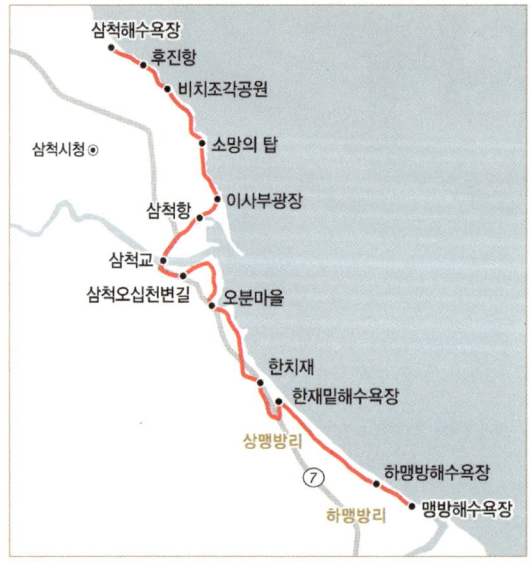

- **총 거리**   18km
- **소요시간** 4시간
- **난이도**   ★★★☆☆
- **코스**   강원도 삼척시 맹방해수욕장~하맹방해수욕장~한재밑해수욕장~한치재~오분마을~
                삼척오십천변길~삼척교~삼척항~이사부광장~소망의 탑~비치조각공원~후진항~
                삼척해수욕장

○ **코스 소개**   장쾌한 동해 바다를 곁에 끼고 걷는 해안누리다. 강원도는 삼척시 원덕부터 고성군 대진까지를 '낭만가도'로 명명하여 정비를 해 놓았다. 그래서 해안길은 걷기가 좋게 잘 가꿔져 있다. 하지만 18km의 만만치 않은 거리이다 보니 마냥 쉬운 길은 아니다. 첫 번째 복병은 한치재. 차량은 새로 개설된 터널을 통해 이 구간을 일사천리로 지나갈 수 있지만 도보꾼들은 반드시 옛 7번 국도인 고갯길을 넘어가야 한다. 힘들게 오른 보람은 있다. 동해 바다가 시원하게 펼쳐지고 멀리 삼척 일대가 아스라이 보인다. 오분마을을 지나면 삼척오십천변길이 나온다. 벚나무가 터널처럼 에워싸고 있다. 곧 봄이 오면 벚꽃터널을 통과할 수 있을 것이다. 오십천에는 흰빰검둥오리들이 휴식을 취하다 살짝 날아오른다. 딱 봐도 해를 끼칠 것 같지 않아서인지 멀리 도망가지는 않는다. 삼척교를 건너면 삼척 시내. 삼척항으로 곧장 걸어가면 길가에 늘어선 횟집과 체육공원인 이사부광장을 지난다. 바다와 인접한 해안도로는 걷는 여행자들을 위해 나무덱을 깔거나 우레탄 포장을 해서 길손을 맞고 있다. 소망의 탑이 있는 해변광장에는 소망의 종이 있다. 종소리가 명징하다. 한치재에 비해 그리 가파르지 않은 오르막길을 몇 번 지나면 후진항 가기 전에 비치조각공원이 나온다. 해변 풍광과 어우러진 사람 눈높이 크기의 작품들이 좋다. 여기에서 삼척해수욕장은 가깝다.

○ **주변 볼거리**   맹방해수욕장은 명사십리 해수욕장. 고운 모래가 끝없이 펼쳐져 아름답다. 삼척 시내에 있는 시립 박물관에는 선사 시대 유물부터 조선 시대까지의 각종 유물이 전시돼 있다. 흥미로운 것은 2천여 년 전 삼척 지역의 '실직국'이라는 군장국가를 소개하고 있다. 실직국은 강릉의 예국, 울진의 파조국과 더불어 창해삼국(滄海三國)으로 불렸다. 박물관 인근에는 동굴신비관과 동굴탐험관이 있어 동굴 관련 문화를 접할 수 있다. 삼척해수욕장에서 북쪽으로 조금만 가면 이사부 사자공원이다. 울릉도(우산국)와 독도를 신라에 복속시킨 신라 장수 이사부를 기념하는 공원이다.

● 경북 영덕해맞이공원~축산항

눈앞에 펼쳐진 장쾌한 동해, 600명 긴 행렬 봄을 걸었다

아침 햇살이 눈부신 동해 바다를 옆에 끼고 국토대장정에 나선 S&T모티브 종주단과 참가자들이 영덕해맞이공원 황금대게상 앞에서 긴 여정을 준비하고 있다. 이번 코스는 영덕 블루로드 코스 중 가장 아름답다는 B코스다.

차에서 내리자마자 바닷소리가 들렸다. 웅웅거리기도 하고, 속삭이기도 하고, 귓속을 간질이기도 하는 소리들이었다. 소리는 곰솔을 지나 빗질된 것과, 매끈한 몽돌 사이를 빠져나와 잘 다듬어진 것들도 있었다. 소리 다음엔 코끝에 바다 내음이 왔다. 짭조름하고, 비릿하고, 상큼하다. 이제 고개를 든다. 장쾌하게 펼쳐진 동해 바다가 가득하다. 코발트블루의 바다는 우주가 그려 낸 명화의 한 장면이다. 이번엔 반가운 얼굴들과 손을 나눴다. 같은 길을 걷는 600여 명의 도반들과 S&T 국토대장정 13차 영덕해맞이공원~축산항 구간을 걷는다.

새 식구가 생겨 기분이 좋다

황금빛 대게를 거인이 번쩍 들어올렸다. 참 실하게 생겨 삶아 먹으면 맛이 정말 좋겠다. 게는 수컷이었다. 사실성이 접목된 조형물이다. 경북 영덕군 창포리 영덕해맞이공원 입구 황금대게 상이 있는 곳에서 길을 걷는다. 대열이 한눈에 들어오지 않을 정도로 길다. 근래 최대 인원이 참여한 것이다.

3월이고, 봄이었다. 꽃이 피는 시기이고, 생명이 움트는 순간들이다. 가슴 한구석 묶은 오래된 것들을 털어내 버리기 좋은 날이다. 이럴 때 바닷길이 제격. 긴 행렬은 힘차게 "파이팅"을 한 뒤 블루로드로 내려선다. 파도는 거셌고, 흰 포말은 끝없이 해안의 바위를 쓰다듬는다. 아이 몸체만 한 바위가 그래서 동글동글하다.

'행운의 사나이'를 수소문했다. 그가 획득한 복을 조금 나눠 가질 수 있을까, 하는 개인적 욕심도 있었다. S&T모티브 방산팀 기술사원 장진영(41) 씨가 그다. 장 씨는 수십 명의 경쟁자들 사이에서 당당하게 서른다섯 번째 국토대장정 종주단원이 되었다.

김택권 사장은 "창사 34년이 되는 해에 국토대장정을 시작해 34명의 종주단원을 뽑았는데 한 해가 지날 때마다 인원을 충원할 생각"이라고 말했다. 그 약속이 실제 이루어진 것이다.

35번째 종주단원 장 씨는 "솔직히 운이 좋았다. 종주단원이 되어 더 많은 보람을 느낀다"고 했다. 부인 설미란(37) 씨와 아직 어린 두 아들(8세, 5세)도 아빠의 행운을 축

오르막길에서 파이팅을 외치는 참가자들.

하했단다. 매달 한 번의 주말은 국토대장정에 희생해야 하지만, 가족들의 열렬한 성원으로 장 씨의 발걸음은 한결 가벼워 보였다.

이번 국토대장정에는 오랜만에 S&T중공업 사원 200명도 대거 참가했다. 덕분에 대열이 한껏 길어졌다. 어느새 대탄항을 지났다. 해국이 싹을 틔워 봄맞이를 하고 있다. 작은 계곡에서 흐르는 물소리는 한결 경쾌했다.

해변의 옹달샘에 누가 살까

대탄항에는 거대한 방파제용 테트라포드가 제작돼 바다 투입을 기다리고 있었다. 막상 육지에 보관된 테트라포드를 보니 그 모양과 크기가 대단했다. 세 개의 발은 어느 쪽으로 바닥에 닿더라도 모양이 같다. 온전하게 파도나 조류를 다 막는 것이 아니라 홀

기암과 솔숲, 푸른 바다가 반기는 풍경.

려줄 건 흘려주면서 파도나 조류의 세기를 완화시킨다. 과학 기술에 담긴 지혜다.

중공업 유니폼을 입은 늙수그레한 사원 두 명이 추억을 이야기한다. "이 길을 내가 만들었어." "정말? 진짜 맞아?" 옆 사람이 반문을 한다. "응. 30년 전 이곳 해안 초소에서 근무하면서 만들었지. 이 길이 다 초병들 동선이었어." 추억에 잠긴 중년 사내들의 대화를 듣다 보니 지금도 곳곳에 시멘트 초소를 비롯해 초병의 흔적이 보이는 듯했다.

오보교를 지나면 노물마을이다. 그물을 정리하는 아낙을 만났다. 따사로운 풍경이라 사진을 찍었다. "어디서 이렇게 많이 오셨나?" 그물 손질을 하던 아주머니가 물었다. 아주머니는 국토대장정 참가자들이 부산에서 왔다는 말을 듣고 무척 반가워했다. 그도 부산 광안동에서 왔단다. 김옥자 씨는 영덕 노물마을이 친정이자 고향. 동생이 바다 일을 하는데 도와주러 왔다고 했다.

대게 집게가 등대를 감싼 조형물.

노물마을에서 석리마을로 가는 해안길을 또 걷는다. 해녀상이 있다. 해산물이 풍부한 이곳 해안마을에 유독 해녀들이 많았단다. 물질을 마치고 바다로 나오는 해녀상이 우뚝 서 있다. 그런데 그 인근 해안 절벽 아래 작은 옹달샘이 있다. 아마 해녀들이 물질을 마친 후 몸을 씻는 곳이리라.

옹달샘에는 신기한 생명들이 자라고 있었다. 꼬리치레도롱뇽이었다. 알은 부화가 임박했는지 한껏 부풀어 있었고, 어미 도롱뇽들은 부지런히 수면에 올라와 숨을 쉬며 물속에서 알을 지키고 있었다. 대부분의 계곡물은 바다로 흘러 들어가지만, 해녀들이 돌을 쌓아 만든 옹달샘 덕분에 생명이 잉태될 수 있었다. 참 고마운 인연이다.

강풍 주의보도 문제가 아니다

작은 어항인 석리마을로 가는 길은 해안길에 나지막하게 덱을 만들어 놓았다. 바람이 불자 소금기 가득 밴 짠 파도가 얼굴을 살짝 덮쳤다. 대게 원조 마을인 경정마을에는 관광버스가 빼곡히 들어섰다. 오고 가는 사람들로 화장실도, 해안길도 사람들로 가득했다. 선두를 앞서 보낸 본대는 한참 동안 관광객들에게 길을 양보하느라 기다려야 했다. 하지만 끝없이 밀려드는 사람들을 감당할 수가 없었다. 하는 수 없이 국토대장정 종주단이 길을 통째 양보하기로 했다.

꼭 1년 만에 중공업에 다니는 아빠(천재홍 씨)와 온 현욱(창원 내동초등 4학년) 군은 대열이 멈추자 솔방울을 주워 바다로 힘껏 던지며 무료함을 달랬다. 힘들지 않으냐고 묻자 "아뇨. 괜찮아요. 재밌어요." 하며 씩씩하게 대답했다.

경정마을의 끝머리에서 도로로 올라섰다. 대열의 속도가 한결 빨라졌다. 염장삼거리를 지나 축산천변을 따라가니 커다란 밥차가 3대나 우리를 기다리고 있었다. 아침에 먹은 600명분의 도시락은 자정부터 준비했단다. 종주단원들의 허기를 달래 줄 따뜻한

시락국이 가마솥에서 보글보글 끓고 있었다.

　사람이 워낙 많아 대열이 길게 늘어서자 S&T그룹 최평규 회장의 불호령이 떨어졌다. "시장한 식구들에게 밥을 빨리 드시게 하는 게 최선입니다. 왜 이렇게 줄이 길어요!"

　임원들이 후다닥 나서서 배식 속도를 높였다. 최 회장은 강풍 주의보가 내린 축산천 하구에 마련된 노천 식사 자리에서 빈 잔이 자꾸 날아가자 "막걸리를 가득 채워 주세요. 속이 차야 바람을 이깁니다"라고 말했다. 덕분에 모두들 얼굴이 발갛게 달아올랐다. 강가의 메마른 갈대는 3월인데도 꼿꼿했다. 곧 새순을 올릴 것이다. 참, 알 수 없고, 또 아름다운 게 자연이다.

축산천 하구에서 즐거운 점심시간.

course

: 경북 영덕해맞이공원~축산항 :

아름다운 해안누리길,
파도 덮어쓸 정도로 바다와 가까워

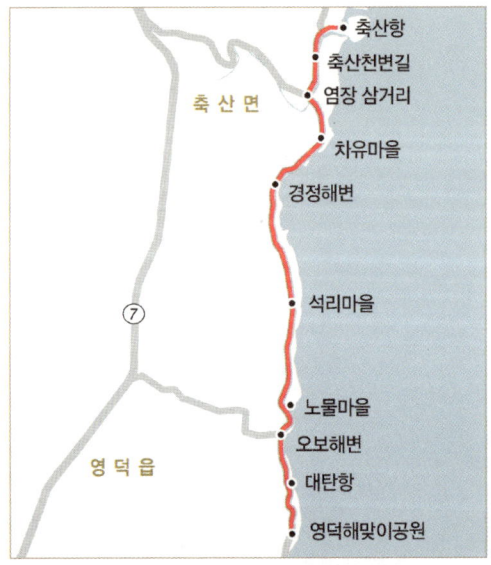

- **총 거리**   13km
- **소요시간**   4시간 45분
- **난이도**   ★★★☆☆
- **코스**   경북 영덕군 창포리 영덕해맞이공원~대탄항~오보해변~노물마을~석리마을~경정해변~
차유마을~염장 삼거리~축산천변길~축산항

○ **코스 소개**　　S&T 국토대장정 13차 코스는 영덕군이 지정한 블루로드 B코스와 거의 일치한다. 거리는 짧았지만 대부분의 길이 해안길이라 작은 오르내림이 많다. 길도 두 사람이 겨우 교행할 정도로 작게 만들었다. 그래서 많은 인원이 지나갈 때 걸음이 더뎌지고 시간이 많이 걸린다. 블루로드는 가장 아름다운 해안길의 하나라고 길을 걷는 사람들 사이에서 명성이 자자하다. 그래서 전국 방방곡곡에서 많은 사람들이 몰린다. 서울에서 온 한 여행객이 '바다 풍경에 빠져 엉엉 울고 말았다'는 이야기가 있을 정도다. 위험한 곳은 나무덱(deck)이, 그렇지 않은 곳은 해변 바윗길이라서 오밀조밀하다. 해변 바윗길을 걸을 땐 신경이 많이 쓰인다. 바람이 많이 부는 날이면 일부 구간에서는 파도를 덮어쓸 각오를 해야 할 정도로 바다와 가까운 해안길이다. 지방도 역시 바다 가까이에 바싹 붙어 있으니 걷다가 도로에 올라서도 또 다른 풍경이 보인다. 도로에서 아래로 내려다보는 블루로드와 바다는 색다르다. 해변 마을마다 작은 시장이 형성돼 있고, 해안 곳곳에 대게상과 해녀상 등 조형물이 있어 지루해할 겨를이 없다.

○ **주변 볼거리**　　영덕해맞이공원은 대게 집게가 등대를 감싸안고 있는 형상이다. 큰 집게발도 조형물로 만들었고, 바다로 이르는 길에는 시를 액자에 넣어 놓았다. 조망이 좋은 곳에는 정자가 있어 쉬어가기도 좋다. 코스에 있는 경정마을은 영덕군이 대게 원조마을로 명명한 곳이다. 동해 바다에서 갓 잡은 대게를 살 수 있다. 대탄이나 오보, 노물리, 석리, 차유마을 어디에 가더라도 대게와 미역, 해삼과 고둥, 말린 오징어를 파는 작은 난전이 펼쳐져 있다. 바닷가 마을의 풍광을 잘 느낄 수 있다. 해맞이공원에서 육지 쪽을 바라보면 풍력 발전소 단지가 있다. 커다란 풍차가 해풍에 돌아가는 모습이 특이하다. 공원에서 걸어서 갈 수 있다.

● 남해 두모유채꽃밭~상주 은모래비치

꿈길 같은 유채꽃길…
알록달록 무지개 같은 행렬이 이어졌다

국토대장정 참가자들이 남해 두모마을 유채밭을 지나고 있다.
황홀한 유채밭에서 마음속 깊이 두른 외투를 벗어던졌다. 바야흐로 봄이다.

구운몽길에서 만난 두꺼비 바위.

봄은 그리움이다. 한 단잠이다. 그래, 상사몽이다. 남해 두모마을 유채꽃밭에서 길을 잃었다. 이 길이 정녕 꿈길이면 임을 만날 것도 같았다. 이른 아침부터 벌들이 윙윙대고, 꽃향기가 코밑으로 스며들었다. 꿈길의 행렬은 무지개처럼 이어졌다. 그 길에서 잊힌 봄날의 여러 기억들이 되살아났다.

남해바래길 3구간 '구운몽길'. 14차 S&T 국토대장정은 늘 그립고 그립던 그 무엇과 꿈길에서라도 만나 소통하는 한바탕 달콤한 꿈이었다.

그대와 꾸는 아홉 개 꿈

하필이면 봄이고, 하필이면 구운몽길이었다. 두모마을 입구 남해대로에서 차를 내려 채 떠지지 않는 눈으로 바라봤을 때 주변은 온통 노란색이었다. 황홀한 유채밭은 봄의 종지부를 찍었다. 비로소 마음속 깊이 두른 외투를 벗어던졌다.

　유달리 많은 400명의 참가자가 이번에도 함께했다. 왜 이렇게 많이 왔을까, 속으로 생각했지만 부끄러운 질문이었다. 봄날인 줄 몰랐던 게다. 유독 혼자만.

　유채꽃 사이로 난 길을 따라 천천히 바다 쪽으로 내려갔다. 그 바다에 노도가 보인다. 서포 김만중은 초년과 중년은 '득의의 세월'이었다고 한다. 하지만 말년은 불운했다. 적소 남해 노도에서 생을 마쳤다. 조선 인조 때의 일이다.

　그가 노모를 위로하기 위해 지었다는 소설 '구운몽'은 한바탕 꿈을 이야기한다. 꿈 같은 이야기, 꿈 같은 풍경에서 황진이의 노랫말에 음을 붙인 가곡 '꿈길에서'를 웅얼거린다.

　"꿈길밖에 길이 없어 꿈길로 가니 그 님은 나를 찾아 길 떠나셨네~." 가사 뒷부분이

소량마을의 마늘밭을 지나는 국토대장정 참가자들.

생각이 나지 않아 계속 같은 소절만 반복했다.

두모마을 입구에는 집채만 한 바위 하나가 놓여 있었다. 참 신기하기도 하고, 생경하기도 한 풍경이었다. 김춘자 할머니가 "두꺼비 바위지. 배를 봐! 볼록하니 두꺼비 맞잖아" 하고 가르쳐 준다. 마을에서 뒤를 돌아보니 영락없는 두꺼비다. '두모'라는 마을 이름도 옛날 도인이 마을 이름을 두모로 바꾸면 잘살게 된다고 해서 지은 것이란다.

마을 들판은 온갖 꽃들과 마늘 등 채소가 심겨 있어 참 풍요로웠다. 아쉬울 것 없는 시골 사람들의 마음이 부자인 것일까. 두모마을은 이름값을 톡톡히 누리고 있었다.

다랑논에 심어 놓은 것

해안을 따라 오롯하게 난 길을 걷는다. 소량마을이다. 돌담을 예쁘게 쌓아 올린 집에 담쟁이가 벌써 여린 잎을 키워 놓았다. 마을 당산나무는 제법 푸른 잎을 드리우고 있다. 쉴 틈에 어느새 사람들이 당산나무 아래로 간다. 그늘이 좋았던 것이다.

마을 뒤 마늘밭 사이로 올라 해안길을 걷는다. 긴 행렬은 알록달록 무지개 같다. "아따, 부산 사람들 다 왔는가벼. 끝이 안 보이네, 끝이······." 콩을 심으러 나온 한 농부가 농을 하며 반가운 체를 했다. 그러고 보니 긴 대열이 예사롭지 않다.

다랭이 논이 여기에도 있었다. 삿갓을 벗어 놓고 찾지를 못했다는 크기의 삿갓배미도 있고, 그런 논들에 물을 대기 위한 둠벙들도 있었다. 다들 작게는 사람 한 길, 높게는 두서너 길 높이로 돌담을 쌓아 만든 논이다. 돌을 캐서 다랑논 보수에 한창인 노부부가 있었다. 척박한 섬. 한 떼기 땅이라도 늘려 뭐라도 심어야 했기에 다랑논(다랭이 논)이 탄생했다.

돌 하나 놓고, 흙 한 삽 뜨고, 사람이 살기 시작할 때부터 이 논들은 존재하기 시작했으리라. 지금은 농사가 버거운지 버려 놓은 논도 많았다. 하지만 어김없이 마늘, 고사리, 땅두릅을 심어 땅을 가꾸고 있었다.

참가자들의 정겨운 대화가 이어졌다. "이것은 고사리, 이것은 두릅, 저것은 뭐지. 아, 콩을 심어 놓았구나. 금줄을 쳐 놓은 걸 보면." "그래, 비둘기가 파 먹지 말라고 해 놓은 거 보니 콩 심은 것 맞네."

척척도사들이 누리꾼들이었다. 문화 해설사나 어떤 전문가가 아니어도 국토대장정의 참가자들은 유년의 기억을 들춰내며 끊임없이 '문화 해설'을 해 주었다. 귀만 열어 놓으면 끝.

예쁘지 않은 꽃은 없다

작은 포구가 아늑한 대량마을에서 한참을 쉬었다. 멀찌감치 앉아 있는 외국인들에게 다가갔다. S&T 인도 현지 법인에서 한국으로 파견 나온 엔지니어 만수르 씨와 니켓 씨였다. 주말이면 때때로 한국 여행을 다니지만, S&T 국토대장정만큼은 빠지지 않고 동행한다고 했다. 어떻더냐고 물으니 "한국 경치, 원더풀"이라고 손가락을 추켜세웠다.

뱀어를 잡기 위해 설치한 통발

봄은 꽃들을 키웠다. 대량마을 을 지나 난등들로 접어들자 길섶에서 꽃들이 더 많이 눈에 들어왔다. 민들레, 양지꽃, 각시붓꽃, 쇠물푸레나무꽃. 꽃들만 예쁜 것이 아니었다. 느티나무의 새잎과 개옻나무의 새순도 예뻤다. 제비꽃도 예뻤고, 돈나무의 순도 꽃보다 더 예뻤다.

난등들을 지나니 길이 없어졌다. 나중에 상주면사무소 주민생활지원과 강현미 주무관에게 전화를 걸어 난등들의 지명 유래를 물었다. "난등들은 주변에 아무것도 없는 황무지 같은 들이라고 마을 이장님께서 말씀하시네요."

도로는 이제 사람만 다닐 수 있는 오솔길, 남해바래길로 바뀌었다. 더러 밧줄을 잡아야 했고, 오르락내리락 신경을 써서 걸어야 하는 길이었다. 숲으로 난 길에서 바라본 해안 절경은 소설 구운몽 속의 신선이 사는 장면이었고, 푸른 바다는 헛된 꿈이라도 키

상주 은모래비치

우기에 좋은 곳이었다.

　상주해수욕장은 은모래비치로 이름을 고쳤다. 더 좋아진 것인지는 알 수 없다. 모래는 예전의 그 모래일 것이다. 상주 은모래비치 입구 금전마을의 바다로 흐르는 하천에서 주민이 통발로 뱅어를 잡고 있었다. 온몸이 투명한 뱅어는 이맘때만 나온다고 했다. 볼락 미끼로 쓴단다.

　솔숲이 우람한 은모래비치. 어김없이 모인 뒤풀이 막걸리 자리에서 S&T그룹 최평규 회장이 꽃타령을 했다. "이 꽃 저 꽃 다 이쁘지만 아무리 하찮아도 예쁘지 않은 꽃은 없네요." 바야흐로 봄날이었고, 왕벚나무에서는 꽃비가 휘날리고 있었다. 바다에서 시나브로 불어오는 바람도 차지 않아 은모래밭에 오래 궁둥이를 붙이고 있어도 춥지 않았다.

course

: 남해 두모유채꽃밭~상주 은모래비치 :

푸른 바다 굽이도는 '구운몽길' 지나, 남해 1경 품에 안은 눈부신 은빛 모래

- **총 거리**   9.2km
- **소요시간** 3시간
- **난이도**   ★★☆☆☆
- **코스**   경남 남해군 상주면 두모유채꽃밭~두모마을~양아공원묘원~소량마을~양아교회~
          대량마을~난등들~남해바래길 3구간~수과원과학연구원~상주 은모래비치

○ **코스 소개** 서포 김만중 선생의 유배지로 유명한 노도를 바라보면서 걷는 길이다. 남해바래길 3구간 코스와 일치하는 곳이 많다. 구운몽의 배경이 됐음 직한 신비로운 금산과 바닷가 절경이 아름답다. 남해군은 이 구간을 '구운몽길'로 명명해 놓았다. 신선이 된 듯한 착각에 젖게 하는 남해 바다의 절경을 굽이굽이 돌아가는 길이라고 해서이다. 다만, 한려해상국립공원을 지나는 코스이기 때문에 이정표나 인공적인 안전 시설이 제대로 돼 있지 않다. 봄에는 유채꽃밭, 가을에는 메밀꽃밭으로 변하는 두모마을 입구 꽃다랭이논을 지나 노도가 바라다보이는 두모마을로 내려서면 부자의 꿈이 물씬 풍기는 두모마을이다. 앙아공원묘원을 지나 마늘밭과 유채밭 사이를 가로질러 아담한 소량마을에 도착한다. 꼬불꼬불한 굽이치는 도로의 정점에 있는 앙아교회를 지나 또 한 굽이를 돌면 대량마을이다. 포구가 제법 크고 정자나무가 우람하다. 여기서부터 남해바래길을 따라 난등들을 지난다. 해안 바래길은 원시림을 방불케 한다. 길이 좁아서 한 사람씩 걸어야 한다. 긴 숲 터널을 빠져나오면 도로가 나온다. 남해 하수종말처리장이 있는 막다른 길의 끝이다. 새로운 길에서 수과원과학연구원을 내려다보며 차분히 걸으면 상주 은모래비치에 도착한다. 소나무가 청청한 해변이다.

○ **주변 볼거리** 상주 은모래비치는 남해에서 가장 빼어난 풍경을 자랑하는 일류 해수욕장이다. 부채꼴 모양의 백사장과 금산을 배경으로 한 광활한 은빛 모래가 아름답다. 은모래비치의 배경이 되는 금산과 보리암은 남해 제1경으로 꼽힌다. 소금강, 남해금강이라고 해서 삼남 제일의 명산으로 여겨진다. 원래 이름이 보광산이었는데 조선 태조 이성계가 이 산에서 백일기도 끝에 조선을 개국하자 영세불망의 영산이라 하여 온 산을 비단으로 두른다는 뜻의 금산으로 이름을 바꿨다고 한다. 서포 김만중의 유허지인 노도는 남해군에 따르면 현재 14가구 18명이 살고 있는 작은 섬이다. '구운몽'과 '사씨남정기'를 쓴 서포 김만중이 56세를 일기로 유형의 삶을 마감했던 곳으로 더욱 유명하다. 노도로 가기 위해서는 벽련마을로 가야 한다. 삿갓 모양의 노도가 정면으로 보이는 마을이 벽련마을. 벽련(碧蓮)은 짙고 푸른 연꽃. 3천 년 만에 핀다는 우담바라의 마을로 전형적인 어촌이다.

● 영덕 축산천~고래불해수욕장

어디가 하늘이고 어디가 땅인지…
8km나 이어진 광활한 사구

S&T 국토대장정 15차 참가자들이 경북 영덕군 병곡면 고래불해수욕장의 광활한 모래 해변을 걷고 있다. 고래불해수욕장은 고운 모래사장과 사구가 끝없이 펼쳐져 이국적인 풍광을 연출한다.

또 동해를 찾았다. 13차 국토대장정(해맞이공원~축산항)의 도착지에서 길을 시작한다. 서해의 잊히지 않는 사고로 두 달 만에 나선 길이었다. 노란 리본을 단 마음은 그래도 내려놓아지지 않았다.

지난 3월 바람이 많이 부는 날 축산천 하구는 마른 갈대가 서걱거렸는데, 6월의 그곳은 푸른 갈대로 빼곡했다. 그 사이에 듬성듬성 서 있는 지난해 갈대. 묵은 갈대는 제 몸을 꼿꼿이 세워 버팀목이 돼 새 생명을 어여쁘게 키워 냈다. 이것은 단순하지가 않다. 그냥 자연이 아니라 희생이고 숭고한 사랑이다. 어른이 할 일이다.

죽도산을 오르다

제주도에 장마가 도착했다고 하니 육지도 비 소식이 많다. '한때 비'라는 예보를 듣고 방수가 되는 옷을 배낭에 챙겨 넣었다. 갈아입을 옷도 넣었다. 배낭이 빵빵해졌다.

S&T 국토대장정 15차 구간은 영덕 축산천에서 시작하여 고래불까지 가는 긴 여정이었다. 모두들 오랜만에 만나는 반가운 얼굴들. 잔뜩 흐려 있는 해변에 모였다. 바람이 차가워 반팔 차림의 사람들은 춥다며 옷을 꺼내 입었다.

축산천을 건너도록 '블루로드 구름다리'가 설치돼 있다. 웅장한 현수교는 이름에 걸맞게 심하게 흔들렸다. 이번에 참가한 400명이 줄을 지어 지나가니 흔들림이 더 심했다. 건너는 내내 가슴을 졸여야 했다.

다리를 건너자마자 바로 죽도산이다. 덱(deck)을 잘 설치해 놓아 아기자기했다. 산에는 대나무가 많았다. 울릉도의 죽도를 연상시키는 풍광이었다.

까르르, 웃음소리가 들렸다. 뒤돌아보니 영산대 간호학과 조교와 학생들이다. 이번에 처음으로 참여하는 학생들은 졸업 자격을 따기 위해서 왔다고 했다. 의아해서 물었다.

"영산대는 졸업 필수 자격으로 재학 중 반드시 극기캠프에 참가해야 하는데 S&T 국토대장정도 자격이 인정되는 프로그램이어서 참가했다"고 했다. 학교의 의도(?)가 공감되지만 흔쾌히 학생들을 받아준 S&T도 쿨했다.

축산항은 대게와 오징어를 위한 항구인 듯했다. 직접 잡은 대게를 내놓는 식당이 즐비했다. 여유가 있다면 대게 한 솥 삶아 놓고 퍼질러 앉고 싶은 생각이 들었다.

축산은 또한 평민 의병장 신돌석 장군의 고향.

일제는 독립투사인 신돌석 장군에게 '내란 수괴, 민심 교란, 살인 방화'라는 죄목으로 거액의 현상금을 걸었다. 그러나 그는 선처를 보장한 투항 권유서를 즉석에서 갈기갈기 찢어 버렸다고 한다.

손을 흔들어 주다

축산항을 막 빠져나오는데 잘 지은 현대식 건물이 보였다. 건물 이름은 '근심 푸는 곳'. 그 밑에 작은 글씨로 화장실이라고 적어 놓았다. 시골 펜션이나 사찰의 해우소도 아닌데 이런 발상을 할 수 있다는 것이 고마웠다.

파도를 벗 삼고, 사색에 잠겨 미소를 지으며 걷는다. 이정표를 보니 대진항이 멀지 않다. 사진리를 지날 때 길 옆에 바싹 붙은 집에서 아이들이 국토대장정 행렬을 구경하는가 싶더니 손을 흔들어 준다. 엄마와 아빠는 바다에 나갔을까? 오누이는 환한 얼굴로 내내 손을 흔들었다. 갑자기 코끝이 찡했다. 길을 걷는 일이 뭔 대수라고 이렇듯 반기는 걸까. 사진3리를 지날 때도 버스 승강장에 서 있던 할머니 할아버지들이 "어디서들 왔냐? 욕본다"며 격려해 주었다. 참 고마운, 길 위의 짧은 인연들이다.

국토대장정 종주단원인 권민호 파트장은 다음 달이면 미국 지사로 발령이 난다. 당분간은 국토대장정 행사에 참여할 수 없어 아쉬움이 많았는지 부인 전영미 씨와 양우, 남희, 인혁 등 아들딸과 함께 온 가족이 참여했다. 누구에게는 사색의 길, 또 어떤 이에게는 졸업 필수 프로젝트, 권 파트장의 경우 낯선 곳으로 떠나기 전의 결의를 다지는 길이다.

대진항에서 한참을 쉬었다. 하늘은 잔뜩 찌푸렸지만 비는 내리지 않았다. 한편으론 선선해 걷기가 좋았다. 평소 같았으면 불티가 났을 오이도 인기가 없었다. 지원팀이 건네준 오이 하나를 토막 내 먹고 있는데 홍보팀 홍순인 차장이 토마토를 들고 왔다. 홍 차장은 마흔이 넘은 나이로 최근 결혼해 신혼이란다. 북극곰을 닮았는데 사람이 순해

블루로드 구름다리를 건너는 참가자들.

대진항에 설치된 대형 대게 조형물.

대진리 해안길에 널려 있는 각종 어구.

보인다. 오이를 나눠 먹었다.

　음식과 이야기를 나누다 그제서야 주변을 둘러본다. 대진항은 관광과 어업이 함께 가능하도록 복합항으로 개발한 곳이란다. 주변에 휴식 공간도 많다. 단체 사진을 찍고 고래불로 향한다.

고래불, 광야에서

1년 이상을 함께 다녔으니 어쩌면 한 번쯤은 봤을 법한 얼굴인데 그렇다고 다 기억할 수는 없다. 처음 참석했다고 해서 획 돌아보니 부산 금정구 서동에서 왔다는 동네 친구 그룹 김기동, 배숙자, 안희자 씨 등이다. 친구 여섯 명이 날밤을 새우고 함께 왔단다.

기동 씨는 "원래 아홉 명이 올려고 했는데 세 명이 빠졌어요. 걔들은 잠을 잤겠지." 밤을 새우고 왔노라며 몇 차례 더 강조했다. 나이를 물으니 "여자에게 뭔 실례되는 질문이냐"며 "5학년 초반이라고 해 두자"고 농을 했다. S&T에 다니는 친구의 소개로 처음 왔는데 너무 좋다며 다음에도 참석하겠다고 했다. 그러면서 새벽에 일찍 출발하니 앞으로 한 달에 한 번은 밤을 새워야겠다며 엄살을 피웠다.

영덕군 병곡면 6개 마을에 걸쳐 있는 장장 8km의 해안누리가 시작되었다. 사실상 덕천해수욕장에서 시작하는 광활한 사구에 들어서니 하늘과 바다 땅의 경계가 모호했다. 이런 풍경을 누릴 수 있는 우리 국토를 사랑하고 싶어졌다.

사구는 푸른 융단처럼 보였는데 가까이 가서 보니 갯방풍과 통보리사초, 갯메꽃이 빼곡했다. 개씀바귀는 노오란 꽃을 선명하게 피워 냈다.

수련회를 왔는지 대학생들은 서로 물에 빠뜨리며 젊음을 발산했다. 고래불 도착지에서 종주대원들이 박수를 쳐 주었다.

지난 길들의 갓 구워 낸 추억을 안주 삼아 막걸리를 마시는 일만 남았다. S&T그룹 최평규 회장이 모두를 격려하며 잔을 들었다. 행사의 주체인 S&T모티브 김택권 사상이 급한 일로 참석하지 못해 대열을 책임지느라 목이 탔던지 최 회장은 첫 잔을 말끔히 비워 냈다. "비가 올까 봐 얼마나 걱정을 했는지 몰라요." 400명이 비를 만나면 어쩔까 노심초사했던 것이다.

즐겁게 식사를 하던 최 회장이 느닷없이 "본부장, 다음에는 깔개를 넉넉하게 준비해 사원들에게도 드리도록 하세요"라고 했다. 임원들만 푹신한 깔개를 하고 있었던 것이다.

고래불의 갈대들도 바다를 닮아 푸름이 한껏 무성했다.

course

: 영덕 축산천~고래불해수욕장 :

어촌 마을 지나 해송 숲 만나고,
동해 바다 벗 삼아 가다 쉬고 또 걷고

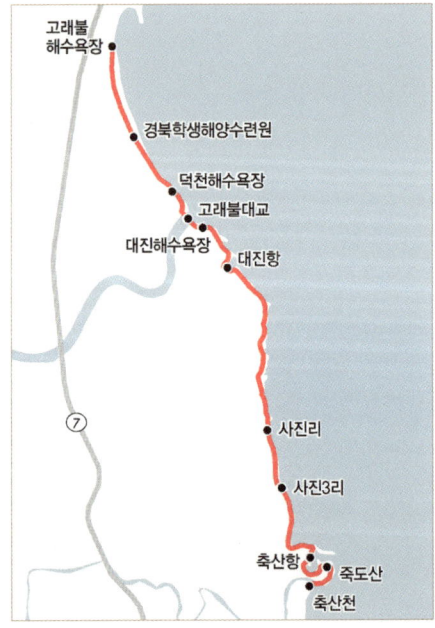

- **총 거리**   13.85km
- **소요시간**   4시간
- **난이도**   ★★☆☆☆
- **코스**   경북 영덕군 축산천~죽도산~축산항~사진3리~사진리~대진항~대진해수욕장~
            고래불대교~덕천해수욕장~경북학생해양수련원~고래불해수욕장

○ **코스 소개**　　S&T 국토대장정 15차 코스는 동해 해파랑길 영덕 구간이다. 영덕 구간은 '블루로드'라는 이름의 길이 있는데 따져 보면 블루로드 C코스인 '목은 사색의 길'과 어느 정도 겹친다. 물론 출발지인 축산항의 일부 구간은 B코스인 '푸른 대게의 길'에 속해 있다. 가고 싶으면 걷고, 쉬고 싶으면 쉬는 국토대장정의 자유로운 특성상 굳이 구획한 길의 시작과 끝을 따를 필요가 없었다. 축산천을 출발하여 죽도산을 휘감아 돌기가 다소 벅찰 뿐 전 구간은 내내 무난하다. 푸른 동해 바다빛에 물들 일만 남았다. 축산항은 대게 집산지에 걸맞게 대게와 오징어를 삶아 파는 식당이 많다. 축산항을 지나면 전형적인 어촌 마을인 사진리에 이른다. 규모가 무척 큰 대진항에는 커다란 대게 두 마리가 있다. 대게 조형물을 만들어 놓았는데, 바다 밑을 걷는 듯한 형상이다. 음악분수대도 만들어 놓아 여름 피서철에는 무척 붐비겠다. 대진해변의 청량한 해송 숲을 통과하며 마음을 정갈히 하고 고래불대교를 건넌다. 덕천해수욕장부터 펼쳐지는 광활한 사막을 연상시키는 모래밭은 가히 전국 최고의 해안 모래밭이라고 불러도 될 법하다. 모래밭을 걷기가 힘들면 도로로 올라서도 된다.

○ **주변 볼거리**　　영해면 괴시리 전통마을은 고려말 삼은의 한 사람인 목은 이색의 외가이자 생가지이다. '불사이군(不事二君·두 임금을 섬기지 않는다)'은 충절의 표상. 그가 탄생한 외가 마을에 목은 이색기념관이 있다. 15차 국토대장정 출발지인 축산항은 남씨 발상지가 있다. 시조인 영의공 남휘민이 서기 755년(신라 경덕왕 14년)에 일본에 갔다가 오는 길에 태풍을 만나 표착한 지점이 축산항이라고 한다. 축산면과 영해면의 경계에 있는 대소산 봉수대는 탁 트인 전망이 뛰어나다. 대진항에서 내륙 쪽으로 들어가면 영해. 영해는 영덕의 원류답게 3·1만세운동이 일어난 곳. 매년 3월 1일이면 만세대행진과 신돌석 장군 의병 출정식이 열린다. 영덕 병곡면 일대 해안 마을 여섯 곳을 아우르는 해수욕장, 고래불은 8km에 이르는 긴 해안 모래밭이 압권이다.

● 남해 설리해수욕장~상주 은모래비치

탁 트인 쪽빛 바다 '한 폭 그림'…
걷는 게 힐링이다

S&T 국토대장정 참가자들이 경남 남해군 상주면 상주리 금포항이 바라다보이는 언덕바지로 난 남해바래길을 걷고 있다.
남해 구간을 걷다 보면 작은 땅도 놀리지 않는 남해 사람들의 성실한 삶을 느낄 수 있다.

깃발을 앞세우고 선두를 지키는 종주단원들.

'함께 가자 우리 이 길~ / 가다 못 가면 쉬었다 가자 / 아픈 다리 서로 보듬고~.' 한때 청년들은 이런 노래를 불렀다. 뜨거운 여름에 떠나는 S&T 국토대장정 제15차 구간인 남해 설리해수욕장에서 상주 은모래비치까지 9.8km의 길 위에서 하나는 여럿을 위했고, 여럿은 하나를 위했다. 그래서인지 날씨도 반겨 폭염은 살짝 숨어 주었다. 천하마을 해변 몽돌밭에서 풀 청소를 하던 할머니들은 "참, 복 받았소. 날 참 잘 잡았네" 하며 사기를 북돋아 주었다.

언덕 위에서 돌아보니 긴 행렬

"좀 피곤해 보입니다. 힘드신가 봐요." 전체 대열 안내를 맡은 S&T모티브 옥성호 차장이 인사말을 건넸다. 얼굴에 그렇게 씌어 있나 싶어 내심 놀랐다. 그도 그럴 것이 전날 새벽까지 낚시 취재를 하고 3시간도 못 자고 나온 길이니 얼굴이 정상일 리 없었다.

참깨밭의 참깨가 이파리를 넘실거리며 서로 뽐내듯 여름을 즐기고 있다.

대열 앞에 서서 뒤처지지 말아야겠다고 생각하고 종주단원들 뒤에 바짝 붙었다. 그런데 종주단원 대열 속에 웬 아이가 있었다. 양산 덕계 평산초등학교 3학년인 성윤이였다. 모티브 사원이자 국토대장정 종주단원인 나규채 씨의 아들로 벌써 5차례나 참석했다고 했다. 까만 안경을 쓴 모습이 '천재소년 지미' 같은 이미지였다. 동생 한결(7)이도 자주 오는데 이번에는 빠졌다고 했다. 서로 완주를 약속했다.

설리해수욕장은 태풍이 지나간 뒤 이미 말끔하게 치워져 있었다. 해변 송림 사이로 빼곡하게 평상이 놓여 있었다. 이제 휴가철이 본격화되면 평상은 피서객들로 북적일 것이다. '열심히 일한 당신, 떠나라'라는 광고 문구가 생각났다.

그런데 대열이 정상적인 바래길로 접어들지 않고 지방도로 직행했다. 언덕 위에서 뒤돌아보니 440명이 참석한 긴 대열은 끝이 보이지 않았다. 더위가 예상되는 데도 이처럼 많은 인원이 참석한 것은 의외였다.

도로의 안전망은 기세를 바짝 올린 칡넝쿨이 뒤덮고 있었다. 어디선가 향긋한 향이 풍겼다. 칡 이파리 뒤에 숨은 진보라 칡꽃 냄새였다. 황순원의 소설 '소나기'가 생각나 아련해졌다. 장마가 지고 소나기가 오는 그 소설의 배경도 이맘때였던 모양이다. 까르르 웃는 웃음소리에 정신이 들어 뒤를 돌아보니 소녀가 아닌 중년의 아주머니 3명이 풍경을 보고 즐거워하고 있었다.

수박화채 한 그릇에 '스르르'

어느새 송정솔바람해변에 도착했다. 일찍 온 아이들이 물에는 들어가지 않고 모래밭에 큰 그림을 그려 놓았다. 아이들의 추억이 새록새록 쌓이듯이 우리의 발걸음도 해안누리를 점점 더 포근하게 감쌀 것이다. 보도가 잘 정비된 솔바람해변을 거닐듯이 지난다. 어디선가 노래 한 자락이 들렸다. '사는 게 별 거 있나. 욕 안 먹고 살면 되는 거지~.' 환청처럼 들리는 흥겹고도 애잔한 노래였다.

옥수수도, 참깨도, 메주콩도 이파리를 넘실거리며 서로 뽐내듯 여름을 즐기고 있었다. 남해의 빈틈 하나 없는 밭들을 구경하다 보면 이곳에서 사는 사람들의 부지런함이 그대로 엿보인다.

언덕배기를 하나 넘어 전망이 좋은 도로를 지났다. 탁 트인 바다는 상쾌했다. 햇빛이 없는데도 사람들의 등에는 땀이 배었다. 천하마을로 접어드는데 돌담 너머 만개한 나리꽃이 제일 먼저 반겨주었다. 그리고 천하(川下)마을이 나타났다. 천하마을이라고 들었을 때 너무 호쾌했는데, 한자를 읽어 보니 '내 아래 마을'을

수박화채를 나누는 손길.

뜻한다. 그래도 '천하몽돌해수욕장'은 어감이 좋다.

마을 안내에는 "태평양에서 시작된 바람과 몽돌해수욕장으로 밀려오는 파도는 보는 사람마다 감탄케 하는 경관을 가진 관광 휴양지"라고 해 놓았다. 약간 과장된 표현도 '호걸 마을'다운 표현이다.

마을의 연원을 알려 주듯 오래된 느티나무 숲은 경외감을 준다. 할머니들이 자갈밭을 매고 있다. "뭐 하세요?" "피서객들이 여기 와서 텐트를 치기 좋으라고 풀 매는 거야." "할머니들 고생 많으시네요." "돈도 조금 받고, 허허." 목도 컬컬하고, 땀도 엔간히 흘려 지쳐가는 순간인데 눈앞이 번쩍 뜨였다. 지원팀이 수박화채를 준비해 한 그릇씩 나눠 주고 있었다. 황홀한 맛에 피로가 눈 녹듯 사라졌다.

휴식 기간이다. 걷기 동호회 '발견이의 도보여행' 팀들과 어울렸다. 메밀묵과 막걸리, 그리고 통영 길문화연대 차미옥 부대표가 챙겨 온 오디를 먹고 오디차도 마셨다. 기분이 한껏 좋아졌다. 다시 걷기 시작하는데 노래가 입속에서 절로 흥얼거렸다. 이래서 이 길이 섬노래길인가.

그래, 욕 안 먹고 살면 되지

천하마을을 지나니 또 언덕이 시작되었다. 언덕길이 끝나는 곳에 숲이 있었다. 숲으로 난 길은 또 다른 감흥을 준다. 짙은 숲향에 머리가 맑아진다. 시골 어머니같이 수건을 머리에 두른 청년 참가자가 있어 말을 붙였다. 인턴사원인데 땀이 많이 나 패션을 완성했다고 한다. 가죽 가방에 반바지. 머릿수건. 그리고 젊음. 금포항을 지나 또 짙은 숲으로 들어섰다. 길이 좁아 한 줄로 가다 서다를 반복했다. 아래로 뚝 떨어지는 길에 S&T모티브 김택권 사장이 서 있었다. 잘 난 길이지만 그 길은 해안으로 곧장 떨어지는 막다른 길. 우리가 가야 할 해안길은 오른쪽으로 난 좁은 숲속 길이었다. 대열은 김 사장의 안내를 받으며 천천히 오른쪽으로 나아갔다. 믿음직한 인간 이정표다.

조금 넓은 길이 나오자 한 아이가 열심히 숫자를 세며 나아갔다. 82, 83, 84…. 이 아이는 100명을 앞지르는 것이 목표라고 했다. 걸음을 빨리했더니 아이가 질겁을 하며 뛰다시피 한다. 목표를 세워 걷는 법을 알고 있는 아이다.

대열의 중간에 종주대원이 있다. 장지복 파트장이다. S&T방산조립의 최종 파트에 있다고 했다. "대열 지원을 파트장들이 하는데 인원이 모자라 중간 대열을 맡고 있다"고 했다. 직위가 높아질수록 의무도 커진다. 그 일을 거룩하게 여기니 간부의 자격이 있다.

씩씩하게 한 아이가 앞서가고 있다. 엄마 손도 잡지 않고 10km 가까이를 왔다. S&T중공업에 근무하는 손영혜 씨의 조카 김경태(석전초등 2학년) 군이었다. 그런데 앞서 100명을 제친 아이가 손 씨의 아들 황영재(10) 군이란다. 경태는 "영재 형이 100명을 앞질렀는데 나는 못 했으니 담에 또 올 것"이라고 했다.

은모래비치 솔밭에 푹신한 자리가 깔렸다. 참가자 모두가 맨바닥이 아닌 회사에서 준비한 자리에서 식사를 마쳤다. S&T그룹 최평규 회장이 막걸리를 곁에 두고 나지막이 노래를 불렀다. "사는 게 별 거 있나~. 욕 안 먹고 살면 되지~." 노래길(섬노래길)을 지나 꿈길(구운몽길)까지 오니 참 행복한 해안누리였다.

송정솔바람해변을 걷고 있는 참가자들.

course

: 남해 설리해수욕장~상주 은모래비치 :

송정솔바람해변·미조항 품은 바래길 4코스
'멈추지 않는 눈 호강'

- **총 거리**   9.8km
- **소요시간**   3시간 15분
- **난이도**   ★★☆☆☆
- **코스**   설리해수욕장~송정솔바람해변~천하몽돌해수욕장~금포항~바다전망대~
  유람선 선착장~상주 은모래비치

○ **코스 소개**   '보물섬' 남해의 아름다운 해변을 걷는 구간이다. 16차 S&T 국토대장정은 바래길 4코스 '섬노래길'과 3코스 '구운몽길'의 구간을 걷는다. 구운몽길은 지난 4월 14차 국토대장정에서 절반 이상을 맛봤으니 이번에 다녀온 코스와 합하면 3코스가 완성되는 것이다. 이렇게 한 땀 한 땀 바느질을 해 가듯 우리 국토의 아름다운 둘레를 이어가는 재미가 바로 국토대장정이다. 16차 출발지인 설리해수욕장은 여름 손님을 맞을 채비가 한창이다. 해변의 파라솔과, 튜브 대여업자의 바쁜 손놀림은 바야흐로 뜨거운 여름 휴가철이 다가왔음을 실감케 한다. 빼곡한 소나무와 바다를 두고 해안길은 이어진다. 설리해수욕장을 지나면서 오르막길을 오르면 왼쪽으로 전망이 좋은 바래길 코스가 나온다. 이번 국토대장정 대열은 한적한 지방도를 따라 송정솔바람해변으로 조금 빨리 다가갔다. 송정마을은 지명이 익숙하다. 울산 울주에도 송정이 있고, 부산 해운대에도 송정해수욕장이 있다. 송정마을의 공통점은 해안 마을이면서 아름답기까지 하다는 것. 천하마을은 몽돌이 뛰어나다. 큰 하지감자만 한 몽돌은 파도가 제대로 씻어 맨들맨들하다. 금포항을 지나면서 숲속으로 난 바래길을 걷는다. 파도 소리가 발밑에서 우렁차다. 다만, 길이 좁아 한 사람씩 차분히게 지나야 한다. 상주 은모래비치 해수욕장은 그 이름만큼이나 아름답고 제철을 맞아 사람이 많이 북적였다.

○ **주변 볼거리**   남해바래길 4코스 '섬노래길'은 송정솔바람해변에서 망산 정상을 거쳐 미조항을 들렀다가 돌아오는 일종의 원점 회귀 코스다. 별도의 시간을 내어 총 15km 거리의 전체 바래길을 걸어 봐도 좋겠다. 다만, 어른 걸음으로 5시간 30분이 걸리는 만만찮은 길이다. 인근 미조항은 남해 어업의 전진기지답게 각종 어선과 풍성한 해물 전문 식당이 많다. 망산 정상은 유명한 일출지인데, 미조항에서 떠오르는 해를 바라보며 심기일전하는 산악회가 많다. 기묘한 섬들이 빼곡하게 들어찬 다도해의 풍경은 압권이다.

● 통영 멍게수협~통영해양공원

'이순신의 바다'에서
판옥선 밑바닥 격군들의 삶을 되새기다

S&T 국토대장정 참가자들이 경남 통영 평인일주도로를 걷고 있다.
해미에 휩싸인 앞섬 풍경이 고즈넉하다.

이순신의 바다가 여기다. 작은 어선 한 척이 마침 통영대교 아래를 지나간다. 작가 김훈이 '작아도 제 필요한 것은 다 가진 실용의 정수'라고 예찬한 것. 제 몸뚱이를 파도와 직접 부대끼는 어선. 명량의 판옥선 그 밑바닥에서 손바닥에 피가 나도록 노를 젓던 격군이 꼭 어선과 닮았다.

400명이 훨씬 넘는 여름의 순례자들이 '충무공의 바다' 통영에서 제17차 S&T 국토대장정을 함께했다. 이번에 기획된 '통영 북신동 멍게수협~통영해양관광공원' 길은 제9차 구간(통영 산양초등 화양분교 터~통영해양관광공원)으로 거꾸로 이어 붙인 것이다.

우리가 부를 노래

이순신 장군의 삶을 이야기한 책 '칼의 노래'의 작가 김훈이 이번 국토대장정 대열에 함께한다고 했다. 밤새 먼지 쌓인 책장을 뒤져 김훈의 책을 찾았다. '칼의 노래'는 어느 구석에서 잠을 자는지 보이지 않았다. '개' '강산무진' '자전거여행' '현의 노래' '남한산성' '자전거 여행, 경기도 편'까지 찾았지만, 그 책은 끝내 보이지 않았다.

서명을 받을 책을 고르다 늦게 잠이 들었는데 새벽에 일어나서 그만 모두 집에 두고 길을 나섰다. 그렇게 통영에 갔다. 오후부터 비가 예고된 주말이어서 땡볕을 피하나 싶었는데 습도가 높아 걸음이 더뎠다.

통영시 북신동 멍게수협 건물 앞에서 길을 시작했다. 북신만은 고요하고 잔잔했다. 여름을 갈무리하는지 바다는 조용히 일렁였다. 후텁지근한 기온에 짜증이 날 듯도 한데 모두 큰 무리 없이 걸었다.

400명이 넘는 대인원이 참석을 해서 시작과 끝이 가없이 멀다. 한 30분이나 걸었을까. 발 빠른 지원조원들이 오이

대장정에 참가한 소설가 김훈(왼쪽)과 S&T그룹 최평규 회장.

후덥지근한 날씨에
참가자들에게 제공된 시원한 오이.

와 얼음생수를 공급했다. 기분이 좋다.

S&TC에 근무하는 정길근 팀장과 길동무가 되었다. 정 팀장은 중공업, 모티브를 거쳐 지금 S&T그룹 내에서 발전설비 생산을 담당하는 'C(코퍼레이션)'에 근무하고 있다고 했다. 공랭식 열교환기 세계 시장 점유율 1위 기업이란다.

화장실에 잠시 다녀왔다가 신랑을 놓쳐 혼자가 된 아주머니 한 분과도 한참을 같이 걸었다. 신랑 찾기를 포기하고 해안길을 즐겼다. 그렇게 각각의 사람들은 대열을 이루고 굽이굽이 해안일주도로를 수놓고 있었다. 여럿이 함께하니 든든했다.

굽이굽이 바닷길

재잘재잘 쉬지 않고 친구들과 말을 나누며 걷는 또래 여자아이들이 눈에 확 들어왔다. 유독 이 아이들이 보인 것은 입고 있는 옷 때문이었다. 자세히 보니 광안대교 같은 마크가 가슴에 새겨져 있다. "얘들아, 이게 무슨 옷이지?" "예. 우리 어학연수팀이에요." 아이들은 모두 초등 6학년, 창원에서 온 2명과 부산 그리고 양산에서 온 학생들인데 참 '이상한 조합'이었다.

아이들의 가슴에 새겨진 그 다리는 유명한 미국 샌프란시스코의 금문교. 아이들은 2014년 S&T 제10기 청소년 해외 어학연수를 함께 다녀온 동기생들이었다. 창원 외동초등 김혜원, 창원 토현초등 이채은, 양산 삼양초등 김어진, 부산 청룡초등 이현지. 이 4명은 2주간의 미국 어학연수에서 단짝처럼 친해져서 이번 국토대장정에서도 함께하고 있다고 했다. 초등 6학년부터 중학교 3학년 사이의 선발된 25명의 아이들이 2주간 미국 연수를 했단다. 사진 한 번 찍자고 했더니 발랄하게 포즈를 취해 주었다.

평림생활체육공원을 지나는데 길가 집에 커다란 개집 하나가 놓여 있다. 그 입구에는 '개가 몹시 사납다'며 '개조심'이라고 크게 붙여 놓았다. 평소 사람을 향해 사납게 짖었을 놈이 국토대장정 참가자들이 쉴 새 없이 지나가자 꼬리를 감추고 제 집으로 숨어 낑낑댔다. 평소엔 나그네들을 업신여겼을 것이나 이번에 제 생전 최고로 많은 사람들을 보고 기가 죽었던 것일까. 생각을 하다가 홀로 피식 웃었다.

벼랑 위에 사람이 서 있었다. 영상 촬영을 맡은 S&T모티브 홍성진 차장이었다. 홍 차장에게 만보기 하나 달아 봤으면 한다. 좋은 장면을 찍기 위해 동분서주하는 그는 총 걸음 수가 그냥 걷는 사람보다 배는 되지 싶다.

조망이 좋은 작은 휴게 공간. 눈앞에 보이는 호빵처럼 빵빵한 섬이 대망자도라고 한다. 바다 풍경이 정겹다.

충무공의 바다에서

경상대 해양과학대학 캠퍼스 앞을 지났다. 통영대교가 한눈에 들어왔다. 마침 항구로 들어오는 배 하나. 배 한 척이 들어오는데 바다가 심하게 일렁인다. '명색이 바다인데 이렇게 쉽게 흔들리다니 잠시 실망감이 들었다. 그런데 캠퍼스를 다 지날 즈음에 다시 바다를 보니 언제 그랬느냐는 듯이 잔잔했다. 작은 움직임에도 세심하게 반응하고, 또 이내 평정심을 유지하여 늘 묵묵하고 큰 오지랖을 가진 바다.

통영대교로 올라섰다. 바다 위를 걷기 시작하자 시원한 바람이 불어왔다. 땀이 마르기 시작했다. 끝이 좋으니 다 좋다.

대교 아래 통영해양관광공원에서는 작은 강연회가 열렸다. 작가 김훈의 미니 강의. 제목은 따로 없지만 '12척의 배로는 아무것도 할 수 없네'라고 할까.

김훈 작가는 "명량 대첩은 12척으로 300척이 넘는 적선을 무너뜨려 대승을 거둔 위대한 역사이지만, 오늘은 결코 12척이어서는 안 된다"고 했다. 12척의 배가 되는 상황이 오지 않도록 모두가 미리 방비해야 한다고 했다. 또한 승전의 또 다른 주인공인 노를 젓는 격군들의 삶을 잘 기억해야 한다고 했다. 고개가 끄덕여졌다.

대교가 만들어 준 긴 그늘 아래에서 점심을 먹었다. S&T그룹 최평규 회장은 주변에 앉은 한 사람 한 사람을 일으켜 말 한마디씩 하도록 했다. 간간이 '막걸리 잔이 비었는데 아무도 따라 주지 않는다'며 투정도 부렸다.

해가 한 뼘씩 자리를 파고들어, 앉은 자리가 땡볕이 되는 바람에 서너 차례 안쪽으로 옮겼다. 모두가 일어서서 조심스럽게 깔개를 물렸다. 그래서 시원한 그늘이 생겼다.

늦은 오후로 가는 길목에서 고맙게 일렁이고, 또 잔잔해지는 푸른 바다가 언뜻언뜻 보인다. 크루즈선처럼 화려하지 않지만 똑 부러지게 일 잘하는 어선들도 많다.

푸른 물빛과 같은 색깔의 통영대교.

course

: 통영 멍게수협~통영해양공원 :

호수 같은 다도해 끼고 굽이굽이 걷는 정겨운 '토영이야길'

○ **총 거리** 13.96km
○ **소요시간** 3시간 50분
○ **난이도** ★★★☆☆
○ **코스** 통영 북신동 멍게수협~소포마을~평림생활체육공원~평인일주도로~
문턱개~해양소년단 거북선캠프~흑용호 선착장~천대~국치마을~경상대 해양과학대학~
통영대교~통영해양관광공원

○ **코스 소개**   '토영이야길' 2코스를 살짝 맛보는 전형적인 해안 둘레길이다. '토영'은 통영을 부드럽게 발음하는 지역 사람들의 구음을 그대로 표현한 것이고 '이야'는 언니를 일컫는 사투리다. 말 그대로 '언니와 함께 담소를 나누며 정겹게 걷는 길'을 뜻한다. 통영 시가지의 평인일주도로가 이번 국토대장정의 주무대다. 걷는 내내 호수처럼 잔잔한 바다를 볼 수 있으며 일주도로는 자전거 전용도로와 인도가 잘 갖춰져 도로에 내려서지 않고도 완주할 수 있다. 약간의 오르내림이 서너 군데 있으나 가파르지 않다. 다만, 날씨가 무덥다면 그늘이 많지 않아 걷기가 버거울 수 있다. 하지만 군데군데 정자가 있어 쉬엄쉬엄 쉬어 가면 된다. 멍게수협을 출발하면서부터 인도를 이용할 수 있다. 인도는 이용자가 많지 않은 듯 일부 구간은 풀이 많이 자랐다. 통영 최초의 금연마을이자 녹색마을로 지정된 소포마을을 지나면 평림생활체육공원이 펼쳐진다. 축구장은 물론 농구장과 풋살장이 있다. 문턱개로 가는 오르막길에는 간이 휴게 시설이 있다. 각종 해양 레저를 체험할 수 있는 해양소년단 거북선캠프와 흑용호 선착장으로 이어지는 긴 일주도로에서는 다도해의 아름다운 풍광이 펼쳐진다. 날씨가 좋으면 멀리 사량도가 한눈에 들어온다. 경상대 해양과학대학에서부터 통영내교가 조망된다. 평탄한 평지길이 이어진다. 통영대교를 시원하게 건너 다리 아래로 내려가면 분수가 장쾌한 통영해양관광공원이다.

○ **주변 볼거리**   소포마을은 벽화마을이다. 통영에서 가장 잘 알려진 동피랑벽화마을에 뒤지지 않는다. 지역 고교생들이 마을 주민들과 소통하며 그렸다고 한다. 평인일주도로의 석양은 유명세를 겪는 달아공원보다 더 뛰어나다는 평도 있다. 일주도로 어디에서나 앵글만 갖다 대면 그림이 된다.

● 울진 후포항~영덕 고래불해수욕장

한껏 높아진 가을 하늘, 동해 넉넉한 품에 안겼다

이른 아침에 뿌린 소나기가 그치자 하늘과 바다는 더 파랗게 변했다.
덕분에 하늘과 바다를 구분 짓던 경계가 사라졌다.
그 무경계의 계절 속으로 S&T 국토대장정 참가자들이 걸었다.
경북 울진군 후포면 금음리 바닷가를 지나고 있는 참가자들.

S&T 국토대장정

하늘은 한껏 푸르고 높았다. 해송 사이로 맑고 깨끗한 바람이 불어왔고, 두런두런 모여 앉아 밥과 국을 나누는 사람들의 대화가 정겨웠다. 18차 S&T 국토대장정은 시인 윤동주의 시집 '하늘과 바람과 별과 시'란 제목처럼 그립고, 고맙고, 즐겁고, 아련하고, 행복하였다. 동해 바다가 어디서나 넉넉하게 품어 주는 울진 후포항~영덕 고래불해수욕장 구간을 걸었다. 마침 이날(2014년 9월 13일)은 S&T그룹 창립 35년이 되는 날이기도 했다.

하늘과,

경부고속도로 부산톨게이트를 빠져나가자 동녘에 붉은 기운이 가득했다. 종주단은 부산에서 새벽 5시 20분에 출발하고, 후포항에서 오전 8시 걷기 시작한다는 안내장을 받았다. 서둘러 나섰는데 주변이 너무 밝아 늦는 건 아닌지 부담스러웠다. 포항을 지나니 하늘은 잔뜩 흐려졌고, 영덕에서는 결국 비가 쏟아졌다. 그제야 우비를 챙겨오지 않은 것을 후회했다. 20대가 넘는 버스가 빼곡하게 주차된 울진 후포항은 소나기로 세수를 하고 난 뒤라 깨끗했다. 다행인 것은 하늘이 점차 밝아지고 있는 중이라는 것. 비 걱정은 더 이상 하지 않았다.

푸른 동해가 장쾌하게 펼쳐진 동쪽 하늘은 뭉게구름이 뭉실뭉실 피어올랐다. 근래에 이런 멋진 풍경을 본 적이 있던가. 바다 같은 하늘, 하늘 같은 바다, 그리고 피어나는 뭉게구름은 여름의 작별 인사 같기도 했다.

깃발을 든 종주대원들이 여느 때처럼 앞장을 섰다. 그런데 정말 끝이 보이지 않는 긴 대열이었다. 참가자는 무려 950명. 창립 35주년을 맞다 보니 첫 출정 이후 역대

고래불에서 열린 S&T그룹 창립 35주년 기념식.

후포해수욕장을 지나는 곳에 꽃잎을 쌓아놓은 듯한 특이한 방파제가 있다.

최대 인원이 참석한 것이다.

후포해수욕장을 벗어나자 해안길은 바다에 바싹 다가섰다. 방파제가 꽃잎을 쌓아놓은 듯 특이했다. 황금빛 모래를 밟으며 가벼운 걸음을 내딛는다.

석골천교를 지나니 식당과 휴게 시설이 있다. 길손을 노골적으로 유혹하는 '회 많이 주는 집'이란 간판이 있다. 맛은 어떨지 모르지만 어쨌든 느낌이 강렬하게 다가오는 것은 사실이다.

금음4리 버스 정류장에는 '한국의 나폴리 후포항'이라는 문구가 있다. 울진대게를 알리는 커다란 조형물도 있다. 울진 사람들은 '영덕대게'라고 하면 좋아하지 않는다. 울진이 동해 대게의 본산이고 가장 많이 잡힌다고 주장한다. 예전에 동해안 교통이 낙후돼 있을 때 울진 바다에서 잡은 대게를 영덕에서 집산하다 보니 그렇게 되었다고 억

울해한다. 대게는 영덕에서도, 울진에서도, 삼척에서도, 포항에서도, 울산 정자에서도 난다. 알고 보면 다 같은 종이다.

바람과,

코끝에 붙어오는 바람은 밋밋하고 짭쪼름하여 갱물의 냄새도 함께 풍긴다. 아무래도 소나기 한줄기가 거창하게 내렸기 때문이다. 한 시간 이상을 걸었는데 사람들의 얼굴은 지친 기색 하나 없다. 바람이 주는 힘이다. 가을 기운을 풍기기도 하는 바람이어서 오래 맞아도 지겹지 않다. 춥지도, 덥지도 않은 상황이니 걷는 데는 최상의 조건이 되어 버렸다.

    그런데 앞쪽에서 '탈것'을 이용하는 반칙 선수를 한 명 발견했다. '아니 걷기 행사에 감히 자전거를 타고 오다니.' 그런데 주인공을 확인하고는 그냥 웃음이 나와 버렸다.

    열심히 페달을 밟고 있는 주인공은 네 살 건휘. S&T모티브 박성주 사원의 아들이다. 그런데 자전거는 박 씨가 밀어주도록 된 유아용이었다. 옆에서 엄마와 걷고 있던 일곱

네 살 건휘도 유모차를 타고 완주했다.

살 혜윤이가 동생 편을 드는 건지 "건휘는 만으로 두 살이에요" 한다. 박 씨는 자갈밭에서 아이를 안고, 길에서는 자전거를 밀어 완주했다.

바다에는 크레인이 테트라포드를 바다에 빠트리고 있었다. 방파제 공사를 하는 모양이다. 거대한 삼발이 구조물을 풍덩 바다에 넣었는데 바다는 꿈쩍도 않는다. 언젠가 파도를 막을 방파제가 우뚝 설 것이다. 그렇게 좀 느긋하고 여유를 가지고 살아갈 필요가 있을 것 같다.

금곡2리의 넓은 공터에서 휴식을 가졌다. 모두들 준비해 온 음식을 가지고 삼삼오오 모여 작은 파티를 벌였다. 그 짧은 시간에도 바닷가 명당을 찾아 최상의 휴식을 즐기는 사람이 많다.

논일을 나가는 시골 아저씨처럼 목에 수건 하나를 두르고 사원들과 뚜벅뚜벅 걷고 있는 최평규 회장을 만났다. 창립 35년 축하 인사를 건넸더니 사원들에게 공을 돌렸다. 오늘 두 사람이 가장 큰 공로상인 'S&T 대상'을 받는데, S&T모티브 멕시코 법인장 재직 중 발병하여 세상을 떠난 고 정장교 이사와, S&T중공업 방산 부문에서 원가 절감을 한 구영빈 이사라고 소개했다. 소나기에 식었던 태양이 조금 달아올랐는지 후끈한 바람이 한 줄기 불어 왔다.

바다와 시

백석항은 제법 규모가 컸다. 항도 넓고 배들도 많았다. 대게 통발이며 각종 어구가 쌓여 있어 어촌 분위기가 물씬 풍겼다. 작은 마을에 구멍가게가 나란히 있다. 한쪽은 '새마을상회', 한쪽은 '협동상회'다. 오랜 세월 공존해 왔음이 분명했다.

마을을 지나자 방파제에 예쁜 바다 동물 그림들이 있다. 상어, 오징어, 대게, 만새기까지. 그래서 어자원 풍부한 백석리다. 바닷가 소나무가 의젓하다.

오래된 양어장 지대를 지나니 아름다운 해변이 끝없이 펼쳐진다. 모래와 몽돌밭만 이어지더니 느닷없이 붉은 바위가 해변에 우뚝 솟았다. 이국적인 풍경에 사람들의 탄성이 절로 나온다. 모두들 '대박 풍경'을 만나자 싱글벙글한다. 이 바위들 또한 몽돌이

병곡면 해안누리의 붉은 바위.

되고 잔 자갈이 되고 포근한 모래가 될 것이다. 언젠가는.

영덕 병곡면 용머리공원에는 고래불해수욕장의 지명 유래가 소개돼 있다. 고려 말 목은 이색 선생이 동해에서 노니는 고래를 보고 고래불(뻘)이라고 했다는 것. 지금 이곳을 찾는 고래는 잘 볼 수 없으나 고래불광장에는 거대한 고래 조형물이 있다.

하얀색 티셔츠를 맞춰 입고 온 사람들이 있다. 1년의 인턴 기간을 거쳐 이달부터 모티브의 정식 사원이 된 이들이다. 늠름하고 잘생긴 김정식 씨는 "엔지니어로 현장을 중시하는 사풍을 배웠다"고 했다. 앞으로 35년 이상 다니고 싶단다.

고래불 솔숲광장에서 창립 35년을 자축하는 빨강 풍선, 파랑 풍선이 기운차게 날아올랐다. 최평규 회장은 짧고 단호하게 일희일비하지 않는 '긴 호흡 경영'을 주장했다. 도전과 희생도.

지난 6월 15차 국토대장정의 종착지인 고래불해수욕장. 그때 그 자리에서 다시 점심을 먹는다. 솔숲은 그때보다 한층 더 푸르고 짙었다. 누군가 "두 달 전 뿌려 준 정성에 소나무가 부쩍 자랐다"고 했다. 바다가 바람에 시를 싣고 와 오랫동안 읊조렸다.

course

: 울진 후포항~영덕 고래불해수욕장 :

왼쪽은 동해 오른쪽은 낙동정맥,
울진 해파랑길-영덕 블루로드 잇는 절경

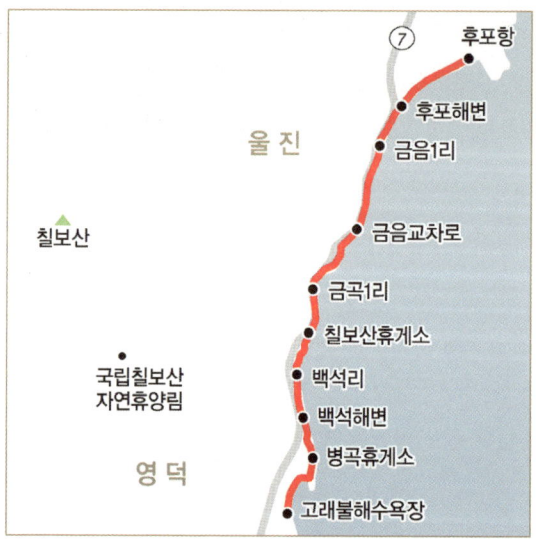

○ **총 거리**   11.76km
○ **소요시간** 3시간 30분
○ **난이도**   ★★☆☆☆
○ **코스**   후포항~후포해변~금음1리~금음교차로~금곡1리~칠보산휴게소~백석리~백석해변~
            병곡휴게소~고래불해수욕장

○ **코스 소개**   18차 S&T 국토대장정은 울진과 영덕의 경계를 넘는 코스다. 울진 쪽 해안누리는 해파랑길이고, 영덕은 블루로드로 불린다. 후포항에서 남쪽으로 걸으면 동해는 왼쪽, 낙동정맥은 오른쪽이다. 해파랑길은 자전거도 다닐 수 있도록 옛 국도를 따라 이어지지만, 약간만 품을 팔면 해안으로 바짝 붙어 바다와 속삭이며 길을 걸을 수 있다. 다만, 군데군데 작은 개천을 건널 때는 해안누리가 끊겨 모래사장으로 우회를 해야 하는 번거로움은 있다. 높낮이가 없는 평탄한 길을 따라 계속 남진을 하면 금음리와 금곡리, 백석리 등 전형적인 동해의 어촌 마을을 만난다. 새로 생긴 깔끔한 펜션과 오래 방치돼 낡아 스러져 가는 양어장의 조화는 옛것과 새것이라는 묘한 감정을 느끼게 한다. 바닷가는 고운 모래와 작은 자갈, 큰 자갈, 바위 등이 다채롭게 깔려 있다. 아기자기하게 걸을 수 있어 지겹지 않다. 백석마을은 멸치가 유명한 곳으로 말려서 파는 집도 많이 있다. 이제 곧 가을이 깊어지면 도로 주변은 온통 멸치와 오징어 덕장이 들어서 진풍경을 이룰 것이다. 우리나라에서 해안선이 가장 긴 고래불해수욕장은 해송이 빼곡하게 들어서 곳곳에서 캠핑을 하는 사람들도 많다. 해송 그늘에 앉으면 하늘과 바다 그리고 해안사구, 소나무가 함께 어우러져 몸과 마음이 상쾌해진다. 이맘때 끊임없이 불어 주는 바닷바람은 늦더위를 식히기에 아주 좋다. 막걸리 한 잔 곁들이면 세상을 다 가진 것 같이 자유로워진다. 긴 여행의 마무리로는 안성맞춤이다.

○ **주변 볼거리**   울진 후포항에는 울진대게홍보전시관이 있다. 대게를 어떻게 잡는지 알 수 있도록 대게 모형과 대게 통발 등을 전시해 놓았다. 후포와 어깨를 맞대고 있는 남쪽 영덕군 병곡면 칠보산 기슭에는 신라 선덕 여왕 때 창건한 유서 깊은 유금사가 있다. 인근에서는 가장 오래된 사찰이라고 한다. 병곡면 칠보산청소년수련원(053-732-6599)에서는 예약을 하면 해양스포츠 체험과 후리그물 체험을 할 수 있다.

● 하동읍 재첩특화마을~금성면 수변공원

햇살 눈부신 드넓은 갈대밭, 섬진강의 가을 속으로…

경남 하동군 하동포구 팔십리길 신원습지 갈대밭 속으로 난 지그재그 형 산책로를 따라 S&T 국토대장정 참가자들이 걷고 있다. 19차 국토대장정 코스는 걷는 내내 섬진강과 어깨를 나란히 했다.

지리산이 거침없이 달려 노량 바다에 이르는 곳. 제19차 S&T 국토대장정은 '하동포구 팔십리길' 가운데 바다 같은 강변길 삼십 리를 걸었다. 하굿둑이나 '댐 같은 보' 등 어떤 인위적 구조물에도 막히지 않아 자유롭게 바다와 강이 하루에 두 번씩 서로를 안고 뒹굴고, 몸을 섞는 섬진강. 그 길 중에서도 인심 좋은 아낙의 치마폭처럼 넉넉해지는 하구를 향해 '가을 소풍' 나온 마냥 신난 450여 명의 참가자들이 뚜벅뚜벅 가을 속으로 걸었다.

자유롭게 나서다

화개장터에서 노량포구에 이르는 뱃길이 32km 정도 되는데 이를 옛 거리 개념으로 환산하면 꼭 80리다. 혹자는 더 길다고 하고, 또 짧다는 사람도 있으나 유념치 않는다. 반나절 동안 걸을 수 있는 거리를 미리 계획하고, 400명이 훨씬 넘는 대인원이 밥을 먹거나 쉴 장소를 마련하는 것은 준비하는 사람들의 몫. 그래서 이번 코스는 세 번이나 출발 지점과 끝나는 지점이 바뀌었다는 후문이다.

참가자야 차에서 내리면 걷고, 일정을 마치면 또 차에 올라타면 될 일인데, 숨이시애를 쓰는 사람이 많다.

독자 한 분이 메일을 보내왔다. 공직에서 은퇴한 70대 노인인데 국토대장정에 동참하고 싶다며 방법을 물었다. S&T모티브 홍보팀에 연결해 주었다. 꼭 한 번 참석하겠다고 통화를 했단다. 국토대장정 걷기에는 '관계자'보다 '손님'이 더 많다. 35명 종주 단원의 자녀들은 자신이 단원인 양 선두에 서서 힘차게 걷는다. 모녀, 모자, 부자, 부녀, 친구, 이웃사촌, 장인, 장모 들은 삼삼오오 대열을 이룬다. 이런저런 인연으로 이제 단골손님이 된 인터넷 걷기 동호회 '발견이의 도보여행' 팀은 매회 20여 명의 정예 회원을 파견(?)한다. 통영 길문화연대의 차미옥 부대표도 열혈 참가자다.

그래서 S&T 국토대장정 깃발은 선두에서 자유롭게 나부끼기만 할 뿐 대열을 이루고 걷는 이는 오롯이 자유를 즐기러 온 이들이다.

여느 때처럼 긴 대열은 용틀임하며 꿈틀대기 시작한다. 섬진강이 단번에 가슴을 열어 속살을 내보인다. 거리낌 없는 환대다. 길은 남쪽으로 뻗어 있다. 재첩특화마을인 상저구와 하저구에는 재첩을 캐서 파는 식당들이 즐비하다. 강에는 재첩 채취선들이 여유롭게 휴식을 즐기고 있다. 맑은 물속에서는 겨울이면 부쩍 자랄 벚굴이 있을 게다. 단박에 도착한 하동포구공원엔 소나무가 좋다.

너는 누구이더냐

아침나절은 시원하고 선선하여, 긴팔 옷을 입고 걸었다. 한참을 걸었지만 덥지 않았다. 참 선선하고 아름답기까지 한 날씨였다. S&T모티브 김택권 사장이 연초 호미곶에서 올해 좋은 날씨를 기원했던 것의 효과가 연말까지 쭉 이어질 모양이다.

하동포구공원은 애초 하동포구였다고 한다. 울창한 송림 한편에 그 옛날 재첩을 잡고, 물산을 실어 나르던 황포돛배가 하나 놓여 있다. 이곳 풍광이 좋아 드라마 허준의 촬영도 여기서 했다고 한다.

하동포구공원에 놓인 황포돛배.

수크령 만발한 섬진강변 길

바닷물은 밀물을 따라 섬진강으로 기세등등 올라왔다가 온갖 것들을 껴안고 내려가는데 이 때문에 짠물이 하동 읍내 위쪽까지 영향을 미친다고 한다. 섬진강 하류는 이런 기수역인 까닭에 재첩도 좋고, 특유의 벚굴도 자라는 것이다. 무엇보다 물이 맑기로 유명하고, 그 물이 그냥 물이 아니라 지리산 정기가 담긴 물이니 좋기야 이루 말할 수 없을 정도다.

그런 덕택인지 옛날 구례와 하동, 남원의 물산들이 이곳 화개장터에서 모여 전국으로 실려 가 화개장은 우리나라 7대 장의 하나로 이름을 떨쳤다고 한다.

횡천교를 지나 한참을 더 내려가니 광활하게 펼쳐진 신월습지 갈대밭이다. 순천만의 갈대 못지않다. 갈대밭은 그냥 바라만 보는 것이 아니라 목재덱을 만들어 갈대밭 속으로 걸을 수 있게 해 놓았다. 막 피기 시작한 갈대가 햇살을 받아 눈부셨고, 알록달록하게 가을을 차려 입은 국토대장정 참가자들은 그냥 갈대숲에 스며들었다. 먼 데서 바라보니 강과 갈대밭의 경계가 모호했고, 사람과 자연은 구별이 잘 되지 않았다. 그렇게 섬진강변은 넉넉하게 우리를 품어 주었다.

그립고 애틋하여라

선소소공원에서 긴 휴식을 취했다. 아예 양말을 벗어 놓고 햇살이 발가락을 간질이도록 내버려 두었다. 강에는 더러 재첩을 잡는 배들이 다니고 있었다. 뱃전에는 잡아놓은 재첩이 수북했는데 아마 모래 채취를 하듯 물과 재첩을 빨아올려 걸러 내는 것 같았다.

무심히 지나가는 구름과 쫑쫑 내리쬐는 햇살도 보고, 뽀송뽀송해진 발바닥에 스스로 대견해하면서 한껏 넓어진 하구를 향해 또 걷는다.

차후에 해안누리길로 광양과 하동을 잇자면 고속도로밖에 다리가 없어 하동 읍내와 광양 다압면을 잇는 섬진교를 건너야 한다. 그래서 어쩔 수 없이 택한 '강변 해안누리'이지만, 이렇게 호사스러운 길을 만날 줄 정말 기대하지 못했다.

늘 대열의 뒤를 지키던 S&T그룹 최평규 회장이 종착지인 수변공원 입구에 벌써 도착해 오는 이들을 박수로 격려하고 있었다. 날씨가 하도 좋기에 쉬지 않고 섬진강물처럼 거침없이 달려온 것이다.

토요일인데도 강 건너 광양의 공장 굴뚝은 쉬지 않고 있다. 이제 강과 바다는 구별이 무의미할 만큼 넓다. 한 모퉁이만 돌아가면 노량의 바다가 보일 테지만, 다음을 기약한다.

가을 햇살을 피해 작은 나무 그늘에 점심 자리를 마련했다. 처음엔 그늘이었으나, 막걸리 잔이 몇 순배 돌자 참 공평한 태양은 어느새 강한 햇살을 선물로 주었다.

더러는 모자를 쓰고, 더러는 손그늘을 만들었다. 전라도의 것과 경상도의 것이 스스럼없이 어울려 섬진강이 되었다. 각자 다른 개성과 나이와 얼굴로 길을 나섰지만, 소통과 화합을 통해 한 줄기 우렁찬 강이 된 것이다.

모처럼 기분이 좋아진 최평규 회장이 "오늘은 뭔 일이든지 '단디 하자'는 구호로 일찍 마무리하겠다"며 잔을 들었다. 그때 옆자리의 한 임원이 실수로 커피가 든 잔을 높

섬진강에서 재첩을 잡고 있는 배.

이 들었다.

"커피와 막걸리가 있을 땐 막걸리. 커피와 물이 있을 땐 커피를 전 선택합니다. 진한 것이 좋습니다." 편법 없는 최 회장의 고집에 폭소가 터졌다. 가을 하늘이 참 푸르고 높다.

course

: 하동읍 재첩특화마을~금성면 수변공원 :

재첩마을 지나니 황포돛배…
솔향에 취한 행렬, 바짓단엔 도깨비풀

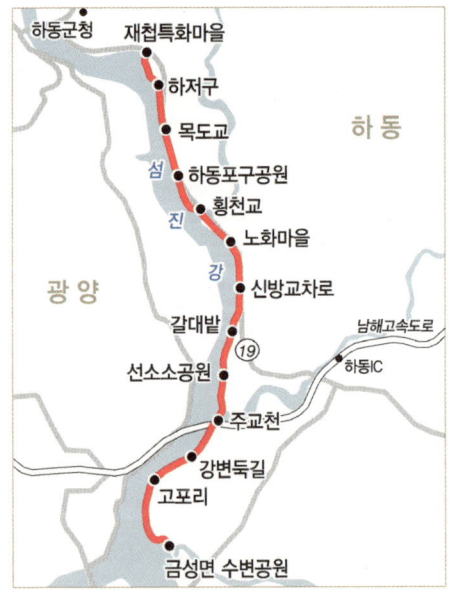

- **총 거리**   12.9km
- **소요시간**   3시간 40분
- **난이도**   ★★☆☆☆
- **코스**   하동읍 재첩특화마을~하저구~목도교~하동포구공원~횡천교~노화마을~신방교차로~
갈대밭~선소소공원~주교천~강변 둑길~고포리~금성면 수변공원

○ **코스 소개**   섬진강 하류는 재첩만이 주인공이 아니다. 바다와 강을 오르내리는 은어와 참게도 하동 재첩특화마을의 주연들이다. 수조에 담긴 은어와 참게를 구경하며 길을 시작한다. 커다란 재첩 조형물이 배웅한다. 재첩특화마을의 좁은 골목길로 내려서면 바다같은 강이 광활하게 펼쳐진다. 섬진강이다. 지금부터 '30리 하동포구길'은 단 한 번의 외도도 없이 섬진강과 어깨동무를 하고 걷는다. 고즈넉한 어촌 풍경과 수줍은 새색시처럼 얼굴을 붉히는 대봉감이 손에 닿을 듯 살랑거린다. 하동포구공원에는 예전 섬진강을 오르내렸을 황포돛배를 모형으로 만들어 전시해 놓았다. 길은 자전거길인데, 보행로로 바뀐 모양새다. 아무래도 섬진강 자전거길은 광양 쪽이 주 도로이니 하동 쪽은 왕래가 적다. 목재덱 주변에서 여름 내내 기세를 올린 풀이 길의 절반 이상을 점령했다. 늘 손을 잡고 걷던 닭살 커플도 이즈음 떨어져서 걸어야 한다. 횡천교를 지나면 길이 넓어져서 바짓단에 달라붙은 도깨비풀 씨앗도 떼낼 여유가 생긴다. 순천만 못지않은 갈대밭을 만나면 가슴이 툭 트인다. 선소소공원의 하동송림을 방불케 하는 아름드리 소나무와 곳곳의 긴 의자와 운동 시설은 쉬어가기 딱 좋다. 주교천을 지나면 강폭은 이제 눈으로 가늠하기 힘들 만큼 넓어지면서 멀리 광양이 바라보인다. 뻘밭에 오른 배들도 종종 보이는데 밀물과 썰물의 차가 큰 갯벌이 잘 발달한 때문이다. 금성면 수변공원은 고포공원으로도 불리는데 화장실과 정자 등 편의 시설이 잘 마련돼 있다. 이즈음 남쪽에서 불어오는 바람엔 소금내가 묻어난다.

○ **주변 볼거리**   하염없이 섬진강을 바라보면서 걷는 길이라서 특별히 주변 볼거리를 찾아다닐 여유가 없다. 유홍준 교수가 '세상에서 가장 아름다운 길'이라고 명명했을 정도니까. 동작이 재바른 사람이라면 주교천을 왕복하는 트레킹 코스(6.5km)도 좋다.

3부

● 경북 영덕 삼사리~해맞이공원

한 걸음에 대게, 두 걸음에 가자미…
눈과 입이 호사로세

제20차 S&T 국토대장정은 걷는 내내 바다에서 나온 다양한 해산물과 만날 수 있다.
영덕 오징어는 제 몸을 푸른 동해 바다와 해풍에 말려 깊고 그윽한 맛을 재워 넣고 있었다.

'내 밥상 위의 자산어보'를 쓴 소설가이자 낚시꾼인 한창훈은 잡은 물고기를 한참 동안 들여다보는 습관이 있다. 손안에서 파닥이는 물고기가 살아왔던 이력을 곰곰이 살펴본다는 것이다. 겨울의 초입, 한 해를 되새김질하는 시기. 또다시 길을 나섰다. 바다였다. 그것도 동해. S&T 국토대장정 20차 구간은 경북 영덕군 강구면 삼사리에서 시작하여 해맞이공원에서 끝을 맺었다. 바다가 있었고, 바다에서 살던 그것들이 있었고, 그리움이 있었다. 분주한 것들을 내려놓고 차분하게 걸었다.

경이적인 시청률

참 많이도 들었던 이름이 강구항이다. 대게 때문에도 그랬고, 거친 동해 바다를 껴안고 사는 어부들의 활기찬 삶의 표상이어서 그랬던 것도 같다. 이곳 강구항을 배경으로 촬영된 텔레비전 드라마 '그대 그리고 나'는 1997년 방영됐는데 최고 시청률이 무려 66.9%였다고 한다. 최진실, 박상원, 차인표, 최불암 등 당대 쟁쟁한 배우들의 연기도 한몫했겠지만, 영덕 사람들의 짭조름한 삶이 잘 표현돼 인기를 끌었던 것은 아닐까.

삼사해상공원 아래 해안누리를 지나자 멀리 영덕 오십천 건너편에 어촌이라고 하기엔 거대한 건물들이 많은 강구항이 한눈에 들어온다. 강변에 구름다리를 만들어 길손들이 항구를 잘 볼 수 있도록 해 놓았다. 자세히 보니 큰 건물의 벽면에 붉은 조형물이 군데군데 보였다. '스파이더맨'처럼 건물을 기어오르는 듯한 조형물은 다름 아닌 대게였다.

강구대교를 들어서자 다리 한가운데서 큰 집게발을 들고 반기는 것도 대게였다.

대열 맨 뒤에 처진 아줌마들이 소녀처럼 재잘거린다. "어? 힘들어할 줄 알았더니만 잘 걷네." 한 아주머니가 친구에게 농담을 던지니 "야, 여긴 평지잖아. 내가 평지는 좀 강하거든" 하고 맞받아친다. 국토대장정 20회가 돼서야 처음 참여하는 새내기 참가자이다.

경남 양산에서 엄마와 함께 온 신병철(9) 군은 강구대교를 건너자마자 보이는 '아이언맨' 모형 앞에서 기념사진을 찍는다. 아빠와 삼촌에게 자랑할 거란다. 삼촌이 S&T모

강구대교의 거대한 영덕대게 모형.

경매가 한창인 강구항의 공판장.

티브에 근무하는 가족 참가자이다.

　참 다양하고, 많은 이가 참가했다. 무려 400명이나 긴 대열을 이뤄 걷는다. 이 또한 경이적이다.

여긴 게들의 고장

강구항의 식당 곳곳에는 거대한 몸피를 자랑하는 게들이 수조에서 집게발을 들어 반긴다. 입맛만 쩍쩍 다시며 자세히 쳐다보니 몇몇 게들은 팔찌를 차고 있다. 목욕탕 열쇠고리 같은 빨간 고리를 집게발에 떡하니 차고 있는 것이다.

　긴 대열을 바라보며 호객도 못 하고 입을 닫고 서 있는 떠꺼머리총각에게 물었다.
"저게 뭡니까?"

　수줍어 말도 못하는 줄 알았는데 청년의 입에서는 술술 이야기가 쏟아진다. "영덕 명품 박달게라는 표지입니다. 박달게는 게 중에서 으뜸이죠. 속이 90% 이상 찬 살찐 게를 박달게로 상표화해서 저렇게 맛과 품질을 보장하는 것입니다. 90% 이상이라고 했지만 100% 속이 찼다고 보면 됩니다."

　청년의 자랑에 입에 침이 고였다. 한눈파느라 대열이 저만큼 앞서 가 버려 걸음을 재촉했다. 이번에는 활어를 파는 좌판이 나타났다. 그리고 대게 경매가 한창인 공판장을 지난다. 걸음이 자꾸 더뎌졌다.

　어수선하고, 들뜬 마음은 강구항을 지나서야 겨우 진정되었다. 그런데 이내 나타난 것은 가지런히 정렬된 가자미 군단. 잘 훈련된 병사들이 열병받는 것처럼 건조대에 누워 머리를 하늘로 향해 있다.

　"가자미들을 바다에 살짝 띄워 주면 바로 헤엄치며 달려갈 것 같더라고요." 해안누리길에서는 누구나 시인이 되지만 그 누구보다 감수성이 풍부한 S&T그룹 최평규 회장이 가자미를 보고 시 한 편을 썼다.

　해안누리의 산비탈엔 노란 들국화가 피었고, 갈매기들은 환호하듯 바다 위를 날았다. 참 그윽하고 포근한 길이 이어진다.

먹어 봐야 맛을 알지

하저해변 인근에서 짧은 휴식을 했다. '참 맑다 하저해수욕장'이란 간판이 화장실에 걸려 있었다. '대통령이 다녀갈 집.' '사랑방 손님과 대게.' 기발한 간판들을 오징어 뒷다리 씹듯 곱씹으며 걷는다.

창포리는 막 인기를 끌기 시작한 청어 과메기의 본고장을 자처하듯이 곳곳에 청어 과메기가 널려 있었다. 애초 과메기는 청어로 만들었으나 어획량이 적어 꽁치로 했다가 최근 청어가 늘자 다시 청어로 만든다고 했다.

가자미, 오징어, 꽁치, 청어는 제 몸의 수분을 조금씩 말려 깊은 맛을 몸에 쌓고 있었다. 세월과 바람, 햇볕이 주는 영양분이다.

갑자기 환호가 터졌다. 두 번째 휴식 자리에서 '오늘은 특별히 20회라 영덕게 한 마리씩을 식사에 내놓겠다'고 공식 발표한 것. 눈팅만 하던 수많은 게들. 드디어 밥상에 영덕게 한 마리를 받고 보니 감개무량했다.

모두 말이 줄었다. 영덕게는 밥 도둑이자 '말 도둑'이었다. 최평규 회장은 게 껍데기에 밥 한 그릇을 후딱 비웠다. 맛난 음식을 두고는 다른 말이 필요 없었다.

'소설'이란 절기가 무색하게 따뜻했다. 술을 못 마시는 한 임원은 한 잔 술에 살짝 졸기도 했다.

막걸리가 몇 순배 돌면서 한 임원이 건배 제의를 했다. 그런데 애초 약속했던 선창을 다르게 하여 뒷구호가 일사불란하지 못하고 어수선하게 돼 버렸다. 잔을 비우지도 마시지도 못하는 어색한 상황. 최 회장이 "설령 앞구호가 틀렸을지라도 뒷구호는 정확하게 해 줘야 합니다. 그게 우리가 추구해야 할 바입니다"라고 깔끔하게 정리했다.

400마리가 넘는 영덕게는 골고루 참가자들에게 나누어졌다. 한 식당에서 이 물량을 도저히 감당하기 어려워 강구어촌계원들이 힘을 합해 겨우 조달했다고 했다.

해맞이공원 입구에는 강구면 상인회에서 'S&T 국토대장정을 응원합니다'란 플래카드가 걸렸다. 주민과 국토대장정 참가자들은 그렇게 해안누리에서 만났다. 기업과 주민들이 서로 도와주고 손잡아 주고. 이것이 상생이다.

가자미가 가지런히 널린 해안누리길.

허풍에 마르면서 맛이 진해지는 청어 과메기.

course
: 경북 영덕 삼사리~해맞이공원 :

동해 바다 친구 삼아 3시간 20분…
갈매기 비상하는 강구항 진면목 만끽

- **총 거리**   12.22km
- **소요시간** 3시간 20분
- **난이도**   ★★☆☆☆
- **코스**   경북 영덕군 삼사리~삼사해상공원~오십천 하구~강구대교~강구항~금진리~
대구대연수원~하저해변~영덕대게로~대부리~창포리~영덕해맞이공원

○ **코스 소개**　　영덕 하면 대게, 대게 하면 강구항이다. 온전하게 강구항의 진면목을 만끽하면서 걸을 수 있는 해안누리길이다. 삼사해상공원은 넓은 광장과 바다 조망이 좋아 일출 전망이 일품인 곳. 대형 주차 시설이 잘 마련돼 관광버스도 꼭 들렀다 가는 곳이다. 국토대장정 해안누리길은 삼사해상공원엔 올라가지 않고, 아래쪽 바다 옆으로 난 길로 걷는다. 영덕 오십천 하구에 도착하면 텔레비전드라마 '그대 그리고 나'와 영화 '식객'의 촬영지로 유명한 강구항을 온전하게 눈에 담을 수 있다. 강구항의 대게 식당에서 만들어 건물에 걸어 놓은 거대한 대게 조형물은 색다른 예술촌을 보는 듯하다. 강구항은 이제 막 들어온 대게잡이 배에서 내린 대게가 즉석 경매를 통해 팔려 나가는 곳. 국토대장정 종주를 한 지난 토요일은 오전 9시에도 생생한 경매 현장을 구경할 수 있었다. 어촌이라도 다들 특색이 있다. 마을마다 주력 업종이 달라 금진리에서는 물가자미가 지천이더니 점점 더 북상을 하자, 대부리에서는 오징어와 과메기, 창포리에서는 청어 과메기를 말리고 있다. 이번 코스는 대부분 해안도로여서 걷기에 불편함이 없고, 최근 고속화도로가 생겨 교통량 또한 많지 않았다. 누리꾼들이 원한다면 언제든지 바닷가로 내려갈 수 있도록 해안 곳곳에 계단을 설치해 놓았다. 바다와 가까우니 내내 휴식을 취하던 갈매기들이 멋진 비상을 하며 물고기를 낚아채는 장면도 본다. 한 편의 자연다큐멘터리를 보는 듯하다. 이번 코스는 동해안 해파랑길 자전거도로와도 대부분 일치하고 있어 마음 바쁜 이들을 위한 선택지가 다양한 편이라서 좋다.

○ **주변 볼거리**　　이번 구간은 먹을거리 볼거리가 지천이다. 코스를 시작하는 삼사해상공원에 있는 영덕민속어촌전시관은 어촌 지역의 전통문화와 민속을 주제로 조성한 전시관이다. 이곳 어민들의 삶과 의식주·놀이 및 문화에 관한 다양한 전시물이 있다. 영덕해맞이공원에서 내륙 쪽으로 조금 이동하면 영덕신재생에너지전시관이 있다. 풍력 발전과 신재생 에너지에 대한 다양한 자료를 구경할 수 있다. 해맞이공원 인근에 있는 영덕해양체험관과 청소년환경체험센터의 하늘정원과 바다전망대도 둘러볼 만하다.

● 사천시 모충공원~남해군 단항회센터

해안길로… 다리 위로…
바닷바람 속 마음은 벌써 봄

2015년 첫 S&T 국토대장정에 나선 참가자들이 창선·삼천포대교가 보이는 실안 노을길을 걷고 있다.
노을길은 낙조가 유명하지만, 아침 햇살을 받아 빛나는 바다의 윤슬도 황홀했다.

'실안 노을길' 벚나무 꽃눈은 최근 내린 비로 한껏 부풀었다. 비록 찬 바람이 쌩쌩 몰아치지만, 봄이 임박했음을 본능적으로 알고 있는 것이다. '사천 8경'의 제1경, 한국의 아름다운 길(2006년 건교부 선정) '대상'을 받은 창선·삼천포대교를 걸어서 건넌다. 역시 바다 위에서 맞는 바람은 더 차다. 무심코 다리 난간을 바라본다. 촘촘히 아래에서 위까지 빼곡하게 박혀 묵묵한 볼트와 너트. 이 추위에도 흐트러짐 없이 제자리를 지키고 섰다. 종주단과 사원, 가족·시민 등 350명이 참가한 제21차 S&T 국토대장정. 저마다 긴 겨울을 이겨 낸 참가자들. 이깟 추위에는 결코 굴하지 않는 350개 꽃눈이다.

모충공원을 지나며

임진왜란 때 이순신 장군은 사천 선창에서 왜선 13척을 격파했다. 작은 승리였지만 매우 값진 전투였다. 왜적은 이 전투에서 패하자 서쪽 진출을 포기하고 거제와 부산으로 도망가 두문불출했다고 한다. 역사는 사천해전이라고 부른다. 후세는 이 역사적인 장소에 공원을 만들었다. 2015년 새해 첫 S&T 국토대장정의 첫발을 내딛는 장소가 모충공원이어서 더욱 좋았다. 그런데 훈훈한 역사적 감동은 잠시 접어 두어야 했다. 날씨가 갑자기 추워져 목덜미와 손등을 할퀴고 지나가는 찬 바람이 예사롭지 않았다.

지원단이 따뜻한 어묵 국물과 커피를 나눠 주었다. 뜨거운 정을 한 잔 마시고 해안누리를 걷기 시작했다.

모충공원을 지나자마자 눈앞에 바다가 펼쳐졌다. 바다 건너에는 비토섬이 있다. 별주부전의 배경이 되었다고 알려진 곳이다. 이곳 바다는 남해섬이 자연 방파제 역할을 해 주어서 그런지 호수처럼 잔잔했다. 이 바다에 노을이 지면 그 풍경을 보려고 또 그렇게 연인이 많이 찾아온단다. 노을과 연인의 상관성에 대해 갸웃 의심이 들었지만, 지독한 사랑은 하루의 온전한 마감이 되는 붉은 노을처럼 진하디진하여 아름다운 것이 아닐까.

국토대장정 깃발을 앞세운 긴 대열은 굽이굽이 잘도 걸어간다.

차량 통행이 뜸한 데다 인도가 넓은 구간이 많아 교통안전을 책임지는 지원팀원들

내내 바다를 만나는 실안 노을길 해안누리.

멸치를 잡기 위해 설치한 죽방렴.

이 좀 느긋해졌다. 이때다 싶었는지 박찬진(양산 영천초등 4학년) 군은 지원팀인 아빠의 손에서 경광봉을 뺏어 들었다. 아빠를 도와주려는 것일까. 한 손엔 아빠 손을 잡고, 한 손엔 경광봉을 잡고 걷는 찬진이의 걸음이 씩씩하다.

저 바다 어딘가에는

요트와 보트 등 각종 해양 레저 기구가 봄날을 기다리고 있는 삼천포 마리나 앞을 지난다. 바다가 잔잔하니 해양 레저를 즐기기에 딱 맞겠다. 바다에 바싹 다가앉은 실안 영복마을과 산분령마을을 지난다. 이곳 바다에는 전국 최고의 맛을 자랑하는 개불이 생산된다. 거대한 갯지렁이를 연상케 하는 개불은 갯벌이 잘 발달한 바다에서만 생산되는데, 이곳이 바로 그곳이다. 어디선가 상큼한 개불들이 어슬렁거리고 있을 것 같아 맑은 바닷속을 한참 살펴보기도 했다.

그래도 조류가 센지 죽방렴이 여러 군데 설치돼 있다. 온전히 조류의 방향을 이용해 물고기를 잡는 죽방렴은 특히 멸치가 유명하다. 언젠가 백화점에서 명절 선물로 죽방렴 멸치 세트가 거액에 판매되는 것을 보고 깜짝 놀란 적이 있다. 죽방렴 멸치는 그물에 시달리지 않아 신선도가 뛰어나고 비늘이 살아 있어 제값을 받는다고 했다.

이번 국토대장정 행사에는 특별하게 노동조합 대표자들이 참석했다고 한다. '새는 좌우의 날개로 난다'는 책을 쓴 언론인 이영희 선생이 떠올랐다. 조화와 평화, 공생의 가치는 새의 비상처럼 힘찰 것이다.

실안회타운을 지나 삼천포대교 공원에 다다르자 힘차게 비상하는 겨울새들의 무리를 볼 수 있었다.

주로 차량 지원을 하던 이덕희 차장은 이번엔 딸과 함께 전 코스를 걸었다. 이 차장의 딸도 아빠가 운전하는 차 안에서 응원하며 국토대장정에 동참했는데 올해엔 한 살 더 먹어 의젓해졌는지 꿋꿋하게 완주했다. 이 큰 대열이 무탈할 수 있는 것은 고사리손이라도 힘을 보태는 가족들 덕분일 것이다.

창선대교를 걷고 있는 참가자들.

죽방렴 멸치와 해후

삼천포대교 공원에서 휴식한 뒤 S&T모티브 홍성진 부장의 선창으로 힘차게 '국 · 토 · 대 · 장 · 정' 구호를 외친 종주단이 삼천포대교에 올라섰다.

 대열 후미의 선두를 책임지는 종주단 김수형 · 조현진 씨가 번갈아 깃발을 나눠 든다. 간간이 현진 씨의 여자친구도 깃발을 들어 준다. 때론 대여섯 시간의 긴 여행이 이어지지만 단 한 번도 깃발이 땅에 떨어지는 것을 본 적이 없다.

 창선 · 삼천포대교는 사천시와 남해군을 잇는데 총연장 3.4km다. 사천시~모개도~초양도~늑도~창선도 등 4개의 섬을 징검다리처럼 연결했다. 다리는 각각 다른 공법으로 만들어 교량 전시장을 방불케 한다. 섬은 4개이지만 다리는 5개다. 삼천포대교, 초양대교, 늑도대교, 창선대교, 단항교가 그것이다.

 4백 명에 가까운 인원이 모두 단항회센터 식당에 분산해 앉았다. 겨울이고, 또 새해 너무 작아 아늑한 느낌이 드는 늑도항.

첫 시작이라 지역 별미를 먹자는 임원진의 배려였다.

죽방멸치찌개가 보글보글 끓어오르고, 노사 대표가 마주 보고 앉아 건배한다. 덕담이 오가고 웃음소리가 커진다. 서너 시간 함께 같은 길을 걸어 땀을 흘린 후다. "회사와 지회를 위하여, 우리 모두를 위하여" 건배사는 이어졌다. 최평규 회장이 묵묵하게 국토대장정 행사를 준비하고 대열의 안전을 책임지는 국토종주단 대원들을 좌중에 소개하며 격려하였다. 멸치찌개는 간이 잘되어 짭조름했다. 밥 한 그릇이 후딱 사라졌다.

냄비 바닥을 박박 긁다가 불현듯 방금 지나온 거대한 대교를 형성한 철골, 제자리를 잘 잡고 있는 수천만 개의 볼트들이 떠올랐다. 거대한 다리를 유지하는 힘은 소통과 배려, 화합이었다. 2015년 국토대장정. 이제 또 큰 걸음을 내디뎠다.

course

: 사천시 모충공원~남해군 단항회센터 :

육지와 섬, 섬과 섬 잇는
창선·삼천포대교 주변 풍광 '환상적'

○ **총 거리**   10.25km
○ **소요시간** 2시간 50분
○ **난이도**   ★★☆☆☆
○ **코스**   경남 사천시 송포동 모충공원~삼천포 마리나~실안 영복마을~산분령마을~횟집 타운~
              삼천포대교 공원~삼천포대교~초양대교~늑도대교~창선대교~남해군 창선면 단항회센터

○ **코스 소개**　　사천시 송포동 모충공원에서 삼천포대교에 이르는 노을길은 우리나라에서 노을이 가장 아름다운 곳 중의 하나라고 알려졌다. 국토대장정 종주단은 오전에 길을 나섰지만, 남해 바다의 윤슬이 노을만큼 아름다웠다. 사천읍에서 옛 삼천포로 가는 직선도로가 있어 해안누리 노을길은 차량 통행이 적어 한적하다. 그래서 마음껏 바다를 보며 여유롭게 걸을 수 있다. 모충공원을 지나자마자 바다가 보이기 시작하여 걷는 내내 바다를 바라볼 수 있다. 겨울이라 더욱 물이 맑은 바다는 속살도 그대로 보여 준다. 조개껍데기와 조약돌, 모래, 불가사리와 해조류를 민낯 그대로 관찰할 수 있다. 실안 영복마을과 산분령마을을 지나는 길은 지대가 높아 바닷가 어촌 마을을 한눈에 담을 수 있다. 산분령마을을 지나면서 창선·삼천포대교는 점점 뚜렷하게 보인다. 육지와 섬, 섬과 섬을 잇는 연륙교와 연도교가 연이어 놓인 보기 드문 곳이다. 대교 위를 건널 때는 교행이 되지 않을 만큼 인도가 좁은 곳이 많다. 우측통행을 준수하면 마주 오는 사람과 불편하지 않게 다리를 건널 수 있다. 대교를 건널 때 바람은 매우 차다. 하지만 주변 바다 풍광이 아름다워 추위를 잊게 해 준다. 안전에 유의하며 대교를 다 건너면 어느덧 남해 창선도의 단항회센터에 도착한다.

○ **주변 볼거리**　　출발지에 있는 모충공원은 충무공 이순신 장군의 얼을 되새기는 공원이다. 넓은 소나무밭과 바다 전망도 좋아 가슴이 확 트인다. 모충공원은 지형이 거북이 등을 닮았다고 한다. 임진왜란 당시엔 수군 초소가 있었으며 사천해전이 벌어졌던 모자랑포가 한눈에 보이는 천혜의 요지이다. 삼천포대교 인근에 있는 대방군영은 고려 말 왜구를 막기 위해 설치됐다. 임진왜란 때는 대방진굴항의 수병을 조련하던 장소다. 대방진굴항은 조선 수군의 주력함인 판옥선이 정박하던 곳. 입구는 좁지만 안쪽은 넓은 호리병 모양이다. 삼천포대교는 야간에는 화려한 조명이 켜진다. 실안 해안누리에서 노을을 보고 삼천포대교 공원 광장에서 사랑하는 사람과 함께 매일 빛의 축제가 벌어지는 삼천포대교를 고즈넉이 바라볼 수 있다면 황홀할 것이다.

● 여수 웅천 친수공원~엑스포해양공원

굴곡진 현대사의 현장 지나
오동도서 오동동타령

S&T 국토대장정 종주단과 참가자들이 여수 돌산대교를 건너고 있다.
돌산도를 지나 거북선대교를 건너면 봄을 가장 먼저 알리는 오동도로 들어설 수 있다.

봄이 그리워 여수에 동백을 보러 갔더니 날씨가 매웠다. 산 넘고 물을 두 번이나 건너 오동도다. 동백은 여자, 여심화(女心花)라고 한다. 싱거운 사내들은 '여자님'들은 자기들과는 다른 종족이라고 종종 말한다. 이구동성으로 '신비로워 경외감이 든다'는 것이다. 물론 두려우니 신비로울 수도 있다. 저마다의 봄을 찾아 떠난 제22차 S&T 국토대장정. 맵찬 봄 시샘 바람 속에서도 동백은 활짝 피었다. 300여 종주단의 뺨에도 붉은 동백이 피어났다.

"체감 온도 영하 2도랍니다"

"여수 날씨는 흐리고 기온은 1~6도. 오후부터 비가 올 수 있으니 우산 가져오시기 바랍니다." 국토대장정 행사를 주관하는 S&T모티브 홍보팀 안승환 대리의 문자가 왔다. 아직 주위가 깜깜해 날씨의 정체를 다 알 수 없지만, 제법 차갑게 느껴지는 것은 분명했다. 준비물을 부산히 챙겨 여수로 향했다. 장갑을 두고 온 것이 걸렸다.

여수 웅천친수공원에 도착해 다시 일기 예보를 보니 영상 2도, 체감 온도 -2도라고 했다. 바람은 매섭게 옷깃을 파고들었다. 여수 아침 바다가 발아래서 찰랑거리고 있었다.

"춥습니다. 빨리 갑시다." 출발을 독려하던 S&T그룹 최평규 회장이 어느새 선두그룹의 종주단원 대열에 합류했다.

뒤쪽에서 기자와 나란히 걸음을 옮기던, 구매팀에 근무한다는 사원이 말했다. "지금 회장님 수행하는 분이 박명수 본부장이신데요. 요즘 따로 운동을 시작했답니다." 박 본부장은 최근 회장을 수행하는 일이 잦은데 도무지 체력이 달려 퇴근 후 별도로 운동을 한다는 것. 그랬는데도 최근 감기 몸살을 앓았다며 걱정했다.

총총걸음을 하는데 횡하니 지나가는 안내판 하나. '여수 14연대 주둔지'라는 입간판이다. 1948년 여·순사건의 주동자들이 14연대 군인들이고, 그 주둔지가 여기였던 모양이다. 당시 무고한 시민이 많이 희생을 당했는데, 최근 여수 시민 단체를 중심으로 역사적 재평가가 필요하다는 여론이 일고 있단다.

한국 현대사의 한 굴곡진 현장을 지나 국동항으로 간다. 여수의 항은 국동항을 중심으로 한 '구항'과 엑스포해양공원을 중심으로 한 '신항'으로 크게 구분된다. 오래된 조선소. 먼바다를 항해하다 쉬고 있는 원양 어선, 작은 어선이 빼곡한 항구 풍경은 이색적이고 아름답다.

커피와 어묵 국물 '불티'

길게 뻗은 국동항을 하염없이 걷는다. 국동항 해상공원엔 커다란 고래 조형물이 있다. 해상공원은 바다로 한껏 걸어나가 돌산도도 보고, 리조트가 있는 대경도도 조망할 수 있도록 만들어 놓았다.

첫 휴식이다. 삼삼오오 자리를 잡더니 준비해 온 음료와 간식을 먹는다. 철 따라 다양한 음료를 내놓는 지원조의 '보물차'에는 커피와 어묵 국물이 실린 보온통이 든든하다. 여름철 수박화채의 인기도 저 정도는 아니었는데 거의 모든 사람이 뜨거운 음료를 마시기 위해 줄을 섰다. 사람의 온기가 그리운 날이다. 홍보팀 안 대리가 아침 간식으로 먹으라며 건넨 '강남 붕어빵'이 아직 따뜻하다. 서울 강남의 미식가들만 먹는

국동항 해상공원에서 종주단과 참가자들이 한자리에 모였다.

돌산대교를 건너는 종주단. 멀리 거북선대교가 보인다.

다는 빵인데 부산에도 판매처가 생긴 모양이다.

국동항 해상공원의 조형탑 앞에서 모두 힘차게 중간 파이팅을 외친다. 누가 오늘 점심 메뉴를 살짝 알려 준다. 여수의 맛, 돌산 갓김치와 숯불 불고기, 봄나물 무침이 별식으로 준비돼 있다는 것. 여유를 부릴 이유가 없다. 바람이 세차 고난이 예상되는 돌산대교와 거북선대교를 힘차게 건널 것이다.

돌산대교 앞이다. 길이 450m인 돌산대교는 1984년 완공됐다. 이곳의 조류가 빠르고 대형 선박의 주요 항로이기 때문에 두 개의 강철교탑을 세우고 케이블로 다리를 지탱하는 사장교로 만들었단다. 수면 위 높이가 무려 20m다.

두 번째 강철교탑 꼭대기에는 거북이 두 마리가 나란히 손을 잡고 있다. 앞쪽의 돌산 공원에서 출발한 케이블카는 육지 쪽 자산공원으로 부지런히 오가고 있다. 내친김에 거북선대교도 건너 오동도 입구다.

안동역에서 오동동 타령

동백나무와 이순신 장군이 화살감으로 심었다는 해장죽, 난대성 나무인 후박나무와 팽나무, 쥐똥나무 등 200여 종의 군락을 이루고 있는 아름다운 섬. 특히 5천 그루의 동백나무가 피우는 꽃은 3월 하순에 절정을 이룬다고 한다. 오동도 동백꽃은 다른 곳보다 작고 촘촘하게 피는 것이 특색. 정조를 지키려 목숨을 끊은 여인의 한이 서려서일까.

768m의 긴 방파제를 길 삼아 오동도로 들어간다. 가요 '오동동 타령'을 누가 부르는 것 같아 자꾸 고개를 들어 주변을 둘러보았다.

"오동도는 거미줄 같이 길이 많아요. 내려갔다 올라오고 또 내려가고 해서 샅샅이 봐야 제대로 보는 게지." 여수와 해남 등 남도 여행 마니아인 최평규 회장이 산책로만 휙 돌아나온 기자에게 말했다. 그 유명하다는 용궁과 연결돼 있다는 용굴도 안 보고 왔으니 그럴밖에. 제대로 보려면 두 시간은 족히 걸린다고 한다. 동백이 질 즈음 다시 와 보고 싶다.

방파제를 되돌아 나오는데 비가 살짝 뿌렸다. 안내판도 꼼꼼히 읽고 하느라 어느새 꼴찌가 되었다. 성긴 눈발도 날렸다. 목적지인 엑스포해양공원에서 뜨거운 시락국이 뽀얀 김을 내며 끓고 있다. 최 회장이 재촉했다. "빨리 오세요. 비 오면 밥도 못 먹어요." 다행히 막걸리 두어 잔을 비울 때까지 비가 오지 않았다. 최 회장이 다시 제안했다. "비 올 때까지만 먹고 갑시다."

막걸리 잔이 비고 모두의 얼굴에 동백이 피고 지고, 또 피었다. 임원 한 명이 블루투스 스피커를 가지고 와서 가요 '안동역에서'를 틀었다. "첫눈 오면 만나자고 약속한 사람, 안 오는 건지 못 오는 건지, 기다리는 내 마음만 녹고 녹는다." 노래가 바다에 흘러 녹았다. "이참에 여수 밤바다도 보고 가자." 누군가 호기를 부렸다. 그러자 비가 내렸다. 여수의 봄이 저만치 와 있다.

오동도 동백꽃은 2월 말부터 피어 3월 하순에 절정을 이룬다.

course

: 여수 웅천 친수공원~엑스포해양공원 :

국동항 해상공원 걷다 보면
돌산도·대경도 손에 잡힐 듯

- **총 거리**   12.46km
- **소요시간** 3시간 32분
- **난이도**   ★★☆☆☆
- **코스**   전남 여수시 웅천 친수공원~히든베이호텔 입구~국동항~국동항 해상공원~돌산대교~
           돌산공원~거북선대교~오동항~오동도~엑스포해양공원

○ **코스 소개**　　웅천친수공원은 해안 매립지에 새로 생겼다. 여기서 여수 국동항으로 가는 해안도로가 잘 나 있다. 차도는 차량 통행이 다소 많지만, 인도와 차도가 잘 구분돼 안전하게 해안누리를 걸을 수 있다. 히든베이호텔이 바다에 우뚝 서 있는데 특이한 건물이라 자꾸 눈이 간다. 호텔 진입로 입구를 지나 시가지를 살짝 지나면 바로 해안으로 바싹 다가갈 수 있다. 크고 작은 조선소와 어항이 산재해 있는데 이곳이 통틀어 국동항이다. 여수의 옛 중심항이라고 할 수 있다. 한때 여수의 강아지들도 지폐를 물고 다녔다는 곳이 이곳인가 싶다. 남도 바다에서 나는 각종 해산물과 주변 곡창 지대의 물산이 모두 모이는 곳이다 보니 돈이 잘 돌았고, 그래서 부유했다는 표현일 것이다. '여수에서는 돈 자랑, 벌교에서는 주먹 자랑을 해서는 안 된다'는 말이 있다. 국동항 해상공원은 바다로 돌기가 튀어나온 모양이다. 돌산도와 대경도가 손에 잡힐 듯 가깝다. 각종 조형물과 넓은 광장이 있어 쉬어가기 좋으며 숭어 낚시꾼이 많다. 돌산대교를 지나면 돌산공원이 보인다. 장군도를 왼편으로 끼고 해안누리를 걷다 보면 이내 거북선대교다. 거북선대교를 건너 오동항 쪽으로 방향을 튼다. 오동도 입구에서는 보행이 힘든 관광객을 배려해 동백열차(성인 800원)를 운행 중이다. 오동도를 한 바퀴 휘돌아 나오면 엑스포 해양공원이다.

○ **주변 볼거리**　　돌산공원에서 자산공원까지 케이블카가 다닌다. 해상을 오가는 케이블카(성인 왕복 1만 3천 원)는 아시아에서도 보기 드문 시설이라고 한다. 홍콩, 싱가포르, 베트남에 이어 4번째. 일부 케이블카는 바닥이 투명한 크리스털 캐빈이어서 아찔한 풍광을 즐길 수 있다. 오동도는 육지와 방파제로 연결돼 있다. 오동도에는 오동나무가 많았는데, 봉황이 이 나무의 열매를 따 먹으러 자주 찾아오자 신돈이 이를 모두 베게 했다는 데서 이름이 붙었단다. 지금은 동백꽃이 빼곡하다. 도적에 쫓긴 여인이 자진해 그 남편이 무덤을 지었는데, 그 곁에 동백이 저절로 났다는 전설이 있다. 여수는 2012년 세계박람회가 개최돼 대형 아쿠아리움을 비롯해 볼거리와 즐길 거리가 풍부하다.

● 광양 관동마을~돈탁마을

겨울 마침표 매화 향기 속 섬진강의 봄 만끽

긴 겨울을 이겨내고 봄을 맞아 꽃을 활짝 피운 매화는 경이롭기까지 하다.
매화가 만발한 섬진강 매화로를 따라 S&T 국토대장정 참가자들이 걷고 있다.

꽃이 참 예뻤다. 손이 투박한 할머니가 매화 분 여러 개를 팔러 나왔다. 물끄러미 쳐다보았다. "꽃이 눈길을 사로잡지요." "예 그렇습니다."

　남도에서 봄소식이 왔다. 광양 매화마을에 꽃이 피었다고 했다. 봄꽃 축제가 전국에서 가장 먼저 열리는 섬진강변 매화마을. 가슴 한쪽에서 짠한 그리움이 일었다. 전설에는 매화는 처녀의 환생. 그릇 빚는 처녀의 약혼자는 평생 매화 화분을 빚다가 죽어 휘파람새가 되었다고 한다. 봄이 와서 휘파람새처럼 몸이 달았다.

봄이 오니 좋구나

남해고속도로는 새벽 짙은 안개로 앞이 잘 보이지 않았다. 차들은 그래도 잘들 다녔다. 문산휴게소에 들러 잠시 쉬는데 바닥이 비 온 것 같이 젖어 있다. 안개가 끼면 포근한데도 날씨는 제법 추웠다. 꽃이 피었으려나……. 어느 해 봄. 매화축제를 예정해 놓은 매화마을에 비상이 걸렸다. 꽃샘추위가 몰아쳐 꽃이 피지 않은 것이다. 축제 관계자들은 나무에 비닐을 씌우는 등 묘안을 짜냈다. 사람의 마음이야 급하고 답답하지만, 그냥 두어도 봄은 오더라만.

　제23차 S&T 국토대장정은 오로지 '꽃 중의 꽃' 매화에게 의탁했다. 봄꽃을 만나려 날짜를 잡고, 장소를 잡았다. 잎보다 꽃이 먼저 피는 나무. 긴 겨울의 마침표가 매화다.

　봄꽃 나들이에는 종주단 등 470명의 참가자가 몰렸다. 겨우내 움츠렸던 활동의 기지개를 켜는 것일까. 모두의 얼굴에는 꽃 같은 미소가 번졌다.

　출발지인 관동마을 주차장에도 작은 장이 섰다. 시골 할머니가 매화 분재를 펴 놓았다. 두리번거리며 분재를 살피는데 S&T그룹 최평규 회장이 꽃에 홀린 기자를 깨웠다.

　해가 뜨자 안개도 기운을 잃었다. 음에서 양으로 기운이 바뀐 것이다. 매화는 그렇다면 봄의 전령사이자 밝은 기운의 전파자인가. 긴 대열이 움직이기 시작했다. '흠~' 심호흡을 한 번 하고 힘차게 발걸음을 내디뎠다. 가자! 봄 속으로.

　관동마을의 매화는 아직 피지 않았다. 섬진강 물줄기를 따라 매화마을에 들어섰다. 흥겨운 농악 소리가 들렸다. 9일간 열리는 매화축제의 시작일인 것이다. 커다란 민속

민속 장터에서 파는 벚굴. 　　　　　　매화마을에서 매화 분을 팔고 있는 소년.

장터도 마련돼 팔도에서 온 손님들을 기다리고 있었다. 어른 주먹만 한 벚굴은 침만 삼키고 말았다. 여기서도 작은 홍매를 닮은 소년이 매화 분을 팔고 있었다. 아버지를 도와주러 나온 눈치였다. 사진을 찍어도 되느냐고 물었더니 고개를 까닥하며 수줍어했다.

두껍아두껍아

애당초 청매실농원의 매실 장아찌 장독대도 구경하고 내려올 생각이었으나 이른 아침인데도 몰려드는 차량 때문에 너무 지체될 것 같아 생략했다.

　　조금 남쪽으로 내려왔을 뿐인데 수월정의 매화는 벙싯벙싯 꽃봉오리가 벌어졌다. 나주 목사를 지낸 정설이 지었다는 이 정자는 섬진강과 매화마을이 한눈에 들어와 꽃이 만개하면 무릉도원에 앉은 듯하다고 한다.

　　왜구를 물리친 경보기 역할을 한 두꺼비들은 지금은 돌 형상으로 늠름하게 섬진강을 지키고 있다.

　　섬진강을 냉큼 건너오다 경보기에 걸린 또 한 사람이 있다. S&T모티브 공장자동화팀의 여사원 서재경 씨. 3년 전 뒷바라지해 주던 어머니가 부산에서 고향인 이곳 광양

하동과 광양을 잇는 경전선 섬진철교.   두꺼비를 조각한 광양 다압 섬진진터 석비 좌대.

으로 이사를 오면서 얼떨결에 독립을 하고 말았다. 국토대장정에 참가하러 강을 건너왔더니 즉각 어머니의 레이더에 걸려 모녀 상봉을 하고 말았다.

전설이 될 뻔한 사연의 실상은 이렇다. 어머니 박혜숙 씨는 지난 오동도 해안누리에도 참가했던 열성 참가자. 모녀는 이 좋은 꽃구경을 놓칠 수 있느냐며 의기투합해 미리 레이더를 돌린 뒤 내내 함께 걸었다.

섬진교 아래를 지난다. 보너스 구간이 끝났다. 정식 국토대장정 코스에 들어선 것이다. 휴식 시간을 가졌다. 쑥을 캐는 참가자도 있다. 햇볕은 따스해졌고, 덩달아 매화도 활짝 피었다. 평화로운 봄날이다. 강폭이 한껏 넓어졌다.

긴 대열을 앞서거니 뒤서거니 한다. 노란 단체옷을 맞춰 입은 '병아리'들이 뽕뽕뽕 걷는다. 갓 입사한 모티브 인턴사원들이다. 화장실에 다녀오느라 대열을 놓쳤다며 뛰어서 앞으로 간다. 서두르지 않는 사람도 있다. 맨 앞서 걷다가 담배 한 대 피우며 쉬면 꼴찌. 또 쉼 없이 걸어서 선두. 최평규 회장은 걷는 내내 앞과 뒤를 반복했다.

물은 흘러서 강

강 건너 송림이 보인다. 걸었던 길이 저 너머에 있다. 반가움에 손이라도 내밀고 싶다.

자전거가 지나간다. 사람이 많아서 다소 불편할 텐데 밝게 손을 흔들어 준다. '즐겁게 여행하시라' 인사를 건넸다.

긴 둑길이 이어진다. 왜 이렇게 참가자가 많나 했더니 유독 가족 단위가 많았다. 모티브 사원 명관범 씨는 최근 너무 바빠 휴일에도 아이들과 같이 놀아 줄 시간이 없었단다. 아내 박수미 씨와 특별히 시간을 내 가원(10) 가인(4) 자매와 함께 가족 봄나들이를 왔다. 수미 씨는 "오랜만에 나오니 참 좋네요"라고 말한다. 아버지가 대열을 보호하는 지원팀인 고태훈 씨의 아들 준혁(16) 군과 동생 민주(14)도 엄마와 함께 부지런히 걷는다. "운동도 되고 재미있어 매번 와요." 아빠와 나란히 걷지는 못해도 아이들은 신났다.

작은 구릉이 보이더니 돈탁마을이다. 지명 유래가 거북의 등껍질 같다고 해서 '돔테기'라 불리다가 돈탁이 되었단다. 신석기 유적이 있는 오래된 마을이다. 마을을 보호하는 250년 된 소나무 100그루가 일품이다. 솟대와 장승도 풍경을 보탰다.

종주단원들이 손뼉을 치며 14km의 대장정을 걸은 참가자들을 격려해 주었다. 그들 자신도 피곤할 텐데 마치고 청소까지 도맡아 하는 이타심은 봄꽃처럼 아름답다. 넓은 공터에서 점심을 먹었다.

더러 참가 신청을 하고 오지 못하는 사람도 있지만, 아이들을 안고, 목말 태우고, 유모차를 끌며 완주하는 사람들이 더 많다. 때론 처지가 달라 갈등하는 회사와 노조도 국토대장정의 큰길 위에서는 하나였다.

최평규 회장과 나란히 앉은 노동조합 문철상 지회장도 막걸리 잔을 부딪치며 허심탄회하게 웃었다. 얼음장이 녹듯, 언 땅이 풀리듯 봄은 좋은 일이 많다.

"저기 저 강물은 장수 데미샘 한 방울에서 시작돼 600리를 흘러 이렇게 넓은 강이 되었네요." 최 회장이 선문을 하자 문 지회장은 "저희도 사랑하는 마음은 한마음입니다"고 선답을 했다.

유서 깊은 돈탁마을 입구에 세워놓은 솟대.

고요한 섬진강 건너에 송림이 보인다.

course

: 광양 관동마을~돈탁마을 :

차도로 단 한 번도 걷지 않고
오르내림 거의 없어

- **총 거리**   14km
- **소요시간** 3시간 25분
- **난이도**   ★★☆☆☆
- **코스**   전남 광양시 다압면 관동마을~다사마을~매화마을~섬진나루터~섬진교~섬진강 매화로~
          섬진강철교~중도마을 둑길~돈탁마을

○ **코스 소개**   이번 구간의 일부는 해안누리에서 살짝 벗어난 보너스 구간이다. '관동마을~섬진교' 구간은 오로지 매화를 보기 위한 것. 그렇기에 해안누리는 섬진교를 건너 하동으로 연결된다. 지난해 10월 다녀온 제19차 S&T 국토대장정의 하동재첩특화마을이 그곳이다. 빠트린 섬진교는 종주단이 잇기로 했다. 이번 코스는 시작부터 마칠 때까지 단 한 번도 차도로 걷지 않는다. 정확하게 섬진강 국토종주 자전거도로와 일치하기 때문이다. 관동마을에서 섬진강물이 흐르는 방향을 따라 아래로 걷는다. 매화가 한창인 지금은 아침부터 차량을 통제하고 있다. 축제 기간이어서 그렇긴 하지만, 평소에도 매화가 피는 철이면 교통 체증이 심한 구간이니 참작해야 한다. 관동마을에는 커다란 주차장이 있다. 길은 주로 섬진강둑을 활용해 만들었는데 둑길엔 매화와 각종 조경수들을 심어 놓았다. 하동읍내와 연결되는 섬진교까지 거침없이 갈 수 있고, 이후로도 큰 오르내림 없이 무난하게 완주를 할 수 있다. 다만, 자전거도로는 포장이 돼 있고, 오랜 시간 걷는 탓에 무릎이나 다리에 무리가 올 수 있으니 쉬엄쉬엄 걸어야 한다. 광양시는 섬진 강변에 송정공원, 갈대공원 등을 만들어 놓아 쉬어가기 좋게 해 놓았다. 자전거가 많이 다니기 때문에 교행할 때는 주의해야 한다.

○ **주변 볼거리**   광양매화문화축제가 매화마을을 중심으로 3월 중에 펼쳐진다. 매화마을 일대 광활한 농원의 모든 매화가 이때 만개한다. 꽃도 좋지만 전남의 진산 백운산 아래에 있는 금천계곡과 동곡계곡, 어치계곡은 수량이 풍부하고 계곡이 깊다. 봄이 오는 계곡의 아늑한 풍경도 좋다. 금천계곡은 국토대장정 코스에서 멀지 않다. 섬진교를 건너 하동 땅에는 화개장터가 있다. 4월이면 십리 벚꽃길에 꽃대궐이 차려진다. 악양면에 있는 드라마 '토지' 촬영지 최 참판댁도 꼭 들르는 곳이다.

● 포항 환호공원~칠포해수욕장

탁 트인 동해안
따스한 갯내음 맡으며 봄 소풍

제24차 S&T 국토대장정에 나선 참가자들이 경북 포항시 환호공원 해변 길을 걷고 있다. 이곳 영일만은 호미곶의 깊숙한 곳이어서 호수처럼 잔잔하다.

다시 동해다. 그리움이 깊어지면 바다로 갈까. 4월의 해안누리는 봄기운이 완연하다. 파도에 실려 오는 갯내음에도 따뜻함이 묻어 있다. 430여 명의 참가자와 함께 걸은 제24차 S&T 국토대장정. 경북 포항시 환호공원에서 칠포해수욕장까지다.

안녕 봄입니다

주중엔 연일 비가 질금거려서 스산하였다. 무성하던 벚꽃도 꽃잎을 흩날리며 '엔딩'을 예고했다. 포항 영일만의 속살 깊숙한 곳에서 시작하여, 바야흐로 파도가 힘찬 동해의 참모습을 보여 주는 칠포해수욕장에 도달했다. 때는 봄이었고, 벚꽃과 유채꽃, 바닥에 바짝 엎드려 무더기로 꽃을 피운 민들레는 모처럼 볕을 만나 즐거운 표정이었다.

이른 아침엔 그래도 쌀쌀하여 옷깃을 여몄는데, 해가 중천을 향해 달리자 겉옷을 벗고도 기분 좋게 걸을 수 있었다. 모두의 표정에도 반가움이 가득했다. 이제 더는 날씨에 연연하지 않고, 해안길을 걸을 수 있다는 안도감이었을까. 아이를 데리고 나온 아버지가 유독 많았다.

"원래 이번 코스는 포항이 아니라 진해가 될 뻔했습니다." S&T모티브 홍순인 차장이 장소 선정의 숨은 이야기를 들려주었다. 사원들에게 조금 더 좋은 풍경을 보여 주고 싶은 최평규 회장이 "벚꽃 피는 계절이니 진해로 가자"고 제안을 했다. 그런데 포항 북부의 해파랑길이 최종 낙점되었다.

추측해 보면, 벚꽃은 이미 지는 시기이고, 진해는 상춘객이 몰릴 것이며, 400명이 넘는 인원이 쉴 곳도 마땅찮았을 것으로 짐작되었다. 그런데 또 곰곰이 생각해 보면, 어디 감히 회장의 제안을 "아닙니다" 하고 문제를 제기하며 진해에서 포항으로 방향을 튼 '어떤 힘'에 대해 무척 궁금해지기도 했다.

그것은 아마 '합리'였을 것이고, 그 '타당성'을 너그럽게 받아들이는 기업 문화 덕분일 것이다. 최백호의 가요에도 나오는 영일만은 호수 같은 느낌이었다. 멀리 포스코 공장지대가 이색적인 지평선을 보여 주었다. 환호공원을 걷다가 느닷없이 해안누리를 버리고 야트막한 산길 고개를 넘었다. 온전하게 해안길이 이어져 있지 않은 것이다.

흥해읍 죽천리 모래밭에 쉬는 배.

긴 장대에 달린 낫으로 미역을 따는 주민.

바다의 나이테

덕분에 길은 단축되었지만, 찜찜한 기분도 들었다. 한참 개발이 진행되는 포항신도시 구간을 지난다. 뜻밖에 교통량은 많지 않아 황량한 대평원을 걷는 느낌이다. 바다가 그리워질 때쯤 흥해읍 죽천리로 접어들었다. 넓은 모래밭에는 항해를 멈춘 배가 올려져 있다. 육지에 가까운 일부에는 사람들이 텃밭을 일궈 놓았다. 더러 해안 절벽이 깎여 무너진 곳이 있었는데, 지층마다 조개껍데기가 빽빽하게 쌓여 있었다. 얼마나 많은 세월이 저 속에 담겨 있을까. 모래밭을 가만히 들여다보니 조가비며 조약돌이 섞여 있다. 바다에도 나이테가 있다.

봄 바다에 사내들이 미역을 따려고 성급하게 뛰어들었다. 긴 장대에 달린 낫으로 미역을 따고, 아낙들은 말린다. 어촌의 한가로운 풍경이다.

아이를 데리고 온 아빠들은 같이 걷다가 목말을 태웠다가, 손을 잡았다가 한다. 아이는 즐거워하고, 아비는 기꺼워한다. 도무지 힘들 수 없는 자발적 노동이다.

아이를 무려 넷이나 데리고 나온 아빠가 있다. S&T모티브 특수사업부의 황의철(52) 씨다. 대학생 나경(20), 고3인 혜령, 중2인 셋째딸 희경이와 막내 중1 호연이까지 온 가족이 총출동했다. 나경이는 어머니 안화연(50) 씨와 손을 잡고 자매처럼 걷고, 희경이는 걸으면서 인터뷰하는 아빠를 도왔다. "집사람과 몇 번 왔는데 날씨도 좋고 해서 이번엔 다 같이 왔어요." 황 씨 가족이 길을 걸어가는데 도로가 꽉 차 보였다.

멀리 목이 긴 기린 같은 크레인이 서 있다. 포항영일신항만이다. 지체하는 사이에 어느덧 꼴찌가 되었다. 수백 명 대열 중에 꼴찌는 또 어떤 사람들일까 궁금했다.

"창원서 왔나요. 부산서 왔나요?" 창원이면 S&T중공업이고, 부산이면 S&T모티브일

우목리길을 걷고 있는 국토대장정 참가자들.

것이라 물은 것이다. "저희는 S&TC 직원들입니다." 꼴찌인 걸 알고 있나 물었더니, "그 런가요? 그러네요" 하며 멋쩍어했다. 이들은 회사생활 이야기 친구 이야기 등을 하며 여유롭고 재미있게 걸었다. 자신들의 자리가 대열의 맨 뒤인 것이 뭔 대수냐는 표정이었다. 참 해안누리를 즐기는 사람들이다.

가슴 활짝 열다

포항영일신항만은 바다를 메워 만들었다. 바다였던 당시 해안 초소로 쓰였던 구조물이 바다 반대쪽 산 위에 있다. 건물이 독특한 경상북도 어업기술센터를 지나자 동해다운 거친 파도가 펼쳐진다. 서핑하는 사람도 몇몇 있다. 더러는 낚시도 하고, 따라 나온 아이는 모래성을 쌓는다.

　장쾌한 동해 바다에 가슴이 탁 트인다. 파도가 발밑까지 따라와 철썩이다 되돌아가는 넓은 공터에선 긴 휴식을 가졌다.

　공단 지대를 관통하는데 느낌이 좋았다. 온전하게 바다 일색의 길이 아니어서 더 좋았다. 공단 지대가 끝나고 방풍림을 가로질러 바다 쪽으로 성큼 들어섰다. 멋진 파도를 배경으로 사람들이 사진을 찍는다.

칠포해수욕장 방풍림에 있는 청보리밭

　해안 방풍림 한쪽의 보리밭은 녹색이 무성하다. 봄이 짙어가고 있다. 경상북도 교육수련원 앞마당을 지나 칠포해수욕장으로 향한다. 이날은 걷는 동안 늘 동분서주하며 격려하던 최평규 회장이 보이지 않아 의아해했다. 최 회장은 "오늘은 뒤쳐져 두 발로 걷다가, 막판에는 네 발로 왔다"고 나중에 말했다. 솔직함에는 하자가 없다. 부끄러운 것은 거짓말이다.

　점심 자리에 포항 명물 과메기가 나왔다. 데친 오징어도 있었다. 과메기가 인기여서 모두 더 달라고 해서 맛있게 잘 먹었다. 고장의 음식을 먹을 수 있다는 것은 행운이다. 준비하는 노고가 만만치 않겠지만, 그들의 정성으로 다들 행복해졌다.

　칠포는 조선 말 수군만호진에 7개의 포대가 있어 붙은 이름. 인근 절골에 옻나무가 많아서, 또는 해안의 바위와 바다색이 옻칠한 듯 검어 칠포라고도 한단다. 칠포 바닷가 왕모래밭에 막걸리 잔이 철철 넘쳐 났다. 준비해 온 막걸리가 결국 동났다. 남김없이 싹 비우고 집에 가자는 최평규 회장의 제안이었다. 손대지 않은 남은 음식은 따로 거두었다. 마침 국토대장정을 환영한 듯 하늘에서 내려온 패러글라이딩 동호 회원에게도 음식을 나눴다. 그렇게 다녀온 따스한 봄 소풍이 황홀하여 지금도 아련하다.

course
: 포항 환호공원~칠포해수욕장 :

바다 매립한
영일신항만의 광활한 풍경 '이국적'

- **총 거리**   12.96km
- **소요시간**   3시간 20분
- **난이도**   ★★☆☆☆
- **코스**   경북 포항시 환호공원~포항장애인종합복지관~죽천2리~우목리~포항영일신항만~
           포항영일만산업단지~대구교육해양수련원~칠포해수욕장

○ **코스 소개**   출발지인 포항시 환호공원은 흔히 해맞이공원으로도 불린다. 포항시립미술관도 여기 있다. 환호공원은 일출이 유명하며, 해가 지면 포스코 공장이 불야성을 이루는 야경 또한 운치가 빼어나 낮과 밤이 모두 아름다운 곳이다. 환호공원을 출발한 해파랑길은 이내 내륙으로 방향을 돌린다. 여남포에서 용덕갑까지는 해안길이 없기 때문이다. 포항해양과학고등학교 앞 작은 고개를 넘어 우회해야 한다. 우목리 바닷가에 바싹 붙어 난 길이 지나온 길의 아쉬움을 덜어준다. 포항영일신항만은 바다를 매립한 거대한 인공 시설물이다. 넓고 황량한 풍경은 생경하고 이국적이다. 포항영일신항만을 지나면 가슴이 탁 트이는 동해와 만난다. 영일만의 잔잔한 파도는 이제 끝이 나고, 진짜 동해 파도가 눈앞에 펼쳐진다. 넓은 도로와 거침없는 파도는 삶의 의미를 묻는다. 신항만산업단지를 관통하는 도로에는 사람의 왕래가 적다. 공장 지대를 나 홀로 걷는다면 가히 고독의 정수를 느낄 수 있을 것이다. 해병대 상륙훈련장이라는 이정표를 보고 칠포해수욕장이 가까워졌다는 것을 알 수 있다. 방풍림 솔숲 사이로 난 길을 따라 해안으로 다가가면 긴 모래밭이 끝없이 펼쳐진다. 대구교육해양수련원 앞마당을 관통하여 모래가 고운 칠포해수욕장에 다다른다.

○ **주변 볼거리**   포항 신항만에 있는 경상북도 어업기술센터는 바다로 힘차게 헤엄쳐 나가는 고래를 형상화한 건물이다. 건물의 외형이 독특하다. 포항 흥해읍 중성리에는 신라비가 있다. 신라비의 내용은 지방민이 재산과 관련하여 분쟁이 있었는데 지배층이 합동으로 판결을 내렸다는 것이다. 칠포리 곤륜산에는 오래된 암각화도 있다. 전체 형태는 가운데가 좁아지는 실패 모양으로 대전 괴전동에서 출토한 방패형 청동기와도 유사하다고 한다. 청동기 시대 것으로 추측한다. 포항 북송리 '북천수'는 조선 철종 때 흥해 군수 이득강이 읍성과 도음산의 맥을 보호하고 흥해의 수해 방지를 위해 군민을 동원하여 제방을 쌓고 조성한 숲인데 소나무가 좋다.

● 남해 동흥마을~하동 금남면사무소

아까시나무 꽃향기 실린
갯바람 타고 사뿐사뿐

제25차 S&T 국토대장정 참가자들이 남해 동흥마을~하동 금남면 구간 해안길을 걷고 있다. 남해 해안누리길 걷는 내내 바다를 볼 수 있어 좋다.

간밤엔 비가 내렸으니 오늘은 맑을 것이다. 잔뜩 흐렸던 새벽하늘을 볼 때는 걱정이 되었지만 남해가 가까워질수록 맑아지니 기분이 좋아졌다. 촉촉하게 젖은 아스팔트를 걷는 재미도 좋다. 빗물에 섞인 흙냄새며, 신록의 산야에서 빌려온 초록의 진한 향기도 코를 벌름거리게 했다. 아까시나무 꽃의 달콤함도 5월에 걷는 국토대장정의 재미를 더해 주었다. 남해대교 붉은 주탑이 노량의 바다를 떠받치고 있다. 이 바다를 지켜냈던 그때 그분들이 묻는다. 후대여, 당신에게 가족이란 무엇인가?

남해 아낙의 첫인상

막 400명이 넘는 긴 대열이 출발하던 찰나다. 듣도 보도 못한 낯선 이들이 한적한 어촌 마을에 새벽 댓바람부터 들이닥치자 동네 아주머니 한 분이 분위기를 보러 나왔다. 여차여차해서 제25차 S&T 국토대장정 참가자인 것을 알게 되었다. 이 아주머니 하는 말씀 "어서 오시다. 그래 화장실이나 잔뜩 채워 주고 가소." 깃발을 들고 나머지 사람들이 준비를 마치기를 기다리던 종주단 대원들이 박장대소를 했다.

개막이 체험장에 설치해 놓은 그물.

요즘에야 어디 푸세식 화장실이 있겠느냐마는 아주머니는 긍정의 마인드로 마을에 온 손님을 맞은 것이다.

아니나 다를까 동흥마을은 1944년 문의마을에서 분동을 했는데 예전에는 마을 뒤 국사봉에서 뻗어내린 지형이 말안장의 발과 같아서 '마판'이라고 불렀으며 젊은 사람이 많고, 마을 사람들은 착하고 부지런한 심성을 가졌다고 자랑을 했다.

동흥마을에서 출발한 대열이 고개를 살짝 넘어가니 난데없이 송아지들이 대열을 반긴다. 솜털이 보송보송한 송아지를 참 오랜만에 보니 어린 시절로 돌아간 양 즐겁다. 송아지는 낯선 사람들을 보더니 어미 품에 안겨 버린다.

촉촉하게 젖은 아스팔트 해안길을 따라 걷는다. 아이들도 신이 났다. 이곳은 한려해상국립공원이기도 하다. 이곳 바다에는 거머리말이 자라고 있다. 거머리말은 연안에서 유입되는 오염 물질을 정화해 주고 물고기의 산란장 역할도 한다. 이곳 바다를 상징하는 깃대종이다. 아침 안개가 서서히 걷힌 바다 건너에 하동의 진산 금오산이 우뚝 섰다.

가도가도 해안 길

먼바다에 조각배 한 척이 떠 있다. 너무 멀어 잘 알 수는 없지만 어부 혼자서 고기를 잡는 모양이다. 한적한 바다 풍경을 만나니 일상에 찌든 마음이 사르르 풀린다. 앞서 가는 남매가 뭐가 그리 좋은지 서로 장난을 하며 걷는다. 아이들은 "아직 힘들지 않다", "기운이 98% 정도 남아 있다"고 하더니 조금 걷다가 "방전 직전"이라고 엄살을 피운다. 아이들의 대화는 스마트폰이나 게임의 영향인지 수치로 표현되고 있었다. 일목요연해서 쉽게 이해할 수 있다. 때로는 복잡하고 성가신 숫자이지만, 삶을 적나라하게 표현하는 수단일 수도 있겠다.

늘 홀로 S&T 국토대장정에 참여하는 낯익은 얼굴이 있다. 연세는 지긋하신 것 같은데 혼자 오시니 궁금해서 여쭸다. 올해 일흔일곱의 노장이신 문영식 할아버지다. 사원아파트 관리실에 있는데 빠지지 않고 참석한다고 했다. 사내 산악회인 철마산악회 행사도 자주 간다며 노익장을 과시했다. "우리나라가 좁다고 해도 참 볼 게 많아요. 이렇게 좋은 곳이 있잖아요." 문 할아버지의 국토 예찬에 진심이 묻어났다.

새벽에 흐린 하늘을 보고 덜컥 겁이나 다소 두꺼운 옷을 입고 나섰는데 이마와 등에 땀이 흐르기 시작했다.

왕지마을은 하얀 등대가 있어 왕지 등대마을이란 예쁜 이름을 하나 더 지녔다. 마을 주민들이 종패를 뿌리고 시설을 만들어 갯벌 체험을 할 수 있도록 해 놓았다. 아이들과 함께 와서 느긋하게 체험도 하고 바다도 즐기면 좋겠다.

해안에 바싹 붙은 길을 따라 하염없이 걷는다. 왕지마을을 벗어나자 작은 오르막이 있다. 오르막에는 벚나무와 아까시나무가 터널을 이뤘다. 눈까지 다 시원해서 모자를

이팝나무 꽃이 흐드러지게 핀 해안길을 걷는 참가자들.

벗었다. 길가엔 이팝나무 꽃이 흐드러지게 피었다. 하얀 꽃이 많이 피면 풍년이 온단다.

수원늘에 도착하기 전에 '개막이 체험장'이 또 있다. 밀물과 썰물을 이용하여 그물을 치고 갇힌 고기를 잡는 전통 어로 방법이다. 따로 신청하면 체험을 할 수 있는 모양이다. 수원늘을 지나면 노량이다.

남해대교를 걸어서

노량은 듣기만 해도 가슴이 애틋해진다. 왜란의 종지부를 찍는 사실상 마지막 전투가 이곳서 벌어진 노량해전이 아니던가. 남해대교는 한눈에 담고 걷는다. 녹색 터널이 무척 마음에 든다.

남해 노량마을에 들어서니 거북선이 반긴다. 이곳에 있는 거북선은 1591년에 처음

거북선을 지키는 수문장.

만든 거북선을 고증해서 해군 공창에서 복원한 것이라고 한다. 전체 길이는 34.2m, 속도는 6노트(약 시속 12km) 정도였다고 한다. 앳된 얼굴의 수문장이 반긴다.

남해대교를 건너기 직전에 있는 넓은 광장에서 한참을 쉬었다. 다시 출발하기 직전 모두 한자리에 모여 단체 사진을 찍었다. 최평규 회장은 고사리손을 힘차게 쥐고 "국·토·대·장·정!"을 외친 어린이들에게 반해 용돈을 나눠 주느라 또 주머니를 털렸다.

남해대교를 지났다. 대교를 건너도 노량이다. 하동 금남면 구노량을 지나 노량항으로 간다. 하동 쪽에서 바라보는 남해대교도 아름답다. 노량항에서는 대도행 정기 여객선이 다닌다. 대도는 하동군의 유일한 유인도로 50여 가구가 사는 작은 섬인데 휴양 관광 단지로 조성해 놓았다. 금남면사무소 앞에 거나한 점심상이 펼쳐졌다. 특미 장어구이와 주꾸미 회무침이 단연 인기였다.

점심 자리를 마치자 종주단과 파트장으로 이루어진 지원팀이 주변 정리를 시작했다. 늘 30분 먼저 출발해 준비하고, 참가자들이 떠난 자리를 책임지는 국토대장정의 봉사자들이다. 거나했던 잔칫상을 언제 받았던가 하는 생각이 들 정도로 주변은 처음과 같이 말끔해졌다.

모두들 손에 롤케이크를 하나씩 들었다. 가정의 달을 맞아 S&T중공업에서 마련한 선물이었다. 신록처럼 파릇파릇 좋은 마음이 피어올랐다. 같은 길을 걷고 한솥밥을 먹으면 모두 가족이다. 가족은 아름다운 관계이다.

남해대교를 힘차게 건너고 있는 국토대장정 참가자들.

course

: 남해 동흥마을~하동 금남면사무소 :

오롯이 해변만 걷는
아름다운 길

- **총 거리**　　10.42km
- **소요시간**　　2시간 55분
- **난이도**　　★★☆☆☆
- **코스**　　경남 남해군 설천면 동흥마을~왕지~수원늘~남해 충렬사~남해대교~남해대교 삼거리~
신노량 교차로~하동군 금남면사무소

○ **코스 소개**   오롯이 남해 주변의 해안길만 이용하는 아름다운 코스다. 단조롭다 싶으면 벚나무 터널이 나타나 그늘을 만들어 준다. 남해의 한적한 어촌 동홍마을을 출발해 작은 고개를 넘자마자 호수처럼 잔잔한 바다가 펼쳐진다. 사천만이다. 멀리 하동의 진산 금오산이 남해대교를 건널 때까지 늠름하게 지키고 서 있다. 왕지마을에는 하얗고 작은 등대가 있다. 해안으로 이어지는 길은 아스팔트 포장이고 별도의 보도가 없는 곳도 있지만, 차량 통행이 거의 없어 안전하게 걸을 수 있다. 수원늘을 지나 남해 충렬사로 가는 길은 벚나무가 잘 자라 푸른 나무터널을 형성하고 있다. 벚꽃이 피었을 때는 '꽃 대궐'이었겠지만, 나뭇잎이 만들어 내는 녹색 터널 또한 시원하고 운치가 있다. 남해대교 아래 한려수도 유람선 선착장에서 남해대교로 올라서기 위해 오르막을 잠시 걸을 뿐 대부분의 길은 평탄하다. 남해대교 초입에는 넓은 광장이 있어 쉬어가기 좋다. 남해대교는 현수교라 중간쯤 건너면 출렁거리는 느낌을 몸으로 알 수 있어 색다른 재미가 있다. 하동의 노량항을 지나면 금남면사무소 앞에 주차장이 잘 마련돼 있고 화장실 등 편의 시설도 있다.

○ **주변 볼거리**   남해 충렬사 이순신 장군의 가분묘가 있다. 관음포에서 전사한 장군의 시신이 고향인 아산으로 옮겨지기 전에 잠시 모셨던 곳이다. 충렬사 앞바다에 정박한 거북선은 내부를 관람할 수 있도록 해 놓았는데(관람료 500원) 전쟁 당시 사용했던 신호연과 거북선 내부를 재현한 부엌과 무기 등을 볼 수 있다. 빨간색의 아름다운 다리인 남해대교는 한국 최초의 현수교다. 1973년 하동 금남면 노량과 남해 설천면 노량을 연결했다. 한때 주탑을 회색으로 칠했으나 지금은 준공 당시의 색깔인 빨간색으로 도색돼 있다. 마주 보고 있는 하동과 남해의 두 마을이 다 노량인데 하동 노량항은 인근 섬으로 다니는 정기 여객선이 드나든다. 매년 11월이면 지역 특산인 참숭어축제가 열리는 곳으로 유명하다.

● 울산 당월 삼거리~간절곶

'메르스'로 움츠렸던 발걸음, 초가을 수놓다

S&T 국토대장정 참가자들이 흐린 날씨 속에서도 가을 기운이 완연한 울산시 울주군 대바위공원 사이로 난 해안길을 걷고 있다.

발길에 촉촉하게 묻어나던 신록이 엊그제인데, 어느새 들판이 황금빛으로 바뀌었다. 걷기 좋은 계절. 2015년 9월 12일 토요일. 제26차 S&T 국토대장정은 2013년 3월 첫 발걸음을 디뎠던 간절곶을 다시 찾았다. 국토의 해안누리를 모두 답사하겠다는 초심이 떠올랐다. 이날 임직원 등 400여 명이 참여한 국토대장정 행사는 9월 13일로 창업 36년이 된 S&T그룹 창업 기념식도 겸해 경사가 겹쳤다. 메르스(중동 호흡기 증후군)로 행사가 몇 달 연기되었기에 국토대장정을 다시 시작하는 기쁨도 컸다.

뜨거웠던 지난여름

하늘은 잿빛이었다. 온 나라를 휩쓴 전염병으로 인해 많은 사람이 모인 자리에 가기가 두렵던 때가 있었다. 사망자가 속출하고, 옆에 사람이 잔기침만 해도 불편했다. 이런 상황에서 매번 수백 명이 모이는 행사를 진행하는 것은 무리. 아쉽지만 국토대장정 행사는 메르스가 완전하게 종식될 때까지 미룰 수밖에 없었다. 그렇게 뜨거운 여름이 오고 지나가더니 아침저녁으로 선선한 가을이 왔다.

너무 오래 쉬었다. 이제 들메끈을 조이고 다시 걸을 때가 온 것이다. 그래서 정해진 날짜는 하필이면 비가 예고되었다. 많은 인원이 비를 맞으며 걸어야 하는 불가피한 상황이 와서 혹여 행사가 연기될까 걱정이 되었지만 계획대로 진행하기로 했다. 다만 걷는 구간을 줄여 부담을 줄이기로 했다는 종주단의 설명이 있었다.

"국토대장정 오는 게 낙인데 너무 쉬었네요. 앞으로 한 달에 두어 번씩 합시다." 최평규 회장의 반가운 목소리였다. 길을 걸으며 얼굴을 익혔던 이들과 서로 인사를 나누며 형형색색의 깃발을 든 기수단을 따라 당월 삼거리에서 출발을 했다. 다행히 부산서 출발할 때 조금씩 흩뿌리던 비는 아직 오지 않았다. 오히려 새벽공기가 시원했고, 강한 햇살이 없어 기분 좋게 출발할 수 있었다.

출발지는 온산공단 지역으로 토요일에도 근로자들은 열심히 일하고 있었다. 주변이 정리되지 않은 채석장과 공사 트럭이 오가는 정돈되지 않은 비포장길이 끝나자마자 바다가 반겨 준다. 길섶의 억새는 막 피기 시작하여 미리 가을을 즐기고 있었다.

가을을 알리는 길섶의 억새.

S&T그룹 계열사의 깃발을 든 기수단은 가을 맞춤이라도 한 듯 무지개색 빛깔 고운 깃발을 들고 가을 속으로 성큼성큼 들어섰다.

바다가 보이는 길은 해송 터널이어서 청량감이 더했다. 명선교가 가까워져 오니 인가가 드문드문 나왔다. 길옆에 특이한 그물주머니가 있는데 폐그물을 활용한 재활용품 수집 주머니였다. 바닷가 마을다운 발상이었다.

덤으로 걸은 오리 길

회야강 하구를 건너는 멋진 구름다리인 명선교를 지나면 바로 진하해수욕장이다. 그런데 대열이 명선교를 건너지 않고 지나지 않고 강양마을로 곧장 가는 것이 아닌가. 주변 지리를 잘 아는 듯한 한 사람이 말했다.

강양마을 황금 들판을 걷고 있는 종주단.

"아니, 이 다리를 건너면 바로 간절곶인데 왜 돌아가지. 더 먼데 말이지." 채 한 시간도 걷지 않았지만, 괜히 먼길로 우회를 한다는 것이 불만이다. 이야기를 들어 보니 그 사람의 주장이 맞았다. 오늘은 행사도 있고 해서 걷는 시간을 줄였다고 했는데 굳이 2km 정도를 더 걸을 필요가 없었다. 하지만, 전체 대열에서 이탈할 수도 없는 노릇이다. 모두가 기수단이 이끄는 대로 강양마을로 접어들었다.

이 길은 회야강을 따라 울산 쪽으로 가는 길이다. 이른 아침부터 버스를 기다리던 할아버지가 "아침은 먹고 왔제?" 하며 국토대장정 종주단을 반긴다. 들일을 준비하던 할머니 한 분은 끝도 없이 긴 대열을 보더니 "평생 이 마을에 이렇게 많은 사람이 걸어온 적은 없다"며 즐거워한다. 길가 집에서 선잠을 깬 아이는 창문에 냉큼 올라서서 손그늘을 만들고 "우와~ 우와~" 하며 새로운 광경을 눈에 담는다.

도로만 깔끔하게 포장되었지 마을에는 고향 냄새가 물씬 났다. 할머니와 할아버지, 익어가는 벼들, 그리고 옹기종기 모인 낮고 그리운 집들. 강양마을은 그리운 것을 떠올리게 했다.

강양마을은 회야강 어귀에 볕이 잘 들어오는 마을이란 뜻이다. 들판도 꽤 넓고 바다까지 있으니 예부터 사람이 깃들어 살기에 좋은 고장이었던가 보다. 명선교로 곧장 건넜으면 못 만날 귀한 풍경이었다.

서생교를 건너 다시 하구 쪽으로 걷는다. 비를 기다리며 배추 모종을 심는 아낙들이 있다. 어느새 길벗이 생겼다. S&T모티브 금창렬 이사는 간절곶은 처음 차를 사서 부인과 드라이브를 온 곳이라며 추억에 잠겼다. 한적한 어촌이 전국적 명소가 되었고, 그 사이 대한민국도 살 만해졌다. 36년 전 그 세대들은 그렇게 열심히 살아왔다.

물이 새면 조여야지

명선교 아래 공원에서 한참을 쉬었다. 지원팀은 종주단에게 수박화채를 한 그릇씩 안겼다. 비 예보는 고맙게도 빗나가 간간이 햇볕이 나기도 했다. 휴식 시간이 길어 엘리베이터가 설치된 명선교에 올라가 주변 풍광을 하염없이 바라볼 수 있었다. 두 마리의 고니가 사랑을 속삭이는 듯한 주탑 장식 아래엔 어느새 연인들의 굳은 맹세가 낙서로 새겨지고 있었다.

한참을 쉰 대열은 거대한 용이 꿈틀거리듯 진하해수욕장의 솔숲 사이로 이동한다. 고운 모래밭을 하염없이 지난다. 파도가 제법 높은 바다에는 서퍼들이 있다.

야영장 입구의 음수대에는 수돗물이 졸졸 흐르는 꼭지가 하나 있다. 앞서 가던 사람이 잠그려다 지나가고 뒤따라가던 사람이 또 잠그려 한다. 꼭지가 겉돌아 고장 나서 잠기지 않는 수도꼭지였다. 사원들의 마음 씀씀이가 그랬다. 나중에 또 비슷한 얘길 들었다. 발전과 석유화학 플랜트 전문 회사인 S&TC의 변호사 출신 김도환 사장은 대바위 근처 양식장을 지나다가 배관에서 물이 떨어지는 것을 보고 "저거 조여 주고 가야 하는데……"라고 해서 주변 사람들이 "김 사장 엔지니어 다 됐다"며 한바탕 크게 웃었단다.

S&T그룹은 창업자가 36년을 운영하는 한국에선 드문 기업인데, 이유가 다 있었다.

동화 속의 집들처럼 꾸며진 간절곶 드라마하우스에 도착했다. 창업 36년 기념식을 맞아 모티브 권형순 상무, 중공업 이영길 상무, 홀딩스 정원휘 이사가 'S&T 대상'을 수상했다. 인사말을 마다하던 최평규 회장은 마이크를 잡고 "해안누리를 걸으며 한 임원에게 몇 년 근무했느냐고 물으니 7년 됐다고 합니다. 그래서 얘기했습니다. 나하고 7년이면 참 고생했습니다. 고맙습니다." 긴 호흡 경영의 짧은 격려사였다.

근사하게 차려진 회와 미역국을 먹는데 그제야 목마른 대지를 축일 비가 오기 시작했다.

course

: 울산 당월 삼거리~간절곶 :

강양마을의 회야강 하구 배 무르익는 들판 풍경 일품

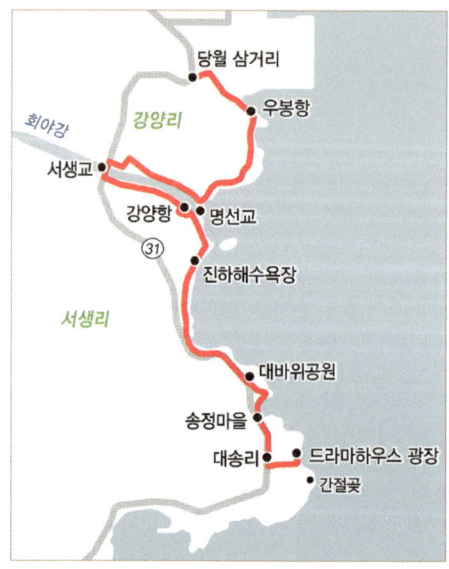

- ○ **총 거리**　　10.98km
- ○ **소요시간**　　2시간 49분
- ○ **난이도**　　★★☆☆☆
- ○ **코스**　　울산시 울주군 온산읍 당월 삼거리~우봉항~명선교~서생교~강양항~진하해수욕장~
대바위공원~송정마을~대송리~드라마하우스 광장

○ **코스 소개**   출발지인 당월 삼거리의 공사 현장만 지나면 한적하고 아름다운 동해안 해안누리를 맘껏 누릴 수 있다. 진하해수욕장을 제외하고 모든 길은 포장이 다 돼 있다. 우동항에서 명선교까지는 숲속 길이어서 햇볕이 따가운 가을날에 걸어도 아무런 문제가 없겠다. 오래전에 포장을 한 도로라서 그런지 움푹 팬 곳이 많다. 하지만 걷는 데는 큰 지장이 없다. 오히려 아스팔트가 팬 세월의 흔적을 볼 수 있다. 명선교를 건너 곧장 진하해수장으로 갈 수 있지만 추천하지 않는다. 강양마을을 제대로 봐야 이번 코스의 참모습을 만날 수 있다. 회야강에 정박한 배와, 황금색으로 무르익는 들판의 곡식은 나이가 든 분들에게는 추억, 젊은이에게는 접하지 못한 풍경이 될 것이다. 진하해수욕장은 솔개해수욕장까지 길게 이어진 고운 모래밭이다. 솔숲 사이로 덱이 깔렸고, 양식장이 있는 곳에는 멋진 출렁다리가 보인다. 대바위와 송정마을의 해안누리엔 모두 공원 시설을 만들어 놓아 긴 의자나 전망대에서 동해를 바라보는 재미가 좋다. 간절곶은 우리나라 육지에서 해가 가장 빨리 뜨는 곳. 드라마하우스의 그림 같은 집들은 이국적인 풍경을 연출한다.

○ **주변 볼거리**   코스에 포함되지 않은 명선교는 회야강을 가로지르는데 길이가 145m이며 높이가 17.5m다. 오직 사람만 다닐 수 있다. 다리 위에 오르면 사방이 툭 트여 주변 풍광이 한눈에 내려다보인다. 밤이면 수백 개의 조명이 불을 밝힌다. 양쪽의 엘리베이터로 노약자도 얼마든지 이용할 수 있다. 진하해수욕장 앞의 명선도는 해돋이 출사 명소로 전국에 이름이 알려졌다. 명선도 남단의 이덕도는 신라 마지막 임금인 경순왕이 죽어 용이 된 뒤 승천하면서 꼬리로 땅을 후려쳐 섬이 두 개로 가라앉았다는 수중 섬이다. 매년 10월이면 옹기축제가 열리는 인근 온양읍 외고산마을의 옹기는 도공이 직접 손으로 제작하여 가마로 굽기 때문에 그 우수성이 잘 알려졌다. 외고산 옹기박물관에도 다양한 옹기들이 전시돼, 우리 옹기의 우수성을 알리고 있다.

● 순천 장산마을~와온마을

울긋불긋 칠면초 절경 속
발걸음 가볍게

순천만생태공원 갯벌이 칠면초의 화려한 분홍빛으로 물들었다.
이 가을 속으로 S&T 국토대장정 참가자들이 걸어가고 있다.

S&T 국토대장정

하늘은 푸르렀다. 하늘은 높았다. 아침 이슬로 적당히 젖은 흙은 어머니 품속처럼 포근했다. 갈대는 아침 햇살을 만나 반딧불이처럼 반짝였다. 이렇게 맑은 날. 330여 명의 S&T 국토대장정 '도반'들이 갈대숲 사이로 뛰어들었다. 그곳은 자연의 바다였고, 생태의 원시 공간이었다. 늘 그림자처럼 따라다니던 구급차도 따라 들어올 수 없는 '비밀의 정원' 생태공원에서 참가자들은 자연과 하나가 되었다. 모두가 평등하게 걸었고, 그래서 걷는 일은 수평적 소통의 공간이었다.

짱뚱어는 실제로 뛴다

3일 연휴라 참가자가 다소 줄 것으로 지레짐작했지만 기우였다. 300명이 훌쩍 넘는 사람이 참석했다. 한글날 연휴 둘째 날인 2015년 10월 10일 토요일. 제27차 S&T 국토대장정 종주단과 참가자들은 람사르 습지이자 세계 5대 연안 습지, 국가지정 명승 41호 등 수식어가 화려한 순천만 해안누리를 걸었다. 이 길은 순천시가 정한 '남도삼백리길 1코스'이기도 했다.

 출발지인 장산마을에서 S&T그룹 최평규 회장은 아예 반소매 차림새. 주변 사람들은 모두 긴소매다. 이른 아침이라 제법 쌀쌀했는데 최 회장은 개의치 않고 성큼 큰 걸음을 내디뎠다. 30분도 채 걷지 않아 더워서 겉옷을 벗어야 하는 상황이 왔다. 최 회장의 선견지명이 부러웠다. 출발하기 전에 받은 S&T모티브 안승환 대리의 문자는 '일교차가 심하고 비가 올 수도 있다'는 것이었다.

 국토대장정 출석률이 매우 높은 S&T중공업 정석균 사장은 "비 예보를 들었지만 우의는 챙기지 않았다. 우리가 걸으면 비는 오지 않는다"는 자신감을 보였다. 지난번 행사에 비가 온다고 해서 만반의 준비를 해 왔다가 비가 제대로(?) 오지 않아 오히려 고생한 뒤에 이같이 결심했다는 후문이다. 하지만 실제로 해안누리를 하면 태풍도 비껴가고, 오던 비도 그치고, 바람도 잦아드는 행운은 계속되고 있다.

 장산마을은 원래 갯벌이었을 법하다. 짱뚱어 대나무낚시 체험장 등 갯벌 체험마을을 운영하고 있다. 갈대밭 속에서 사각거리는 소리가 들려 자세히 보니 손톱만 한 게들이 작은 굴에서 나왔다 숨었다 했다.

태양광 집열 시설을 갖춘 민간 발전소 '에너지 농장'은 이름을 참 잘 지었다. 양식장을 만드는지 개흙 운반 차량이 오가며 흘린 물로 길이 질척했다. 둑으로 올라서니 전망도 좋고 진흙도 피할 수 있었다.

갯벌에서 짱뚱어가 열심히 먹이활동을 하고 있다 이따금 벌떡벌떡 뛰었다. 자연은 살아 있다.

갈대숲의 바다에 빠지다

"이것은 벼고, 할아비는 예전에 낫이란 도구로 이걸 벴지. 그렇게 쌀이 되는 거야." 아들이 S&T중공업에 다니는 김서용(72) 할아버지는 손자 태규(창원 운남중 2학년)에게 열심히 설명했다. 부산 부산진구에서 온 주왕이(6)는 아빠 김상길 씨의 손을 잡았다 놓았다 하면서 빠른 걸음으로 걷는다. S&T모티브에 다니는 이모부 덕분에 벌써 세 번이나 국토대장정에 참가했단다. 힘들어 차를 탄 적도 있지만 오늘은 완주가 목표다. 멀

들판의 허수아비가 가을을 알리고 있다.

용산전망대에서 바라본 순천만.

리 갈대숲에서 일찌감치 겨울을 지내러 온 청둥오리 무리가 푸드덕하고 날아올랐다. 갓 떠오른 태양이 반짝 윙크했다.

창원에서 온 노성재(초등 2학년)·성민(초등 1학년) 형제는 "뛰지 말고 걷자. 오랫동안 가야 하니까"라고 당부한 아빠 말을 잘 따라주었다.

종달새처럼 '지지배배' 즐겁던 소녀 군단은 S&T모티브 강현순 사원의 친척이었다. 멀리 청주와 아산에서 온 전국구 참가자들. 온양여중 장원희(1학년) 학생이 동생들을 챙기며 부지런히 걸었다. 이 가족은 무려 13명이 참가했으며 소녀 군단은 완주한 뒤 "S&T 국·토·대·장·정! 파이팅!"을 외쳐 최평규 회장에게서 두둑한 용돈까지 챙겼다. 시월의 국토대장정은 유독 가족 참가자가 많아 따뜻했다.

순천만생태공원 입구에서 매표하는 동안 잠시 쉬었다. 지원팀이 나눠 준 수박화채가 아주 맛있어 두 그릇이나 먹었다.

생태공원에서 40분의 자유 시간이 주어졌다. 늘 종주단의 깃발을 보며 걷다가 혼자 움직이려니 어색했다. 대대마을 입구 메타세쿼이아 숲에서 사색에 빠졌다. 숲 너머 갈대밭에 막 밀물이 시작되었다. 진흙 굴에 엎드렸던 게들이 분화를 시작한 화산처럼 진흙을 내뿜으며 움직이기 시작했다. 짱뚱어 새끼도 가을을 만끽했다.

덱을 따라 용산전망대에 올랐다. 순천만이 한눈에 바라다보인다. 넓은 논에 색깔이 다른 벼를 이용해 '생명의 땅 순천만 / 친학의 도시 순천'이란 대형 문자를 새겨 놓았다.

느림보 우체통 흑두루미 '꾸루'와 빠른 우체통 흑두루미 '꾸미'

코스모스가 핀 해변길을 걷는 대원들

아름다운 홍색 칠면초

용산전망대엔 느림보 우체통 흑두루미 '꾸루'와 빠른 우체통 '꾸미'가 있다. 우편 번호 조정으로 엽서를 다시 만들어야 해 잠시 쉬고 있었다.

전망대에서 본 와온마을 쪽 순천만은 칠면초 천지였다. 대표적인 염생식물인 칠면초는 가까이서 보면 은은한 분홍색이었는데 멀리서 보면 짙은 붉은색이어서 주변과 뚜렷하게 구별되었다.

아무래도 혼자서는 제 색을 다 발하지 못했지만, 무리와 소통하고 협력하니 진한 '홍색'이 창조되었다. 알고 보니 순천만의 이 독특한 아름다움은 협심이 만든 고운 가치다.

화성에 온 듯한 착각을 하며 칠면초 군락을 지난다. 모두 자연이 주는 아름다움에 넋을 잃었다. 생태공원에서 쉬는 동안에도 쉼 없이 걸어 전체 대열보다 무려 30분 먼저 도착한 최 회장은 "갈대가 아름다웠고, 칠면초가 황홀했어요. 담배 한 대 피울 시간이 아까워 풍경 구경을 하며 계속 걸었던가 봅니다"라며 순천만의 진득한 '그림'을 예찬했다.

와온마을이 가까워지자 꼬막 작업장이 보였다. 나무로 만든 꼬막 갯베는 중력에 저항하는 것이어서 이색적이다.

코스모스가 하늘하늘 핀 마지막 구간을 지나니 종착지인 와온마을 해변 공원이다. 막걸리에 짱뚱어탕, 꼬막 무침을 먹으며 순천에 감사했다. 막걸리 잔이 몇 순배 돌았다. 마침 화장실에 다녀온 한 임원이 매우 지저분하더라는 말을 했다.

점심 자리를 마치며 최평규 회장이 "우리가 화장실 청소를 합시다. 중역이니까 사원의 마음을 일일이 헤아려야 하고, 또 모든 일에 솔선이어야 하지 않겠어요" 하고 제안했다.

임원이 맨손으로 청소한 와온 해변 공원 화장실은 거울처럼 깨끗해졌다.

돌아오는 길에 경남 창원에 있는 S&T중공업 앞에 잠시 정차를 했다. 건물 벽에 '생각 즉시 행동'이란 커다란 글귀가 있다. 옳은 일은 결코 미적거릴 수가 없다.

course

: 순천 장산마을~와온마을 :

갈대·갯벌·코스모스·황금 들판…
곳곳 가을 풍경 가득

- **총 거리**   12.04km
- **소요시간** 3시간 59분
- **난이도**   ★★★☆☆
- **코스**   전남 순천시 별량면 학산리 장산마을~에너지 농장~인안교~순천만탐조대~
  자전거 대여소~순천만생태공원 입구~대대마을~용산전망대~칠면초 군락지~
  순천시 해룡면 와온마을

○ **코스 소개**   갈대와 갯벌, 코스모스와 황금 들판을 맘껏 누릴 수 있다. 가을에 걷는 최적의 코스다. '짱뚱어마을'이란 애칭이 붙은 장산마을을 나서면 곧바로 갈대가 무성한 갯벌로 접어든다. 예전엔 다 갯벌과 갈대밭이었겠지만 지금은 간척해서 논을 만들어 놓았다. 갯벌과 논밭을 구분하는 긴 둑이 생태공원까지 이어진다. 그래서 이번 코스는 걷는 내내 단 한 번도 포장된 길을 걷지 않아도 된다. 포장되고 잘 다듬어진 길에 익숙한 길손들은 당황할 수도 있겠지만, 진흙탕이 심한 구간이 아니면 포장길보다 훨씬 걷기도 좋고 정겹다. 군데군데 코스모스가 피어 국토대장정 참가자를 반기고, 구절초와 갈대도 결실의 계절을 맞아 제 몸을 한껏 뽐낸다. 자전거 대여소에서 생태공원 내부가 훤히 들여다보이지만 정문 입구를 이용해야 한다. 순천만생태공원은 유료 시설이기 때문이다. 입장료가 만만찮지만, 들어가면 후회는 않는다. 갯벌 사이로 난 덱을 따라 대대마을을 지나 용산전망대로 오르면 순천만 전체가 한눈에 보인다. 와온마을 쪽의 칠면초 군락은 선경에 온 듯 장관이다. 용산 내리막길은 다소 가팔라 주의해야 한다. 나머지 구간은 평탄하다.

○ **주변 볼거리**   순천만자연생태공원과 함께 빼놓을 수 없는 볼거리는 순천만국가정원이다. 2013순천만국제정원박람회를 통해 조성된 정원을 새롭게 단장한 국가정원은 순천만과 동천~봉화산 둘레길로 이어져 도시 전체가 하나의 큰 정원이 되었다. 이 계절에 꼭 맞는 가을 숲길은 단풍나무와 함께 구절초가 흐드러지게 피어 있다. 식물도감에서나 볼 수 있는 200여 종의 나무와 식물을 한자리에 모아 놓은 나무도감원도 유익한 볼거리다. 스마트폰을 이용하여 QR코드를 찍으면 나무에 대한 설명을 볼 수 있다. 산꼭대기 탁 트인 곳에 자리 잡은 수목원 전망지에 서면 국가정원 전경과 동천, 순천시 일대가 한눈에 펼쳐진다. 순천만습지 입장료는 성인 8천 원이나 통합입장권(1만2천 원)을 사면 국가정원과 습지, 낙안읍성 등을 모두 관람할 수 있다. 해우소가 유명한 선암사도 이맘때 가면 고즈넉한 절집 풍경을 그대로 담아올 수 있다.

● 울진 후포항~구산해수욕장

길섶 야생화
상쾌한 해풍 물든 가을 한 아름

푸른 동해 바다가 시원하게 펼쳐진 경북 울진군 후포면 거일리 울진대게로
해안누리 길을 S&T 국토대장정 참가자들이 걸어가고 있다.

가을이 무르익었다. 일교차가 심해 쌀쌀하다. 단풍도 시련을 겪고 삶에 깊이가 생겼다. 더욱 붉고 노랗게 물든 것이다. 10월의 마지막 날, 떠나가는 가을이 아쉬워 또 길을 나섰다. 적당하게 잘 마른 공기는 상쾌했고, 해변을 넘나드는 해풍은 바다의 소식과 울진 금강소나무의 푸른 사연을 쉴 새 없이 실어날랐다. 길섶의 구절초와 해국은 일 년 중 가장 고운 자태를 뽐낸다. 420여 명의 S&T 국토대장정 참가자들이 또 오직 두 발로 걷는 '거룩한 길'을 걸었다.

처가 같은 후포리

"3주 만에 또 뵙습니다." 모두 반가운 얼굴이다. 자주 보니 정이 새록새록 든다. 석 달이라는 긴 휴식기를 보낸 뒤에 10월 중순 순천만에 갔을 때 S&T그룹 최평규 회장이 말했다. "한 달에 두 번 갑시다." 그리고 기적처럼 약속은 지켜졌다. 수백 명이 한 번 움직이기가 여의치가 않음에도 '가을 국토대장정'은 재차 기획되었다.

오백 명의 식사, 오백 명의 물, 오백 명의 화장실, 오백 명의 차량, 오백 명의 안전, 오백 명의 소통이 필요하다. 직원과 임원, 가족과 시민, 현지 주민과 길손, 이른과 어린이가 한데 어울린다. 이 기적 같은 일들을 묵묵히 해내는 일꾼들이 있다. 파트장으로 구성된 지원팀, 깃발과 길 안내를 담당하는 종주단, 그리고 아름다운 참가자들 모두이다.

피곤해서 늦잠을 잤고, 카풀을 놓쳤다. 카풀 동료인 S&T모티브 홍순인 차장의 부재 중 전화가 6번 기록돼 있다. 부끄러움에 부리나케 차를 몰고 갔다. 그런데 서둘다가 이번엔 카메라를 차에 두고 내렸다.

울진 후포리에서 홍보팀 안승환 대리에게 카메라 하나를 빌렸다. 졸지에 자기가 맡은 카메라를 빌려주게 된 2년 차 박부승 사원은 시원하고도, 섭섭한 표정을 지었다.

'후포리'가 익숙하다. 아무래도 SBS의 사위·장모가 출현하는 예능 프로그램 '백년손님' 때문이다. 프로그램 중 남 서방의 처가가 이곳 후포리다.

출발하자마자 실제 후포항의 등대가 서 있는 등기산 공원에 올랐다. 망사정이라는 정자가 있다. 후포4리 강윤길 이장에게 나중에 물어보니 조선 시대 고을 원을 지낸 안

피데기 오징어를 말리는 할머니들.

울진 바다에서 잡은 은멸치.

씨 성을 가진 사람과 관련이 있단다. 그는 재임 후 자기 땅을 군에 희사했다. 나중에 정자나 하나 지어 달라는 희망사항이 있었고, 몇 년 전 대한민국의 군수가 그 약속을 지켰다. 망사정의 사 자는 떼 배 사(槎) 자인데 울진의 옛이름인 '선사(仙槎·신선이 타는 배)'에서 따 온 것이라고 울진문화원에서 알려 주었다.

소나무야 소나무야

후포에서 울진을 거쳐 삼척까지 이어지는 고속화 국도가 생겨 해안누리 옛 7번 국도는 한적하다. 길섶엔 해국이며 구절초가 피어 길손을 반긴다.

후포6리 마을회관을 지나 갈매기가 차지하고 있는 해변을 본다. 철 지난 해수욕장은 호젓하다. 오늘은 가을의 쓸쓸함까지 더해 걷는 재미가 좋다. 최평규 회장은 "집에서 멀리 떠나오니 좋다. 소나무가 아름다운 이곳 울진 여행은 참 좋다"고 흥겨워했다. 이 계절에만 누릴 수 있는 참 소박한 사치다.

울진은 금강소나무가 유명한데 해안에 심은 해송도 그에 못지않다. 금강소나무가 우람하고, 쭉쭉 하늘로 뻗은 기상을 자랑한다면 해송은 작고 보잘것없다. 그러나 몸집이 작아도 해풍을 견디며 살아내는 강한 생명력을 보여 준다.

7번 국도 후포~구산 구간의 대게 장식물.

대게 장식물에 줄을 매 말리는 오징어

오징어를 말리는 할머니 두 분이 있다. 한 번 데쳐서 말리는 피데기 오징어라고 했다. 말도 안 했는데 먹어 보라며 오징어를 나눠 주신다. 짭조름한 것이 입맛이 확 살아 벌써 시장기가 느껴진다.

바다에는 멸치를 말리는 덕장이 있다. 울진 청정 바다에서 잡은 멸치는 '은멸치'라고 하는 모양이다. 울진 사람들은 대게에 대한 자부심도 대단했다. 7번 국도 후포~구산 구간을 온통 대게 모형으로 장식해 놓았다. 가로등같이 세운 이 장식물에는 줄을 맬 수 있게 해서 오징어나 물고기를 말리도록 해 놓았다. 기둥에 붙은 장식용 철제 모형 갈매기의 부리가 날카로운 것이 흠이라면 흠. 누구인지 모르지만 일일이 부리를 구부려 길손들이 혹여 다치지 않게 해 놓았다.

거일(게알)2리는 울진대게 원산지 마을이란다. 옛 선조들의 대게잡이를 형상화한 동상과 대형 대게 조형물이 있다.

지금도 기억하는

울진바다목장 해상낚시공원은 지난 8월 태풍의 여파로 수해를 입어 복구 공사 중이다. 자연은 무한한 혜택을 주지만, 때론 시련을 주기도 한다. 그렇게 사람들은 성숙한다.

강철이 담금질과 망치질에 강해지듯이.

　직산마을은 항구도 해변도 아름답다. 직산 송림은 숲이 제법 널찍하여 국토대장정 참가자 모두가 스며들어도 넉넉했다. 지원팀이 준비한 뜨거운 어묵 국물로 힘을 얻는다. 울진 남대천을 건넌다. 활짝 핀 갈대가 햇살에 뺨을 비빈다. 황홀한 만추다.

　이제 월송정이다. 월송정은 관동8경의 제1경. 고려 시대 처음 지었으나 최근 건물은 1980년대 복원한 것. 신라의 영랑, 술랑, 남속, 안양이라는 네 화랑이 울창한 소나무 숲에서 달을 즐겼다 해서 월송정이라고도 하고, 월국에서 송묘를 가져다 심었다 하여 월송이라고도 한다. 월송정을 배경으로 단체 사진을 찍었다.

　온통 해송이어서 온몸에 솔향이 배는 것 같다. 이곳 월송정 소나무 숲은 아름다운 숲이어서 상도 받은 곳이라고 한다.

　추수가 끝난 논과 논 사이를 지나 구산해수욕장이다. 이곳도 해송이 가득하다.

　즐거운 점심상을 받았다. 마침 전날이 최평규 회장의 생신이어서 백설기 케이크를 나눠 먹었다. 최 회장은 막걸리 잔을 들며 '우리 모두 자유로운 영혼이 되자'는 건배사를 했다.

　27살에 창업하여 사업이 힘들고 어려울 땐 퇴근하며 포장마차에서 대포 한 잔을 쭉 들이켜고, 따끈따끈한 우동 한 사발 먹은 뒤 푹 자면서 스트레스를 풀었다고 했다. 긍정적 마인드가 오늘을 있게 한 줄 알았더니 '기술'이 있었기에 가능했다고 했다. 날 때부터 금수저를 물고 나오는 경우와는 완전히 다른 참 소중한 이야기다.

　솔숲에 오래 앉았더니 몸이 식었다. 막걸리를 연거푸 마시고 어묵 국물을 먹으며 몸을 데웠다.

　시월의 마지막 날, 멋진 울진 여행이 오래도록 기억에 남겠다.

월송정 인근에 조성된 조선식 정원

course

: 울진 후포항~구산해수욕장 :

울진 대게 원조 마을과 집산지
두루 볼 수 있는 해안누리

- **총 거리** 12km
- **소요시간** 3시간 20분
- **난이도** ★★☆☆☆
- **코스** 경북 울진군 후포면 후포항~후포6리~울진바다목장~거일1리~직산마을~직산항~
직산송림~남대천~월송정~울진군 기성면 구산해수욕장

○ **코스 소개**   울진 붉은 대게를 눈이 시리도록 볼 수 있는 코스다. 해안누리는 울진대게로인데 대게 모형이 길가에 무수히 세워져 있기 때문이다. 이번 코스는 울진 대게의 집산지 후포항과 울진 대게의 원조 마을 거일리를 모두 답사할 수 있는 해안누리다. 울진 최대의 항구 후포항을 지나면서 길은 등기산 근린공원으로 이어진다. 최고봉은 등기산(54.9m). 지그재그형 덱을 만들어 놓아 올라가기 쉽게 해 놓았다. 불과 해발 60m도 안 되는 높이지만 지진해일이 일어나면 이곳으로 대피하라고 안내해 놓았다. 고마운 높이다. 꼭대기에는 망사정(望槎亭)이라는 현판이 붙은 정자가 있다. 등기산공원을 내려오면 줄곧 북상하는 7번 옛 국도다. 해파랑길이자 동해 국토대장정 메인 로드다. 옛 도로를 따라걷는 길이지만, 군데군데 해수욕장이 있다. 이럴 때는 길을 버리고 해변을 걸어도 된다. 해송 사이로 난 길은 청량감을 준다. 구산해수욕장도 해송이 좋다. 솔바람에 혹하면 집으로 돌아오기 싫으니 조심해야 한다.

○ **주변 볼거리**   인기리에 방영 중인 SBS 예능 프로그램 '백년손님'의 촬영지 중 하나가 후포리다. 후포리에 처가가 있는 남 서방의 인기가 높아 관광객마저 생기는 중이란다. 후포항 활어센터는 포항·울진 인근에서는 가장 푸짐하다고 소문이 났다. 인근 온정면에 있는 백암온천은 신라 시대부터 이름이 알려진 온천이다. 백암산(1,004m) 동쪽 기슭에 있다. 유황질 온천으로 몸에 이로운 성분이 많아 각종 질병에 효과가 있다고 이름이 난 곳이다. 근남면에 있는 울진 성류굴은 1963년 천연기념물 제155호로 지정되었다. 주굴의 길이는 약 470m이고 전체 길이 약 800m이다. 선유산 아래 절벽 밑의 좁은 바위 구멍이 입구이다. 석회 동굴로는 최남단에 있어 가치가 높다.

● 울진 망양휴게소~왕피천

우르릉 철썩 쾅 우르르~
젊은 세월을 눈물로 보낼 순 없지

울진 망양휴게소~왕피천 국토대장정 구간은 바다가 손에 잡힐 듯 가까워 파도가 뿜어내는 지구의 들숨과 날숨 소리를 생생하게 들을 수 있다.

우르르 쾅, 철썩, 쾅… 쉴 새 없이 몰려오는 파도 소리에 압도되었다. 누가 동해 해안누리가 무미건조하다고 뒷담화를 했던가. 반성한다. 지구의 거친 들숨과 날숨이 심장에 와서 닿았다. 뜨거운 무엇이 내딛는 발끝에서 주르륵 타고 올라와 목젖을 눌렀다. 눈시울이 붉어졌다. 인간이 만든 해안도로는 파도가 뿜어내는 기운에 압도되었다. 굽이도니 바람이 세차다. S&T 국토대장정 종주단이 든 깃발은 존재의 의미를 한껏 만끽한다.

따뜻함이 그리워지는 계절

겨울이다. 추위도 아랑곳 않고 260여 명이 또 길을 나섰다. 주중에 비가 내린 뒤 맹추위가 오더니, 토요일엔 갑자기 푸근해졌다. 사람들은 'S&T가 복이 많다느니, 회사가 택일을 잘했다'고 덕담을 했다. 나중에 점심 자리에서 S&T그룹 최평규 회장이 "많은 이들의 한결같은 염원이 있었으니 하늘이 알아주신 것"이라고 정리해 주었다.

부산서 꼬박 3시간이 걸려 도착한 이번 국토대장정 출발지는 울진군 매화면 망양휴게소. 갓 버스에서 내린 사람들은 산더미처럼 끊임없이 밀려오는 파도에 잠시 주눅이 든 기세였다. 그러나 곧 사진을 찍으며 경외감을 떨쳤다. 휴게소 바로 아래는 해안 절벽이었다.

대열이 종주단 깃발을 선두로 이동하기 시작했다. 뒤에서 따라오던 아주머니 한 분이 "부부가 결혼한 지 20년이 지나면 함께 위험한 곳은 가지 말아야 한다"고 말했다. 귀를 쫑긋하고 들었다. 서로 살 만큼 살았고 미운 정도 있으니 괜히 험한 곳에 등산이나 여행을 갔다가 한 사람이 횡액을 당하면 배우자만 좋아진다는 다소 거친 농담이었다.

그런데 도무지 20년 아니, 30년이 지나도 금실이 그대로일 것 같은 부부가 있었다. S&T모티브 정재호 팀장과 부인 김지영 씨다. 정 팀장 부부는 올해 결혼 17년 차. 부부의 얼굴이 너무 닮았다고 했더니 "안 그래도 오누이라면 사람들이 믿는다"고 부인 김씨가 말했다. 두 사람은 국토대장정 열혈 참가자. 한 달에 한 번 해안누리 걷는 재미에 회사 다니는 보람이 배가 됐다고 말했다.

지원팀에서 뜨거운 어묵 국물과 커피를 무제한 제공했다. 인터뷰를 마치고 돌아서

파도의 기운과 세찬 바람을 맞으며 해안도로를 걷는 참가자들

는데 이전에 눈인사를 나눴던 S&T중공업 홍보팀 신순정 차장이 따끈한 어묵 국물을 건네주었다. 갑자기 입안에서 매화꽃 한 송이가 피어났다.

안녕 만수르 씨, 다시 만납시다
덕신 교차로에서 해안도로로 들어섰다. '쪽빛 바닷길입니다. 어서 오십시오'란 커다란 안내판이 반겨 주었다. 바닷가 마을 오산이다. 동해는 성난 황소처럼 씩씩대는데 오산 항은 호수처럼 잔잔했다. 방파제가 파도와 바람을 막았기 때문이다.

울진으로 오다가 들른 화진휴게소에서 회사 버스 10여 대가 주차장을 꽉 메웠다. 마침 옆에 주차한 관광버스 기사가 부러운 듯 혼잣말을 했다. "S&T 정말 큰 회사네요. 차가 도대체 몇 대지요. 다들 참 좋은 회사 다닙니다. 좋네요."

잔잔한 오산항을 보니 크고 든든한 힘의 존재감이 뚜렷하게 확인되었다.

출신지로 사람을 판단하면 어디 쓰겠는가. 하지만, 대열에는 언제부터인가 외국인 참가자가 눈에 띄었다. 아마 울진 후포항~영덕 고래불해수욕장까지 걸은 18차 국토대장정에서부터이다. 그는 S&T모티브 인도 현지 법인에서 기술 연수를 온 만수르 씨. 이번 주말 1년여의 연수를 마치고 그는 인도로 돌아간다. 만수르 씨는 18차부터 29차까지 꾸준하게 참여한 국토대장정 마니아다.

"영덕 구간 좋았고요. 호미곶 구간 정말 황홀했어요. 최고입니다." 그는 해안누리의 매력에 흠뻑 빠졌다. 한국의 아름다운 자연을 더 보기 위해 꼭 다시 한국에 오고 싶다고 했다.

오산1리는 오천이고, 오산2리는 초산이고, 오산3리는 옛 이름이 무릉이었다. 옛 이름이 더 정겨웠다. 이곳 마을들은 다 바다를 바라보고 있다. 파도가 마을 앞에서 늘 노닌다.

해안도로에는 사람 허리 높이의 방파제를 만들어 놓았지만, 파도가 마음만 먹으면 아무것도 아닌 모양이다. 군데군데 도로에는 파도가 선물한 모래와 물이 흥건했다. 멀리서 큰 파도가 밀려오니 모두 기겁하며 산 쪽으로 피하는 모습이 꼭 파도와 술래잡기를 하는 것 같았다.

젊은 세월을 눈물로 보낼 수야

바다와 육지는 한껏 가까워졌다. 파도와 바람이 만들어 낸 물방울이 몽환적인 분위기를 연출했다. 기암괴석과 낙락장송은 걸음을 멈추게 했다. 풍경에 취해 자꾸 걸음이 늦어졌다.

S&T모티브 서울사무소에 근무하는 신대철 차장은 딸 승주(초등 6학년)와 함께 걷는다. 서울서 KTX를 타고 전날 와서 기숙사에서 자고 새벽에 국토대장정에 참여했다. 처음 참석하는 딸은 학원에 안 가도 된다니까 냉큼 따라나섰단다. 아이의 얼굴이 해맑았다. 신 차장은 "아이가 걷는 것이 공부보다 힘들다는 사실을 알아야 할 것 같아서"라

고 귓속말을 했다. 웬걸 아이는 더 즐거워하는 데 말이다.

망양정의 풍경은 주위를 압도했다. 모두가 모여 사진을 찍었다. 동해를 한눈에 담았다. 날씨가 풀렸다지만, 겨울은 겨울이다. 약간 노곤했다. 망양정에서 여유를 부리다 보니 긴장이 풀렸는데 1km 더 걸어야 한다고 해서 살짝 부담이 됐다.

그런데 망양정에서 내려선 이들이 갑자기 대기하던 버스에 오르는 것이 아닌가. 최평규 회장이 남은 구간은 버스를 타고 가자고 제안을 했단 것이다. 안도감이 생겼다. 먼 시간을 이동해 왔고, 파도와 북서풍을 맞으며 또 길을 걸었다. 점심때도 살짝 지났다. 현장을 잘 이해했기에 이런 판단이 나온 것이다. 정작 최 회장은 "찬 바람에 걷다 보니 딱 소주 한잔이 생각이 나 빨리 가자고 했다"고 에둘렀다.

점심도 주로 야외에서 밥차로 했는데 이번에는 현지 식당에서 해물탕을 먹는다고 했다. 점심 '막걸리 타임'을 최장 2시간으로 보고 내복까지 잔뜩 입고 혹한기 준비를 한 S&T중공업 정석균 사장은 사람들의 열기로 실내가 후끈해지자 안은 너무 덥다며 밖으로 나가자고 목소리를 높였다.

해안도로의 기암괴석과 낙락장송의 멋진 풍경에 참가자들이 사진을 찍고 있다.

망양정 앞에서 파이팅을 외치는 참가자들.

배식이 끝나고 식당 종업원이 문을 닫자 사원들과 같이 먹겠다며 문을 활짝 연 최평규 회장이 "젊은 세월을 눈물로 보낼 수 있나~"는 리듬을 실은 독특한 건배사를 했다. 동해 푸른 기운이 넘실댔다.

course

: 울진 망양휴게소~왕피천 :

교통량 많지 않고 자전거 길도 확보
걷기엔 최고 조건

- **총 거리**   13.8km
- **소요시간**   3시간 20분
- **난이도**   ★★☆☆☆
- **코스**   경북 울진군 매화면 망양휴게소~덕신해변~오산1리~국립수과원 울진센터~동정마을~
           선진마을~산포3리~산포2리~망양정~왕피천

○ **코스 소개** 동해가 좋다지만 울진 바다만큼일까. 시원하게 펼쳐진 바다와 우람한 파도는 해안누리를 걷는 내내 감동을 준다. 망양휴게소는 특이하게 화장실이 건물 아래에 있는데 계단을 내려가다 보면 파도 소리가 손에 잡힐 듯 들린다. 포말이 얼굴을 간질일 정도로 바다와 가깝다. 울진읍까지 이어지는 해안도로는 교통량이 많지 않고, 자전거 길이 확보돼 있어 걷기에 좋다. 군데군데 공중 화장실이 있어 불편하지 않다. 다만, 일부 구간은 너울 파도가 넘실거려 조심해야 하는 구간이 있다. 곳곳이 절경이어서 사진을 찍느라 속도가 좀 늦어지지만, 길이 워낙 좋아 서두르지 않아도 된다. 망양정은 경치가 관동8경의 으뜸이라 '관동제일루'라고 부르니 꼭 올라 보아야 한다.

○ **주변 볼거리** 울진군 원남면은 2015년 역사 속으로 사라지고 매화면이 탄생했다. 출발지인 망양휴게소의 소재지가 매화면. 매년 봄이면 매화꽃 향기가 가득한 고장이란다. 길곡리 내길마에서 매화천이 발원해 면을 관통한다. 맑고 깨끗한 물에는 다슬기가 살고 있다. 매화천이 바다와 만나는 오산항은 어족 자원도 풍부하다고 한다. 망양정해수욕장이 있는 근남면은 울진읍과 함께 울진군의 중심 지역. 관동팔경의 하나인 망양정과 보물 498호인 구산리 삼층 석탑이 있다. 고려 시대 건립됐다는 청암사 절터 삼층 석탑은 통일신라의 전형적인 특징이 남아 있는 고려 석탑이다. 왕피천이 흐르는 수산리 언덕에 있는 천연기념물 96호 굴참나무는 수령이 300년 이상이다. 높이가 20m이고 사람 가슴 높이인 줄기의 둘레는 무려 6m나 되는 거목이다. 성류봉에 있는 성류사(聖留寺)를 찾는 스님들의 길잡이가 된 나무라고 전한다. 2005년 울진세계친환경농업엑스포의 주행사장이었던 엑스포공원과 자연생태계의 보고인 왕피천을 끼고 있는 경상북도 민물고기생태체험관은 볼거리가 유독 많아 아이들과 함께 꼭 들러야 하는 곳이다.

4부

● 태종대~송도해수욕장

굽이굽이 해안 절벽…
소중한 이의 손 놓지 말아라

제30차 S&T 국토대장정에 나선 이들이 깎아지른 절벽에 난 영도 절영 해안 산책로를 걷고 있다.
태종대~송도해수욕장 구간은 굽이굽이가 절경이다.

S&T 국토대장정

따뜻하고 소중한 것들은 가까이 있다. 주위를 돌아보라. 가족, 친구, 동료 그리고 늘 친구가 되어 주는 자동차. 이른 아침에 시동을 걸었을 때 어둠 속에서 은은하게 밝아오는 계기판. 부산 태종대~송도해수욕장 구간이 그랬다. 부산·경남 사람들에게 너무나 친숙하고 익숙하여 차마 그 가치를 알지 못했다.

연말이다. 아득한 추억이 그리워지는 계절이다. 그래서인지 510명의 참가자가 제30차 S&T 국토대장정에 함께했다. 차갑게 식어 가던 길이 후끈 달아올랐다.

태종대 추억 한 바퀴

"어릴 적 어머니, 아버지와 함께 온 기억이 나네요. 저기서 솜사탕을 사 먹었어요."

이제 막 사회생활을 시작한 한 인턴사원과 길동무가 되었다. 태종대 입구에서 감지해변으로 직행하리라는 예상을 깨고 종주단의 깃발은 순환도로를 향했다. 잠시 당황하면서 대열을 따라잡았다.

스물여덟 살의 인턴사원은 "이제 곧 최종 합격 결과가 나오는데 어머니가 가끔 걱정스레 '발표 언제 나노?' 하고 물어보신다"고 했다. 설렘과 긴장이 교차하는 표정이었다. 대학·대학원에서는 꿈도 꾸지 못한 일을 채 1년도 안 되는 현장에서 배웠다고 했다. 가만히 보니 제법 신입 사원 티가 났다. 현장의 위대함을 인턴사원을 통해 배운다.

"이번에는 부산입니다"라는 S&T모티브 홍보팀 김영조 과장의 문자를 받았을 때 약간 실망했다. 이미 가 본 곳이었기 때문이다. 하지만 태종대 순환로에 들어서는 순간 추억은 어슴푸레 떠올랐다. 이렇게 걸어보는 것이 참 오랜만이었다.

출발하기 전에 실수가 있었다. 현금이 필요한 코스였다. 곳곳에 있는 해녀 좌판을 그냥 지나칠 수 있겠느냐는 생각이 들었고, 멍게·해삼이라도 주변 도반들과 나누고 싶었다. 지난 29차 대장정 때 울진서 해안누리를 걸었는데, 최평규 회장이 중간에 목을 축일 가게가 없어 고생했다는 얘기도 들은 터였다.

태종대엔 분명 있다. 그런데 현금 인출기는 카드를 삼키고 내놓지 않았다. 모티브 권형순 상무가 옆에서 전화기를 빌려주고 사태 해결을 도와주었다. 하지만 당장은 빈 주

절영 해안산책로에 설치된 출렁다리를 걷고 있는 국토대장정 참가자들.

머니로 길을 나섰다.

  제30차 국토대장정은 유독 창원에서 온 참가자들이 많았다. S&T중공업 정석균 사장과 임직원·가족이 무려 181명이나 왔고, S&TC 김도환 사장과 156명의 회사 식구들은 길을 걸은 뒤 아예 워크숍을 기획했다. S&TC는 사무직 사원 전원이 왔다고 했다.

바다와 게와 물고기

감지해변의 포장마차촌은 아직 문을 열지 않았다. 해변 산책로에는 우리 야생화를 심어 놓았다고 안내해 놓았다. 해국, 벌개미취, 구절초, 털머위…. 구절초와 해국은 절벽 곳곳에 아직도 피어 길손을 맞아 주었다.

  앞서 가던 대열이 갑자기 높은 쪽 길로 우회했다. 영문을 모른 채 선두를 따랐다. 발

조약돌로 예쁜 무늬가 돌을새김되어 있는 길.

밑에는 거친 파도가 넘실대고 있었다.

이유를 나중에야 알았다. 한발 앞서 가던 최평규 회장이 만조가 되어 길이 끊긴 곳을 발견한 것이다. 뒤따라오던 509명은 아무런 위험도 느끼지 않고 '난구간'을 무사히 통과했다.

길은 점점 더 험해졌다. 바다에 바싹 다가가도록 만든 길이다 보니 암벽 사이로 오르내림이 심했다. 연말 각종 모임에 육체는 살짝 지쳐 있었다. '이쯤에서 그만두는 게 어때' 하고 몸이 말을 건넸다.

그런데 앞쪽에 가는 한 여성의 발걸음새가 조금 달랐다. 다리를 살짝 저는 것이다. 분명 이번 구간은 다소 험하다고 사전 예고까지 됐는데 의외였다. 기억해 보니 S&T 국토대장정 행사에 거의 빠지지 않고 참석하고 있는 이였다. 김점옥 씨. 대열의 안전을 책임지는 지원팀의 고태훈 파트장 부인이었다. 아들과 딸 등 온 가족이 함께 왔다.

고 파트장은 전체의 안전을 책임지랴, 길이 험한 구간에서 아내를 부축하랴 바빴다. 뒤에서 가만히 보니 아내의 손을 더 꼭 잡아도 좋으련만 금세 손을 놓아 버렸다. 쑥스러워하는 것 같았다. "아내가 13년 전 딸 민주를 낳다가 반신 장애를 얻었어요. 운동을 자꾸 하려고 합니다. 많이 좋아졌어요." 가슴이 짠해져서 그저 푸른 하늘만 봤다.

'노래미 바위', '무지개 다리'라는 예쁜 이름이 붙은 해안누리에서는 또 미소가 절로 났다. 가만히 보니 바다에는 조약돌로 게와 꽃, 나비, 물고기들이 돋을새김돼 있었다.

이 길은 지난 1998년 공공근로로 만들었다. IMF로 직장을 잃은 사람들이 길을 닦은 것이다. 조각 하나도 허투루 하지 않고, 지금도 아름다운 것을 보니 참 결이 고왔던 분이라는 생각이 들었다. 다만 좋은 기업을 만나지 못했을 뿐.

굳세어라 이 땅의 아버지

흰여울길로 이어지는 길이 갑자기 끊겼다. 보도 공사 중이었다. 영도 해안도로는 교통량이 많았다. 김형철 종주단장이 도로로 한 걸음 나아가 지원팀과 함께 임시 인도를 만들어 주었다. 일부 차는 아예 기다려 주었다. 국토대장정 초기에 대열의 앞과 뒤를 오가며 챙기던 S&T모티브 김택권 대표가 떠올랐다. 김 단장이 본부장인 자품사업본부는 이번 국토대장정에 개발실과 생산팀, 생산기술팀 사원이 46명이나 참가했단다.

제19차 하동 구간 모녀 상봉의 주인공 '미녀' 서재경 기사가 있는 경영지원본부 FA팀 구동회 팀장 등 8명도 장기간 중국 출장을 마치고 팀원들이 모두 참석했다니 이번 국토대장정은 모둠별 참가가 대세였던 모양이다.

흰여울길을 지나 남항대교에 올랐다. 바닷바람이 봄바람처럼 포근했다. 바다 위 다리 중간에서 보는 자갈치는 이색적이었다. 종착지인 송도해수욕장 한쪽에 모두 옹기종기 둘러앉아 도시락을 먹었다.

S&T모티브 주식이 역대 최고가를 기록하고 있다고 누군가 덕담을 했다. 최평규 회장은 "S&T그룹이 이렇게 발전한 것은 모두 좋은 인재들 덕분"이라며 자리에 앉은 임직원들의 이름을 일일이 불러 주었다.

S&T그룹이라는 나이테의 가장 안쪽에 새겨진 기업이 최 회장이 젊을 때 창업한 S&TC였다. 지금은 임원이 된 이 회사의 엄익술 이사는 아주 젊은 나이에 입사했다. 회사에 다니다 입대를 했는데 병영에서 최 회장에게 편지를 보내 용돈 좀 부치라고 응석을 부렸다고 했다. 그렇게 맺은 인연이 오늘을 이뤘다. 청년이 장년이 되고, 아버지가 되면서 함께 회사도 성장한 것이다.

장성 출신의 S&T중공업 백홍식 전무는 "해안누리인 줄 알고 따라왔는데 오늘은 백두대간이었다"며 힘든 표정을 지어 한바탕 웃음꽃이 피었다. 막걸리가 무척 시원했다.

해녀마을을 걷고 있는 국토대장정 참가자들

course

: 태종대~송도해수욕장 :

6월이면 태종사 수국 절정
송도해수욕장 케이블카 인기

○ **총 거리**   14km
○ **소요시간**   3시간 50분
○ **난이도**   ★★★½☆
○ **코스**   부산 영도구 태종대~등대 전망대~감지해변~중리해변~75광장~함지골해변~
            흰여울길~남항대교~거북섬~송도해수욕장

○ 코스 소개　　　태종대는 굳이 부산이라는 명칭을 붙이지 않는다. '부산 태종대'가 아니라 태종대다. 전국구라는 이야기다. 가위 절경은 으뜸이어서 토요일 이른 아침인데도 찾는 이들이 많았다. 태종대 순환 도로는 4km 남짓 되는데 순환열차 '다누비'가 다니지만 걸어서 돌아보는 편이 좋다. 감지해변에서 중리해변까지는 해안도로가 잘 나 있다. 감지해변에서 오르막길이 조금 있지만 쉬엄쉬엄 간다면 힘들지 않다. 중리해변에서 75광장 아래로 이어지는 해안산책로부터 오르내림이 심한 해안누리다. 흰여울길까지 제법 고단하다. 겨울이라도 땀 좀 흘려야 한다. 하지만, 중간중간 쉼터와 볼거리가 풍성해 지루하지 않다. 남항대교는 엘리베이터를 이용해 오를 수 있도록 해 놓았다. 항구를 드나드는 큰 배들을 위에서 내려다보는 재미가 쏠쏠하다. 송도해수욕장까지는 해안산책로가 잘 가꿔져 있어 편안하게 걸을 수 있다.

○ 주변 볼거리　　　태종대는 등대 남쪽 절벽에 있는 넓은 자리를 말한다. 넓은 자리는 두 곳이 있는데, 그중 오른쪽의 것을 신선대 또는 사선암이라고 부른다. 신선대 위에 우뚝 솟은 바위가 있어 망부석이라고 한다. 태종대에서는 기우제도 지냈다고 한다. 태종대공원에 있는 태종사는 수국꽃축제로 유명하다. 주지 스님이 일본, 네덜란드, 중국, 태국, 인도네시아 등에서 받아온 30여 종 5천여 그루의 수국이 해마다 6월 말이면 절정을 이룬다. 순환열차 다누비는 오전 9시 20분부터 오후 5시 30분까지 운행한다. 평일은 20분 간격으로 운행하며 주말과 휴일은 탄력적이다. 요금은 어른 3천 원, 청소년 2천원, 어린이 1천500원이다. 감지해변, 중리해변, 흰여울길에 각각 해녀들이 잡은 해산물을 내놓는 포장마차나 좌판이 있다. 목마른 길손이 쉬어 가기에 딱 좋다. 흥이 넘치면 남항대교에서 곧장 자갈치로 달려가면 된다. 부산 최초의 해수욕장(1913년 개장)인 송도해수욕장은 거북섬에 스카이워크를 만들어 바다를 좀 더 가까이서 볼 수 있다. 최근 생긴 케이블카도 인기다.

● 통영마리나~세자트라숲

한산도 찬 바람에
가슴속 묵은 짐 실어 보내길

제31차 S&T 국토대장정 참가자들이 통영 이순신공원에서 세자트라숲으로 이어진 해안 덱을 따라 걷고 있다. 통영 해안누리는 우리나라에서 가장 아름다운 항구인 통영의 참모습을 제대로 볼 수 있다.

아름다운 통영 바다를 바라보며 2016년 첫 S&T 국토대장정을 시작한다. 다도해 사이로 붉게 떠오르는 태양을 바라본다. 심호흡을 크게 한다. 차가운 아침 공기로 심호흡 몇 번 하니 머리가 사뭇 맑아진다. 주말엔 날씨가 추워질 것이라는 예보에 너무 긴장했던가. 모두 상기된 얼굴이다. 해가 떴다. 생각보다 그리 춥지는 않다. 바다를 향해 고사상을 차렸다. 모두의 안녕을 비는 염원이다.

천 리 길도 한 걸음부터

어제와 오늘이 다르다. 한 달 전에 걸은 해안누리는 과거의 길이고, 오늘 걷는 이 길은 현재의 길이며 미래를 여는 길이다. 새해는 그렇게 새로움으로 다가왔다. 병신년 첫 S&T 국토대장정은 통영에서 시작한다.

통영 마리나리조트 인근의 바다 가까운 곳에 고사상이 차려졌다. 모두가 엄숙하게 해가 뜨는 바다를 향해 몸을 숙였다. 절은 자신을 낮추는 행위다. 낮춘다는 것은 상대를 높인다는 뜻이다. 그 대상이 자연이든 사람이든. 그래서 절은 거룩하다. 종교와 무관하게 하루를 시작하면서 108배를 하는 사람이 더러 있다. 그렇게 시작하는 하루는 무릇 지극하고, 평화로울 것이라는 생각이 든다.

S&T 국토대장정 종주단이 깃발을 높이 들고 앞장섰다. 성큼성큼 큰 걸음을 내디딘다. 바다의 고장답게 육상과 바다에 즐비한 요트와 보트 사이로 긴 대열이 이어진다. 307명의 참가자가 일제히 흰 김을 뿜는다. S&T모티브 관리혁신 워크숍 참가자 207명이 함께했고, 창원에서 온 S&T중공업의 사원과 가족이 함께 길을 걸었다.

요트 계류장이 있는 도남항을 반 정도 돌았을까. 질서정연한 대열을 물끄러미 쳐다보는 한 아주머니가 대열에 말을 건넨다. "어디서 왔어요? 뭐 하는 겁니까? 저는 통영 관광 해설 자원봉사자입니다"라고 자기소개를 했다. 그리고는 큰 소리로 "통영은 사계절 관광지입니다. 언제든지 오세요. 올봄엔 윤이상 국제 음악제도 하고요. 언제 와도 볼거리가 많습니다~~" 아주머니의 목소리가 우렁찼다.

자원봉사자 동료들과 쓰레기를 주우러 나왔다고 했다. 자기 일에 저렇게 적극적이고, 잘 홍보하는 사람을 만난 적이 있던가. '통영 아지매'의 기세에 짐짓 주눅이 들었다. 하지만 아지매는 제 자랑만 하는 것은 아니었다. "파이팅 파이팅!" 해안누리꾼에게 기를 불어넣어 주었다. 국토대장정 잘하라고.

시장에서 인생을 본다

불황으로 문을 닫은 조선소 앞을 지난다. 조선업은 한국을 대표하는 업종이었으나 최근 끝없는 불황의 늪에 빠졌다. 몰락하는 기업엔 이유가 있다. S&T그룹 최평규 회장은 신년사에서 '사벌등안(捨筏登岸)'을 말했다.

불교 금강경에 나오는 말로 '강을 건너면 뗏목을 버리라'는 뜻인데 진리의 세계에 도달하면 과정에 사용했던 도구를 버리고 집착하지 말라는 의미다. 해저 터널에 들어서니 살짝 어두웠고, 점차 노란 불빛에 눈이 익숙해졌다. 터널을 나오자 강한 햇살에 눈이 부셨다. 물을 건넜는데 버릴 것이 무엇인가.

통영해저터널은 일제 강점기 때 만든 동양 최초의 해저 터널이다. 입구엔 '용문달양(龍門達陽)'이라고 써 놓았다. 용문을 거쳐 산양(山陽)에 이른다는 뜻인데 산양은 미륵도다. 용문은 물살이 센 여울목으로 고사에는 잉어가 용문을 통과하면 용이 된다고 한다. 임진왜란 때 이곳 여울에서 왜군이 수없이 전사했는데 일제가 그 위를 걸어 건널 수 없다며 해저 터널을 만들었다는 이야기도 있다.

도천동 해안길이 이어진다. 주낙을 어선에 운반하는 손수레를 만났다. 만선을 기대하는 선원들의 눈빛이 예사롭지 않다. 여객선 터미널 앞의 서호시장에는 아침부터 활어차가 즐비하다. 곧 닥칠 손님을 맞기 위해서다.

화물선부두를 지나면 강구안이다. 강구안은 우리나라에서 가장 아름다운 항구라는 찬사를 받고 있다. 동피랑 언덕을 따라 내려오면 통영중앙시장이고, 그 앞이 강구안이다. 문화마당에는 거북선이 있다. 벌써 관광객도 제법 북적인다. 강구안 화장실 앞에 톱 장수 강갑중 할아버지가 있다. 50년 동안 한자리에서 톱을 갈고, 톱을 판다. 최근에는 '강구안 희망가'라는 책을 냈다. 8천 원짜리 수제 톱을 살까 아니면 책을 살까 망설

일제 강점기 때 만든 동양 최초 통영해저터널.

우리나라에서 가장 아름다운 항구라는 찬사를 받고 있는 강구안.

강구안에서 50년 동안 톱을 파는 강갑중 할아버지. '강구안 희망가'라는 책도 내셨다.

삶의 활기가 있는 통영중앙시장 골목.

이다가 한 사람의 인생이 오롯이 담겼을 책을 샀다.

지속 가능한 세상을 위해

쉴 참이라 중앙시장 안으로 잽싸게 뛰어가 어묵 두어 개를 먹었다. 새벽부터 설쳐댔으니 배가 고플 만도 했다. 대열이 막 출발하는데 S&T중공업 파트장들이 백설기를 나눠 주었다. 아침에 고사를 준비한 분들인데 국토대장정 참가자 모두에게 떡을 나눠 주었다. 포장된 떡은 금방 나왔는지 따끈따끈해서 손난로로 쓰기에도 좋았다. 잠시 언 손을 녹이다가 먹음직스러워 봉지를 뜯었다.

청마문학관으로 올라가는 계단은 가팔랐다. 청마 생가를 복원해 놓았는데, 원래 생가터는 이곳이 아니라고 한다. 그래도 뒤돌아서서 보니 강구안이 한눈에 들어오는 것이 전망이 좋다. 통영기상대를 지나 망일봉 숲 산책로로 들어선다. 이른 동백꽃이 붉다. 숲길을 꼬불꼬불 가니 이순신공원이다. 한산도가 눈앞에 펼쳐진다.

바다로 이어지는 해안길은 목재 덱으로 잘 만들어 놓았다. 작은 언덕을 넘어가니 오늘의 종착지인 통영 RCE 세자트라숲이다. 세자트라(Sejahtera)는 '공존'을 의미하는 산스크리트어. RCE(지속가능발전교육센터)는 UN대학 산하 기구로 지속 가능한 교육을 하는 기관이다.

볕이 잘 드는 잔디밭에 둥그렇게 둘러앉았다. 아침에 지나온 문 닫은 조선소 이야기를 하다가 화두는 '불황'으로 이어졌다. 최평규 회장은 "내가 기업을 하는 목적은 오직 망하지 않기 위해서다"라고 했다. 적나라한 목표다. "기업이 망하면 기업주, 사원, 협력사, 국민 모두에게 피해가 간다. 그리고 국부 유출이라는 최대의 피해가 생긴다"는 것이다. 공감이 갔다.

가만히 앉아 있었더니 그제야 추웠다. S&T중공업 정석균 사장은 두꺼운 다운재킷을 입고 왔다고 뽐냈다. "통영 하면 유비무환! 모자도, 장갑도, 내복도 입고 왔다"고 말했다. "안 추우면 겨울이 아니죠."

햇살은 그래도 따스하다. '각자의 등에 얹힌 버리지 못한 멧목은 무엇일까.' 겨울, 길 위에서 화두에 든다.

청마문학관으로 올라가는 카파른 계단.

통영 이순신공원의 동상.

course
: 통영마리나~세자트라숲 :

통영꿀빵 유혹하는 길
강구안 문화마당 거북선 위용

○ **총 거리**　12.4km
○ **소요시간**　3시간 10분
○ **난이도**　★★☆☆☆
○ **코스**　경남 통영시 통영마리나~유람선 터미널~해상연안 해상관제센터~통영해저터널~
통영항 여객선 터미널~강구안~해경부두~청마문학관~이순신공원~
통영RCE세자트라숲

○ **코스 소개**　'동양의 나폴리' 통영의 참모습을 제대로 볼 수 있는 해안누리다. 리조트와 요트 계류장이 있는 마리나에서 출발하면 도남항 해안누리를 한 바퀴 휘돌아 코스가 이어진다. 유람선 터미널을 지나 조선소 지역을 통과하면 또 해안길이다. 통영해저터널을 건너면 도천동의 해안도로 쪽으로 난 산책로와 이어진다. 통영 여객선 터미널과 마주 보는 서호시장은 각종 해산물과 활어로 유명하다. 통영꿀빵이 종주단과 참가자들을 유혹한다. 화물선부두에 정박한 배들을 구경하면서 강구안으로 들어선다. 강구안은 호리병처럼 옴팍하게 만곡진 항으로 항구 뒤쪽 언덕은 유명한 동피랑이다. 거북선 있는 문화마당을 지나면 중앙전통시장이다. 왁자지껄한 시장 분위기가 삶에 활기를 준다. 남망산공원 아래 해안길로 가면 이번엔 제법 가파른 계단을 올라 청마문학관을 지난다. 통영기상대부터 이어진 망일봉 숲속길은 이순신공원을 거쳐 세자트라숲까지 길게 이어진다.

○ **주변 볼거리**　통영 하면 이순신, 이순신 하면 거북선이다. 통영 강구안 문화마당 앞바다엔 거북선과 판옥선이 여러 척 있다. 밖에서도 거북선을 볼 수 있고, 내부 관람도 가능하다. 통영관광개발공사가 운영한다. 통영의 거북선은 서울 한강에 있던 것이다. 분단 이후 최초로 2005년 한강 하류 비무장지대의 뱃길을 열고 이곳 통영으로 왔다. 한강 거북선이 한산 대첩의 본고장 통영에 정박하게 된 것이다. 거북선 관람료는 성인 2천 원, 초등학생 700원. 이순신공원은 한산 대첩 승리를 기념하기 위해 만들었다. 한산도가 잘 보이는 해안에 산책로 위주로 조성했다. 주위를 압도하는 것은 높은 탑 위에 있는 이순신 장군의 동상이다. 긴 칼을 왼손으로 짚고 오른손 검지를 뻗어 한산도를 가리키고 있다. 민족시인 청마 유치환 선생을 기린 청마문학관은 복원한 생가와 청마 선생의 유품, 사진이 전시돼 있다. 관람료는 개인 1천500원, 청소년 1천 원이다.

● 거제 구조라~몽돌해수욕장

한파에 꽃망울 터뜨린 동백,
설레는 발걸음은 벌써 '봄'

제32차 S&T 국토대장정 참가자들이 경남 거제시 동부면 수산마을 해안누리로 내려서고 있다. 멀리 보이는 곳은 학동흑진주몽돌해수욕장이다.

윤돌섬이 바다에 있다. 섬으로 걸어 들어가는 길은 간조가 되면 열릴 것이다. 1km가 넘게 펼쳐진 구조라 백사장엔 사람 하나 없다. 올해 들어 제일 추웠다는 지난 주말, S&T 국토대장정 참가자들은 거제 해안누리를 걸었다. 구조라 앞바다의 윤돌섬은 윤씨 성 형제가 육지 정인을 만나러 가는 과부 어머니를 위해 징검다리를 놓았다는 전설이 있다. 지극한 효심이다. 신라 경주에도 비슷한 이야기가 있다. 엄격했던 옛날에도 효는 지고지순했다.

망양·망치·양지마을

해변 마을 구조라(舊助羅)는 '옛 조라'라는 뜻이었다. 조라는 '자라'가 변형된 말로 구조라마을이 앉은 곳이 자라목같이 생겨 그랬단다. 조선 성종 때(1470년) 조라진이 있다가 임진왜란 후 인근 옥포에 통합됐고 이후 효종 때 다시 진이 생기면서 (구)조라라 불렀다. 지명 유래와 상관없이 구조라라고 읊조리니 도르르 구슬이 입안에서 굴러 좋았다.

추운 날씨에도 330명의 인원이 제32차 S&T 국토대장정에 참가했다. 지원팀은 뜨거운 커피와 어묵 국물을 무한정 제공했고, 참가자들은 저마다 모자와 장갑, 목도리로 단단히 준비했다. 막 대열이 출발하는데 안전 요원이 긴 줄을 펼쳤다. 오늘 걷는 코스가 대부분 아스팔트 도로라 안전을 위해 '폴리스 라인'처럼 생긴 가드 라인을 하는 것이다.

한 10분쯤 걸으니 뜨거운 콧김이 물씬물씬 나왔다. 영하의 날씨였지만 다행히 바람이 불지 않아 오히려 걷는 데는 쾌적했다. 망양마을은 큰 바다를 내려다보는 마을이요, 망치마을은 몽돌이 구르는 마을, 양지마을은 햇살이 넘치는 마을이다. 망치 삼거리를 지나자 길가에 이런 글귀를 이고 있는 장승이 우뚝 섰다.

안전 요원이 준비한 가드 라인은 화물을 붙들어 매는 데 쓰는 '탄력바'였다. 길이가 길고 무게가 만만찮은지 가운데가 축 처졌다. 그러자 앞선 안전 요원이 쟁기를 끌 듯 라인을 몸에 둘렀다. 그래도 줄이 처지자 중간중간 한두 사람이 라인을 들어주기 시작했다. 영하의 날씨인데도 장갑도 안 낀 맨손으로 라인을 들고 걷는 이가 있어 굳이 이름을 물었다. S&T모티브 모터사업부 김철호 이사였다. 망치리 해안누리에서는 맑은 날이면 대마도가 보인다고 한다. 비록 아스팔트 길이지만, 주변에 수려한 숲이 이어진다. 거기에 양화마을이 있었다.

후박나무 당산 숲

양화마을 당산 숲에서 한참을 쉬었다. 이곳 당산나무는 특이하게 후박나무란다. 1880년 일본인 야마노우치 씨가 이민을 와서 후박나무와 굴참나무, 벚나무를 함께 심어 숲을 조성했다. 마을 사람들은 후박나무를 당산나무로 삼았다. 그 뒤 굴참나무가 우점종이 되자 벚나무는 모두 죽고 후박나무와 굴참나무만 남아 숲을 이뤘다. 마을 사람들은 지금도 이 나무가 마을을 지켜준다고 믿는다.

거제 명물 대구를 해풍에 말리고 있다.

숲은 아늑하고 포근했다. S&T모티브 안승환 대리가 와서 구운 달걀 하나를 건네주고 갔다. 다들 가져온 음식을 꺼내먹으며 옹기종기 모여 있어 바다나 볼까 하고 그네에 홀로 앉았는데 불쑥 나타나 챙겨 주는 마음이 고마워 사탕 몇 개를 나눴다.

당산 숲을 빠져나와 완만한 오르막길을 오른다. 푸른 바다가 내려다보인다. 특이한 팻말이 있어 가까이 가니 여기가 천연기념물 227호인 아비 도래지였다. 다이빙의 명수인 물새 아비는 매년 겨울 거제도를 찾아온다. 지구상 오직 5종의 아비 중에서 아비, 회색머리아비, 큰회색머리아비 등 3종이 이곳에 온단다. 나중에 수산마을 앞바다에서 아비를 보는 행운도 누렸다.

동백이 제법 꽃봉오리를 부풀렸고, 성급한 놈들은 이미 꽃망울을 터트렸다. 이곳 해

가족 또는 친구와 도란도란 이야기꽃을 피우며 걷고 있는 국토대장정 참가자들.

안은 동백 숲이 울창한데 여름이면 또 팔색조가 찾아온다. 생태계의 보고 속을 직접 걷고 있다고 생각하니 사뭇 흥이 났다.

붉은 동백 숲에 눈이 가 있는데 앞서가는 작은 아이가 보였다. S&T중공업에 다니는 아빠와 함께 국토대장정에 온 변채원이었다. 나이를 물으니 "이제 초등학교 3학년 올라가요"라며 또박또박 대답했다. 채원이는 얼마나 남았느냐고 아빠에게 두 번 물었을 뿐, 다리 아픈 사람을 태우기 위해 구급차가 몇 번이고 지나갈 동안 눈길 한 번 주지 않았다. 국토대장정을 진정 즐길 줄 아는 꼬마 친구다.

몽돌 구르는 소리

언덕배기에 올라서니 수산마을이 나왔다. 아직도 별신굿을 하는 전형적인 어촌 마을이다. 수산물 창고 앞을 지나는데 대구 몇 마리가 해풍에 꾸덕꾸덕 마르고 있었다. 군

청사초롱이 매달려 있는 학동흑진주몽돌해변

침이 돌았다. 그런데 희소식이 들렸다. 원래 야외 식사를 하기로 계획돼 있었으나 날씨가 너무 춥자 S&T그룹 최평규 회장이 "참가자 전원이 식당에서 생대구탕을 먹자"고 제안했다는 것이다. 발걸음이 빨라졌다.

수산마을에서 학동까지는 해안산책로를 잘 마련해 놓았다. 도로를 벗어나니 풍경이 또 달라 보였다. 몽돌은 수천수만 년 동안 파도와 바람에 쓸려 원만해졌다. 학동 몽돌은 전국에 이름이 났다. 파도가 밀려오고 쓸려갈 때마다 몽돌은 묘한 소리를 낸다. 그것은 지구가 들려주는 시간 이야기다.

학동마을은 옛날부터 소나무가 울창해 학이 찾아왔다고 해서 학동마을이라고 한다. 해수욕장 입구에 두루미 조각 한 쌍이 나래를 편다. 오래된 소나무도 있다.

몽돌 해안누리를 따라 청사초롱이 매달려 있다. 몽돌을 보러 전국에서 사람들이 온다. 몽돌이 하도 반질반질하고 예뻐 가져가는 사람도 많았던 모양이다. '몽돌을 가져가면 연인과 이별한다'는 말이 생겼다.

식당에는 뜨거운 김이 가득했다. 생대구가 벌써 보글보글 끓고 있었다. 다들 소주부터 찾았다. 최평규 회장은 올해 임원이 된 S&T중공업 전욱배 이사의 술잔을 가득 채워주었다. 전 이사는 트랜스미션 분야 대한민국 최고 명장이다.

전날 사원 워크숍에서 새벽까지 사원들과 일일이 대작을 했다는 S&T모티브 김형철 전무는 취기가 아직 남아 있었다. 몇 순배 잔이 돌자 김 전무가 다시 불콰해져 말했다. "오늘 이 자리 다섯 시까지 계속 갑시다."

최평규 회장이 당혹해하며 "안 되겠다. 오늘은 일찍 마칩시다"라며 "제가 평소에 이랬나요. 참 난감하네요" 하고 껄껄 웃었다. 사원들은 "평소 배운 게 어디 갑니까"라고 응수를 하며 또 잔을 채웠다. 밖은 모두 게 얼어붙는 영하의 날씨인데 식당 안은 뜨거움이 넘쳤다.

course

: 거제 구조라~몽돌해수욕장 :

아름다운 모래 해변 반질반질한 몽돌
구조라·학동해수욕장

- **총 거리**   11.44km
- **소요시간** 2시간 51분
- **난이도**   ★★☆☆☆
- **코스**   경남 거제시 일운면 구조라해수욕장~망치 삼거리~망양마을~망치몽돌해변~
  양화마을 당산 숲~아비 도래지~팔색조 번식지~수산마을~학동공소 입구~
  거제시 학동흑진주몽돌해변

○ **코스 소개**　　거제에서 가장 아름다운 해수욕장으로 꼽히는 학동흑진주몽돌해수욕장과 구조라해수욕장을 두루 살펴볼 수 있는 코스다. 출발지인 구조라해수욕장은 아름다운 모래 해변이고, 학동은 반질반질한 몽돌로 이루어진 해수욕장이다. 구조라에서 거제대로로 명명된 해안도로를 따라 걸으면 해안 곳곳에 이국적인 펜션이 들어서 있다. 망치 삼거리를 지나면 길가의 장승이 마을을 안내한다. 주말인데도 차량 통행이 잦지 않아 별도의 산책로가 없어도 걷는데 큰 지장이 없다. 갓길이 넉넉해 도보 여행자가 걸어가기에 무난했다. 망치(望峙)는 '곶부리가 보이는 곳'이라는 뜻인데 건축 연장인 '망치'와 이름이 같아 독특한 마을이라는 느낌이 물씬 풍긴다. 후박나무 당산 숲이 있는 양화마을을 지나면 제법 도로의 고도가 높아지면서 먼바다까지 잘 보인다. 아비 도래지라는 팻말이 있고, 팔색조 번식지인 동백 숲도 지난다. 비로소 여기가 국립 공원이라는 것을 알게 된다. 수산마을로 내려서는 굽이치는 도로는 영화의 한 장면처럼 아름답다. 물메기를 말리고 있는 마을을 벗어나면 해안누리에 덱을 깔아 아름다운 산책로를 마련해 놓았다. 학동흑진주몽돌해수욕장까지는 도로를 이용하지 않아 쾌적하다. 청사초롱이 매달린 학동 해안누리는 '노래하는 돌' 몽돌을 보러 전국에서 관광객들이 몰린다.

○ **주변 볼거리**　　원신상 시인이 쓴 '일운팔경'이란 시에는 구조라해수욕장을 이렇게 표현해 놓았다. '와현 구조라 푸른 바닷가에 / 모래성 쌓고 인어가 살다 간 / 옛 물기에 찰랑대는 모래 밭 / 한여름 해수욕이 눈이 시리다.' 겨울이라 텅 빈 해수욕장이지만, 마음 가득 풍경을 채우고 올 수 있어 좋다. 거제는 풍광이 아름다운 고장이지만, 청정바다에서 나는 풍부한 해산물을 가공하지 않고 내놓는 음식이 훌륭하다. 그래서 식도락가의 발길이 끊이지 않는다. 거제도가 추천하는 거제8미를 보면 어죽, 멍게비빔밥, 도다리쑥국, 물메기탕, 굴구이, 생멸치회, 볼락구이 정식, 생대구탕이다. 이 중 두어 가지만 맛보고 와도 행복하다.

● 사천 모충공원~선진리성

아이들 걸음마다
봄 내음 '폴폴'

사천대교 아래를 지나는 국토대장정 행렬을 항공사진으로 찍었다.

S&T 국토대장정

기수단에는 태극기가 펄럭였다. 하필 가야 할 곳은 '이순신 최초 거북선길'. 이제 3월이다. 봄이 오는 길목. 유난히 추운 날씨라기에 처음엔 잔뜩 움츠러들었다가 마칠 즈음엔 모두가 훈훈해진 가슴을 활짝 열어젖혔다. 갯가의 들풀은 벌써 파릇파릇 잎을 키워 봄을 예고했다. 길에서 만난 아이들도 어느새 부쩍 자랐다. 몸도, 마음도. 320여 명이 함께 걸은 제33차 S&T 국토대장정에서 미리 봄을 만났다.

아이들이 나타났다

꽃샘추위가 만만찮을 것으로 걱정했다. 중부 이북 지방에는 한바탕 대설이 내린 뒤였다. 비가 예보돼 있어 걱정도 하였다. 사천시 모충공원에서 긴 대열이 서서히 움직이기 시작했다. '국토대장정' 깃발이 늘 앞장섰는데 태극기가 선두였다. 그래 3월인 것이다.

이른 아침이라 제법 쌀쌀했다. 그런데도 겨우내 잘 보이지 않던 아이들이 이번에는 유독 많다. 봄은 늘 새로움이다. 다둥이 엄마인 S&T모티브 김송미 대리는 삼남매와 함께 길을 걸었다. 오수빈(11)은 동생 수연(9)이의 손을 잡았고, 막내 수한(7)이는 엄마 손을 잡았다. 아빠가 참석하지 않았는데도 길은 꽉 찬다. 막내 수한이는 사뭇 얼굴이 상기돼 있다. 나중에 보니 누나들과 함께 무사히 완주했다.

요리조리 송포농공단지 길을 벗어나자 사천만이 눈앞에 펼쳐진다. 갯내음이 확 풍기며 환영한다. 사천만을 옆에 두고 걷는 이 길은 이순신 장군이 처음 거북선을 사용한 사천해전을 기려 명명한 '최초 거북선길'이다. 저 바다에서 늠름한 거북선이 왜군을 처단하러 힘차게 물살을 갈랐다는 상상을 한다. 지금 바다는 참 잔잔하다.

초등학교 때부터 아빠와 국토대장정 행사에 참석했던 이민혁 군은 벌써 중학교 2학년이 되었다. 키도 훌쩍 커 177cm란다. 3년 전 동해안 코스에서 무료함을 달래려 솔방울을 바다로 던지던 천현욱 군은 벌써 6학년이 되어 의젓해졌다. 국토대장정과 함께 아이들이 자란다.

국토대장정 참가자들 뒤로 사천만을 가로지르는 사천대교가 보인다.

가도가도 낮은 길

멀리 사천대교가 보였다. 사천만을 가로질러 사천시 용현면과 서포면을 잇는 긴 다리다. 이번 해안누리는 이때까지 걸었던 어떤 길보다 평탄하다. 넓은 바다를 두고 길이 생겼으니 고도차가 날 리가 없다. 참으로 낮은 길 그래서 사람들이 편하다.

뒤에서 걷던 사람은 초보임이 분명하다. 대화가 그랬다. "야, 이렇게 가니 구분이 안 된다." "뭐가?" "이 사람들이 중공업인지 모티브인지 모르겠다는 말이다." 길 위에는 사원도 있고, 가족도 있고 시민도 있다. 임원도 있고, 직원도 있고, 인턴도 있다. 그렇지만 이들을 구분하지 못한다. 해안누리에서는 모두 한 덩어리다.

S&T모티브에서 온 진짜 초보 해안누리꾼이 있긴 있었다. 유기준(62) 사장이다. 너털웃음이 호방하여 첫인상이 좋은 분이었다. 나중에 나이를 알고는 깜짝 놀랐다. 믿기

갯벌과 들판이 어우러진 봄이 오는 길목에서 어린아이도 엄마 아빠 손을 잡고 먼 길을 거뜬하게 걸었다.

지 않는 동안이었다. 대포마을은 갯벌과 낚시체험장으로 유명한 곳이다. 수상 가옥을 지어 놓았다. 이곳 일대에서 잡히는 개불과 전어는 맛이 좋기로 유명하다. 용현면은 토마토가 유명한 고장이기도 하다.

  웅장한 사천대교를 지나도 갯벌은 끝없이 이어졌다. 영상을 촬영하는 S&T모티브의 안승환 대리가 길 건너편에서 의미심장한 웃음을 띠고 서 있다. 가만히 보니 배경이 '벌떡새우'라는 비석이다. 새우 양식장의 상호였다. "뭘 생각하기에 그리 기분이 좋습니까?"라고 물었더니 "기자님이 생각하시는 그것과 똑같습니다"라고 맞받았다. 모형 풍차가 멋진 용현면 쉼터에서 오래 쉬었다.

금문마을 쉼터에 있는 모형 풍차.

미리 만난 봄소식

해가 중천에 떠오르자 날씨가 많이 좋아졌다. 오른편 들판 건너 와룡산이 선명하다. 넓은 들판에서는 토마토를 많이 재배하는 모양이다. 좌판이 펼쳐지진 않았지만, 언제고 다시 오면 맛볼 수 있겠다. 길옆에 공동선별장이 있는데 판매도 하는 모양이다.

종포마을을 지나 작은 언덕을 오른다. 양지바른 쪽이라 봄기운이 물씬 풍긴다. 유달리 새싹이 많고 큰개불알풀꽃도 지천으로 피었다. 겨울인 줄 알았는데 여기는 벌써 봄이었다. 어느새 찬 바람은 훈풍으로 바뀌었다. 벚나무꽃망울이 제법 부푼 선진리성 잔디밭에서 도시락을 먹었다.

'밥보다 우선 막걸리'가 지론인 최평규 회장이 잔을 높이 들었다. "통! 통! 통!" 소통과 만사형통을 외치는 건배사의 후렴구에 겨울이 그만 화들짝 달아났다. 겉옷을 벗어 두는 사람들이 많았다. 매번 그렇지만 날씨는 국토대장정의 최대 협력자다.

막걸리 몇 순배에 다들 흥이 올랐다. 40대 임원들이 단체로 싸이의 '강남스타일'에 맞춰 어설픈 말춤을 추었다. "임원들은 젊은 세대 분위기를 알아야 합니다. 여러분들이 호흡하고 함께 일하는 분들이 다 20~30대 사원입니다." 미리 세팅해 놓은 고기 꼬치가 차갑게 식은 걸 보고 "사원들에게 이런 음식을 먹일 수 없다"며 도시락 업체 매니저를 호통친 최 회장이 짧은 '춤 공연'을 연 것은 생동하는 봄이었기 때문일까.

매번 유모차를 타던 S&T모티브 박성주 과장의 아들 건휘(6)는 이날 처음 제 발로 12km를 완주했다.

S&T 국토대장정 참가자들이 태극기를 힘차게 휘날리며 사천 '최초 거북선길'을 따라 걷고 있다.

course

: 사천 모충공원~선진리성 :

사천해전 유적 따라 걷는 바닷길…
대포마을 특산물인 석화·전어도 별미

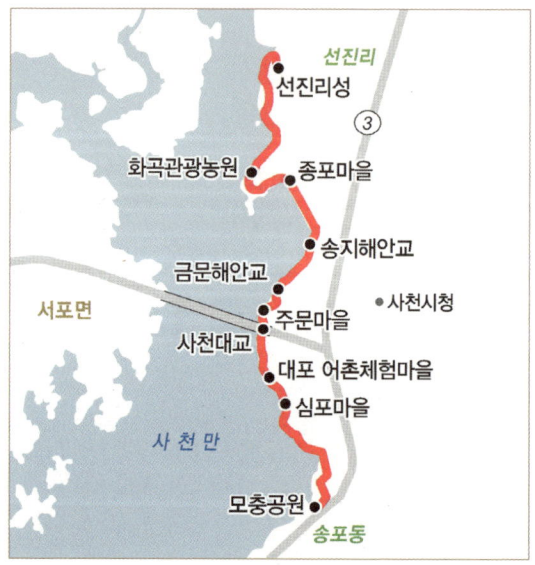

- **총 거리**   12.37km
- **소요시간**   3시간 30분
- **난이도**   ★★☆☆☆
- **코스**   경남 사천시 모충공원~송포농공단지~심포마을~사천대교~주문마을~금문해안교~
송지해안교~종포마을~화곡마을~선진리성

○ **코스 소개**   최초의 거북선 해전 유적을 따라가는 사천 '최초 거북선길'과 코스가 대부분 일치한다. 사천시가 만든 이순신 바닷길의 2코스다. 사천시 모충공원에서 출발하면 사천만을 왼편에 끼고 내륙을 향해 깊숙하게 들어가는 형태로 걷는 길이다. 송포농공단지를 가로질러 공단을 빠져나오면 곧바로 왼편에 사천만이 펼쳐진다. 사천만은 갯벌이 잘 발달해 있어 칠면초, 갯질경, 갯개미자리, 지채 등 각종 염생식물과 쏙, 풀게, 비틀이고둥 등 갯벌 생물이 다양하게 서식하고 있다. 이때부터 걷는 내내 바다와 도란도란 대화를 나누며 걸을 수 있다. 오른쪽은 사천의 명산인 와룡산 줄기가 넉넉하다. 사천대교 못미처 있는 대포마을에는 해상콘도가 있어 관광객을 손짓한다. 사천대교는 사천시 용현면과 서포면을 연결한다. 전 구간 내내 높낮이가 없는 평지이기에 길은 평탄하여 걷기에 무리가 없다. 와룡산 줄기에서 발원한 백천과 송지천을 지나면 용현면 명품 토마토 요리 체험장이 있다. 종포마을을 지나 화곡으로 가는 길은 유달리 따뜻하여 봄이 성큼 와 있다. 종포일반산업단지를 지나면 선진리성이 있는 선진공원이 나온다.

○ **주변 볼거리**   해상 돔 하우스 펜션이 있는 대포 어촌체험마을은 2015년 해양수산부가 주최한 전국의 대표 어촌 체험마을로 선정됐다. 참다래와 석화, 전어가 특산물인 대포마을은 석화 따기 체험과 바다낚시, 바지락 캐기 등을 할 수 있다. 매년 7~8월이면 대포마을에서 전어축제가 열린다. 1592년 5월 29일 사천해전은 거북선이 최초로 실전에 사용된 날이다. 사천해전에서 이순신 장군은 왜선 10여 척을 격침했다고 한다. 사천 선진리성은 경상남도 문화재 자료로 정유재란 때 왜군이 쌓은 성이다. 전형적인 일본식 성곽으로 1597년 10월에 모리 부자가 성을 쌓았다고 한다. 성벽 내부에는 일본군이 쌓은 다수의 건물도 존재했다. 삼면이 바다여서 명나라 군대도 쉽게 공략하기 힘들었으며, 이런 위치 선택은 전쟁 이후 우리나라의 축성 위치에도 영향을 주었다고 한다. 지금은 공원으로 지정돼 매년 봄 벚꽃축제가 열린다.

● 광양 돈탁마을~배알도해변공원

매화 향기에
사람도 섬진강도 취한 그 길…

섬진강에 봄이 왔다.
S&T 국토대장정 참가자들이 매화꽃 활짝 핀 섬진강 길을 따라 걸으며 봄을 만끽하고 있다

지리산 자락을 굽이쳐 온 섬진강이 한껏 넉넉해졌다. 산과 언덕에 매화가 피었다. 달짝지근한 매화 향기에 반한 사람들이 묻는다. 이건 무슨 향기지? 바야흐로 봄이었다. 새벽까지 한바탕 비가 내려 길은 말끔하게 씻긴 상태. 이번에도 역시 하늘은 제34차 S&T 국토대장정 참가자를 축복해 주었다. 매화 그득한 강변에 물안개가 피어올랐다. '무릉'이 여긴 게지. 봄 풍경에 그만 유혹된 몇몇은 기어코 목로주점에 들렀다는 풍문도 봄바람에 실려 왔다.

꽃이 피니 정녕 봄이로구나

지난해 이맘때 보았던 돈탁마을의 소나무는 푸르렀다. 소나무 비보 숲 사이에 서 있는 장승도 새 옷을 입었는지 화려했다. 465명의 S&T 국토대장정 참가자들이 섬진강 둑길에 길게 늘어서기 시작했다. 근래에 보기 드물게 사람이 많이 모였으니 봄이 맞다. 시작부터 매화가 활짝 피어 길손들을 반겨 주었다. 꼭 1년 만에 다시 국토대장정에서 가족 상봉을 한 S&T모티브의 하동처녀 서재경 대리가 어머니, 동생과 함께 걷는다. 모녀의 얼굴에도 꽃이 피었다.

모터사업본부장 권형순 상무와 개발팀 23명이 한꺼번에 참석했다. 전날 오후 서울 출장을 갔던 조인섭 전무는 밤늦게 일을 마치고 새벽에 국토대장정 대열에 합류했다니 참가자가 500명에 육박하는 것이 당연했다. 무엇보다 꽃구경을 온 가족참가자들이 많아 분위기가 훈훈하다. 섬진강을 따라가며 상쾌한 발걸음을 딛는다. "바다와 하늘이 만나는 섬진강, 마음의 편지를 보내는 곳"이란 글귀가 적힌 커다란 우체통이 있다. 가까이 가서 보니 우체통 모양의 화장실이다. 다들 눈길을 준다. 일부는 '마음의 편지'를 보내러 우체통 안으로 들어간다.

앳돼 보이는 도현이가 엄마 손을 잡고 바지런히 걷는다. 초등학교 1학년이라고 했다. 모티브에 근무하는 아빠 강현순 씨는 형과 함께 저만큼 앞서가고 있다며 완주를 다짐한다. 강 건너 하동 고을에는 물안개가 피어오른다. 이렇게 아름다운 풍경을 혼자 보기가 아까워 누군가에게 전화를 걸고 싶었다.

오사리 들판을 지나자 길은 섬진강매화로로 이어진다. 강에 바짝 붙은 자전거도로가 있어 걷는 데 불편함이 없다. 아침에 지나왔던 남해고속도로 섬진강교 아래를 지난다.

퍼 간다고 마를 강물이더냐

강폭이 한껏 넓어졌다. 곳곳에 갈대밭과 갯벌이 있어 강이 바다와 만났다는 것을 알 수 있었다. 시인 김용택은 섬진강을 노래하며 "실핏줄 같은 개울물들이 끊기지 않고 모여 흐른다"고 했다. 지리산 불일폭포 물도, 백운산 골짝 물도 그렇게 섬진강에 보태진 것이다. 강물이 마르지 않는 것은 작고 소중한 정성이 모였기 때문이다. 뿌리 깊은 나무가 바람에 흔들리지 않는 것처럼. 이제 진월정이다.

진월정공원은 진월면 소재지에 있는데 2층 정자가 제법 번듯하다. 산수유와 매화가 한껏 피어 있다. 넉넉하게 쉬었다가 다시 모여서 출발하기에 앞서 S&T모티브 유기준

섬진강 자전거길에 있는 우체통 화장실.

강과 바다가 만나는 섬진강의 갈대밭.

대표이사가 힘차게 구호를 외쳤다. 그러고 보니 이번이 2013년 3월 23일 울산 간절곶에서 S&T 국토대장정의 첫발을 디딘 지 꼭 3년이 되는 달이었다.

  도로 옆에 널찍하게 목재 덱 길이 마련돼 있어 걷기에 좋았다. 망덕포구다. 길 건너편에는 '도다리회, 도다리쑥국, 벚굴' 등 길손을 유혹하는 간판을 내건 식당이 즐비했다. 냉큼 길을 건넜다.

  벚꽃이 필 때가 제철이라는 '벚굴'을 봤다. 크기가 보통 굴의 10배다. '한 개만 먹어봤으면······.' 입맛을 다셨다. 잠시 한눈을 파는 사이에 대열은 저만큼 멀리 가 버렸다. 부리나케 꽁무니를 따라가기 위해 열심히 달렸다. 하지만 이런 유혹을 이기지 못한 S&T그룹 최평규 회장은 망덕포구 어느 목로주점의 문을 그만 들어서고 말았던 모양이다. 상황이 걱정된 S&T중공업 정석균 사장이 "우리 이래도 되는 겁니까"라고 걱정스레 묻자 "인생 뭐 별 거 있습니까. 한 잔 먹고 갑시다"라고 안심을 시켜 '공범'으로 만들었다는 것이다.

점심 때 최 회장은 "참 좋은 날씨다. 매화가 피지 않았느냐. 이런 데 딱 한 잔 안 할 사람 있느냐"며 곁길로 샌 것에 대한 설득력 있는 '진술'을 해서 좌중을 즐겁게 했다.

하늘과 바람과 별과 꽃

망덕포구엔 또 하나의 기쁨이 있으니 그것은 윤동주의 자취다. 시인 윤동주는 시집을 펴내려고 했으나 여의치 않았다. 일본 유학을 떠나며 이곳 망덕포구가 고향인 절친 정병욱에게 원고를 좀 맡아 달라고 부탁했다. 결국 윤동주는 후쿠오카의 감옥에서 옥사했고, 영영 묻힐 뻔했던 그의 시는 여기에서 발견돼 시집이 되어 세상과 만났다. '하늘과 바람과 별과 시'라는 윤동주 최초이자 최후의 시집이다.

정병욱 가옥은 옛날 양조장을 겸했던 모양인데 큰길 가에 있었다. 여수에서 왔다는 아주머니들이 유리문 안을 들여다보고 있었다. 원고를 숨겨 두었다는 오래된 서랍장이 지금도 마루에 있었다.

태인대교를 건너 배알도에 들어선다. 배알도는 강 건너 망덕산을 향해 절을 하는 형상이어서 이름이 그렇게 붙었다고 한다. 한때 해수욕장이 있었지만 모래가 줄어 지금은 사용하지 않는다.

배알도 해변공원으로 가는 길에 명당마을이 있다. 마을 입구에 들어서니 매화 향이 물씬 풍겼다. 온통 매화나무로 희고 붉은 꽃이 마을을 수놓고 있었다. 하지만 명당마을 부근이 산업단지로 개발되는 모양이다. 경작하지 말라는 플래카드가 붙어 있다. 농부들은 개의치 않고 밭을 갈고 씨를 뿌리고 있었다. 봄이기에.

수변공원 그윽한 자리에서 점심을 먹었다. 섬진강 명물인 재첩무침회와 재첩국이 나왔다. 최평규 회장은 "이미 검수가 끝난 국산 재첩이니 맛있게 드시라"고 했다. 망덕포구에서 잠시 쉴 때(?) 재첩을 공급한 식당을 점검하고 온 것이다. 재첩 한 알에도 우주가 담겨 있다고 했다. 고마운 마음으로 국그릇을 바닥까지 훑었다.

남쪽에서 살랑살랑 봄바람이 불었다. 블루투스 스피커로 이생진 시인의 '성산포에서'란 시를 함께 들었다. "성산포에서는 술은 내가 마시는데 취하긴 바다가 취한다." 모두 춘흥에 겨웠다. 4월은 또 잔인하겠지만, 죽은 땅에서 라일락이 필 것이다.

윤동주 시인 원고가 보관된 정병욱 생가.

course

: 광양 돈탁마을~배알도해변공원 :

제철 맞은 벚굴과 윤동주 자취 담긴 호남정맥의 시발점

- **총 거리**   11.37km
- **소요시간** 3시간 20분
- **난이도**   ★★☆☆☆
- **코스**   전남 광양시 진월면 오사리 돈탁마을~우체통 화장실~섬진강 매화로~섬진강교~
  섬진강휴게소~진월정~망덕포구~정병욱 가옥~태인대교~배알도해변공원

○ **코스 소개**　　섬진강 제방에 비보 숲이 있는 돈탁마을에서 출발한다. 160여 그루의 소나무가 마을을 지켜 주고 있다. 섬진강 제방으로 이어진 자전거도로를 따라 하구로 걷는다. 둑 아래 섬진강 쪽으로는 산책로가 잘 마련돼 있어 그 길을 이용해도 된다. 배알도해변공원까지 자전거도로가 이어지기 때문에 편안하게 걸을 수 있다. 망덕포구 일부 덱 구간은 자전거 통행을 막고 사람만 지나갈 수 있도록 해 놓아 더욱 쾌적하다. 진월면 소재지에 있는 진월정공원에는 높은 정자와 넓은 잔디 광장이 마련돼 쉬어가기에 좋다. 망덕포구를 지날 때는 먹거리 볼거리가 많아 한눈 팔기 십상이다. 태인대교를 넘어가면 배알도해변공원이 나온다. 마을 일부가 산업단지로 개발될 모양인지 '경작 금지'라는 안내문이 곳곳에 붙어 있다. 이제 곧 없어질 명당마을을 지나면서 진한 매화 향기에 잠시 걸음을 멈추어도 좋다.

○ **주변 볼거리**　　넉넉한 하구와 갈대밭, 갯벌, 벚꽃길, 매화나무가 진짜 볼거리다. 돈탁마을~배알도 코스는 자연의 풍광이 제일 아름답다. 그다음엔 망덕포구 그리고 윤동주다. 망덕포구에는 커다란 전어 조형물이 있다. 전어는 이곳 망덕포구의 특산물로 옛날부터 후릿배를 이용해서 잡았다고 한다. 망덕포구에는 벚굴이 한창이다. 벚꽃이 필 즈음에 생산되는 벚굴은 굴 패각이 신발짝만 할 정도여서 그 크기에 압도된다. 민물과 바닷물이 만나는 기수역에서 생산되는 벚굴은 망덕포구의 자랑이다. 망덕포구는 백두대간 영취산에서 시작하여 금남호남정맥을 지나 이어진 호남정맥의 끝자락인 망덕산 아래에 있다. 그래서 '호남정맥의 시발점'이라는 안내판을 붙여 놓았다. 윤동주의 친구 정병욱이 없었으면 '서시'는 세상에 알려지지 못했다. 일제 강점기 윤동주의 육필 원고를 감추어 보관했던 장소가 망덕포구에 있는 정병욱 교수의 부친이 운영했던 양조장이다. 양조장 유리문 너머로 원고를 보관했던 서랍장이 보인다. '하늘을 우러러 한 점 부끄럼이 없기를……'

● 서구 암남동~송도해수욕장

회색 바위 절벽
봄맞이 옷 입다

제35차 S&T 국토대장정 참가자들이 부산 서구 송도반도 부산 국가지질공원 산책로를 따라 걷고 있다. 송도반도 해안누리는 바다와, 산, 도시와 공원 그리고 봄을 한꺼번에 볼 수 있는 곳이다.

봄바람에 꽃잎이 날렸다. 사람들이 또 길 위에 섰다. 눈앞에 하나의 길이 있다. 이름은 이미 서너 개다. 서구 해안 볼레길, 서구 트레킹 숲길, 갈맷길, 암남공원 산책로. 이제 이 아름다운 길은 새로운 이름을 하나 더 얻었다. 제35차 S&T 국토대장정 길이다. 길 위에서 한 땀 한 땀 국토사랑을 배우는 이들이 부산 서구 송도반도를 찾았다. 벚꽃은 함박웃음을 지으며 환하게 맞아 주었다.

돌아온 그 사람

'봄은 강남 갔던 제비가 돌아오는 달'이라는 그리운 말이 있다. 겨우내 바다 저 멀리 있던 봄이 성큼 밀어닥치자 기다렸다는 듯이 꽃들이 일제히 호응했다. 그래서 사방은 온통 꽃잔치다. 육지에서 뾰죽하게 뻗어 나가 두송반도와 함께 감천항을 만들고, 또 한쪽에는 송도해수욕장을 품은 '송도반도'도 모든 봄의 주인공이 돌아와 제자리를 잡고 있었다.

 벚꽃 만발한 해안누리에 435명의 국토대장정 참가자들이 대열을 이뤘다. 최평규 회장이 버스에서 내리는 참가자들과 눈인사를 하고 있다. "단장이 아직 도착을 안 해 제가 '대타'로 뛰고 있습니다." 마지막 참가자가 대열에 합류할 때까지 최 회장은 그 자리를 지켰다. 국토대장정 신임 단장인 S&T모티브 유기준 사장이 제주에 회의 참석차 가서 아침 비행기로 오는 중이라고 했다.

 모두의 발걸음이 가벼워 보였다. 사방이 꽃이고, 막 싹을 틔우기 시작한 나무들이 싱그러웠기 때문이다. 한 요양병원 입구에 "저 자신이 간호를 받는 날이 올 것입니다. 그 때 간호를 받고 싶은 것처럼 지금 그러한 간호를 하겠습니다"란 글귀를 돌에 새겨 놓았다. 지금 쌓은 '복덕'도 나중에 그렇게 돌아올 것이다.

 돌아온 사람이 또 있었다. 종주단원으로 활동하다가 지난 2월 퇴사한 이진아 씨가 이번에는 일반 참가자로 국토대장정에 합류한 것이다. 인천에서 달려온 이 씨는 "이렇게 다시 만나니 너무 좋은데요" 하며 대열 속으로 들어갔다.

 옛 혈청소 일대를 지난다. 일제는 1909년 모지포 일대에 한우를 일본으로 보내기

봄바람에 꽃잎이 날리는 길은 참가자들의 눈을 즐겁게 한다

송도반도에서 바다로 성큼 건너간 두도

전 검사를 위한 '수출우역검역소'를 설치했다. 2년 뒤인 1911년 '우역혈청제조소'를 창설했는데 혈청소란 우역혈청제조소를 줄인 말이다. 지금은 이전을 했고, 이름만 남아 있다. 암남공원 내부로 깊숙하게 들어선다. 숲이 제법 울창하다.

대가리섬이 뭐야

느닷없이 숲속에 풍차가 보였는데 화장실이었다. 산책로는 널찍해서 좋았다. 돌과 쇠로 만든 조각 작품이 곳곳에 있었다. 좀 생뚱맞다 싶다가도, 천마산 조각공원을 떠올리니 숲과 그리 안 어울리는 조합도 아니었다.

등산로 같은 좁은 길로 들어선다. '볼레길'이라고 한다. 볼레는 '볼래'와 '둘레'의 합성어란다. 자라목 같은 곳에서 잠시 바다가 보이더니 짙은 숲이 또 이어진다. 눈앞에 환하게 밝아온다. '지금이 절정이다'고 외치는 벚나무 두 그루가 있다.

절벽 아래 두도가 고고하게 자리를 잡고 있다. 두도는 모지포 사람들이 대가리섬이라고 부른다고 안내판에 적어 놓았다. 송도반도의 끝 지점에 우뚝 솟아 있으니 우두머리가 맞다. 두도의 주인은 따로 있는데 재갈매기와 괭이갈매기, 민물가마우지, 해오라기의 공동 소유다.

두도전망대에서 발길이 떨어지지 않아 한참을 경치 구경했다. 다시 암남공원을 향해 걷는다. 포구나무가 한 그루 있다. 음수대가 있어 물을 먹었다. 수돗물이라고 적어 놓았지만, 약수 같았다. 포구나무 쉼터는 예전 바다로 나간 남편을 마중하던 아낙들이 기다리던 곳이라고 한다. 원래 샘이 있어 나무꾼이나 나물 캐는 처녀가 목을 축이기도 했단다. 나뭇가지가 예사롭지 않게 우아하다.

해안으로 바싹 붙은 산책로를 따라가니 바닷가로 내려가는 절벽 길에 계단이 잘 놓여 있다. 주변 바위 절벽은 온통 붉고 기괴한 색이다. 이곳 일대가 수천만 년 전엔 거대한 호수였다니. 짠 바닷물이 철썩이는 갯바위 위에 사람들이 저마다 자리를 잡았다. 그리고 가지고 온 음식을 나누며 오래 쉬었다.

두도전망대의 봄꽃들.

현인 노래 10곡

계단을 한참 내려가야 했다. 아래에서 쉬었다가 다시 올라온다는 정보를 입수하고 내려가지 않을 생각을 한 것이 사실이다. 노란 피나물꽃을 구경하고 있는데 큰소리로 "이 기자, 내려갑시다" 하고 유기준 사장이 꾸짖듯 불렀다. 어느새 제주에서 새벽 비행기를 타고 와서 단장의 소임을 다하고 있는 것이다.

　내려가지 않았으면 후회할 뻔했다. 파도 가까운 곳에서 앉아 붉은 바위를 보았다. 오랜 세월이 저 속에 있다니. 손에 조약돌이 잡혀 쥐었더니 따뜻했다. 모두 흥에 겨워 한 목소리로 파이팅을 하고 다시 걷는다.

　뒤에 따라 걷던 사람이 조금 전 쉴 참에 보이스 피싱을 당하는 느낌을 받았다고 말했다. 회장님 드린다며 누가 막걸리를 한 병 얻어갔는데, 잠시 뒤 그 사람이 또 왔더라는 것이다. 그래서 속으로 '이거 회장님 핑계대고 사기치는 거 아이가' 하고 의심했다는 것. 옆에 있던 사람이 "아니다. 회장님 진짜 오셨고, 막걸리 드셨다"고 확인을 해 주어 웃음으로 오해를 풀었다. 그 바닷가, 그 색동저고리를 입은 바위 풍경에서 누군들 어찌 막걸리 한 모금을 마다했을까.

붉은 바위에 모인 참가자들.
송도반도 해안 산책로.

출렁다리에서는 흔들지 않아도 몸이 흔들렸다. 모두들 어린아이같이 좋아했다. 암남공원 주차장 한쪽에는 전복과 소라, 조개와 홍합을 파는 포장마차들이 빼곡하게 들어차 있다. 역시 입맛만 다시며 지나쳤다. 해안누리 가파른 절벽에 놓인 산책로를 따라 송도해수욕장 현인 선생 노래비가 있는 그 자리에서 점심을 먹는다. 봄이라고 S&T중공업의 한 임원이 사비를 털어 해삼과 멍게를 사 왔다. 박수가 터졌다.

번호를 누르니 현인 선생의 노래가 흘러나왔다. "음악 좋제, 술 있제, 안주 좋제, 세상 더 부러울 것 없다." 춘흥에 겨운 최평규 회장이 밥부터 먹는 사람은 바보라고 했다. 참 좋은 시절이다.

course

: 서구 암남동~송도해수욕장 :

암벽과 바다 보며
해안 절벽 따라 걷는 송도반도 산책로

- **총 거리**   8.75km
- **소요시간**   3시간 40분
- **난이도**   ★★★☆☆
- **코스**   부산 서구 암남동~재활용선별장~동원냉장~국제수산물도매시장~두도전망대~
포구나무쉼터~출렁다리~암남공원~해안산책로~송도해수욕장

○ **코스 소개**   감천항을 가운데 두고 두송반도와 쌍벽을 이루는 송도반도를 한꺼번에 아우르는 아름다운 코스다. 암남동 송도요양병원 앞에서 출발하여 서구 재활용선별장을 지나 국제수산물도매시장 방면으로 가는 산책로를 따라 길은 이어진다. 벚꽃이 만발한 '서구종단트레킹 숲길' 코스와 대부분 일치한다. 모지포마을을 지나면서 찻길과 이별하고 암남공원으로 들어서면 본격 공원 산책로가 시작된다. 국제수산물도매시장을 발아래로 보며 잘 닦인 산책로를 걸으면 어느새 두도전망대가 나온다. 두도전망대에서 절벽 위로 조성된 해안누리를 따라 돌아 나오면 이번에는 포구나무쉼터 쪽으로 난 길을 따라 암남공원으로 간다. 길은 가파른 곳에 만들어 놓았지만, 안전하게 걷도록 펜스를 마련해 놓았다. 음수대가 있는 포구나무쉼터를 지나면서 해안 절벽 아래를 감상할 수 있는 산책로가 이어진다. 출렁다리를 몇 개 건너 암남공원 주차장에 도착하면 송도해수욕장으로 가는 마지막 절경이 또 눈앞에 펼쳐진다. 해안 절벽을 따라 산책로를 만들어 암벽과 바다를 한꺼번에 조망할 수 있다. 멀리 남항대교도 잘 보인다. 해안 산책로 막바지에 현인 선생의 노래가 흘러나오는 송도해수욕장이 있다.

○ **주변 볼거리**   송도반도는 두송반도, 두도, 태종대, 이기대, 장산 등 12개 지역을 묶어 도시형 국가 지질공원으로 2013년 지정되었다. 약 8천만 년 전인 중생대 백악기 말에는 낙동강 하구에서 송도까지는 다대포분지라고 하는 커다란 호수였다고 한다. 그래서 이곳 주변에는 두꺼운 퇴적층이 쌓이게 되었고, 붉은색 이암, 공룡알둥지화석 등이 발견되고 있다. 이곳 지질공원은 백악기 이후 부산 지역 지각 변형 과정을 한눈에 볼 수 있는 명소다.

● 여수 오천리 마을회관~장척갯벌노을마을

풍만, 충만, 낭만, 여자만(灣)

호수처럼 잔잔한 여자만에 작은 배 한 척이 떠 있다.
멀리 보이는 긴 섬이 여자도다.

그러니까 오색나비 모양의 아름다운 항구 도시인 여수의 속살이 여기렷다. 꼬불꼬불한 해안선의 길이가 무려 2천 300리(920km)가 되고, 속한 섬이 365개라는 여수에서도 잘 알려지지 않아 더욱 아름다운 '해넘이길'을 S&T 국토대장정 참가자들이 걸었다. 걸쭉한 남도 사투리와 맛깔스러운 서대회, 갓김치의 알싸함에 여행의 재미는 농익었다. 황홀한 여자만(汝自灣)은 또 얼마나 품이 깊고 넉넉하던가. 입은 닫히고 가슴은 열렸다.

여자만의 암탉인가

서울 인사동에 가면 여자만이라는 식당이 있다. 딱 한 번 가 본 적이 있는데, 꼬막 맛보다는 막걸리에 취했던 기억만 있다. 그 여자만의 진짜 주인공을 36차 S&T 국토대장정에서 걷는 내내 만났다. 330여 참가자들이 여수에서 여자만을 만나는 행운을 누렸다.

여자만은 중심에 있는 섬 이름이 여자도이어서 그렇게 불린다. 여자도는 주변 섬 모양이 '여(汝)' 자처럼 생겼고, 섬 안에서 자급자족할 수 있다고 해서 '스스로 자(自)'가 붙었다고 한다.

여자만의 깊숙한 곳은 갯벌이 유명한 순천만이다. 한자 뜻풀이와 상관없이 여자만과 여자도는 이름만으로 뭇 남성들의 가슴을 설레게 하는 곳임이 분명하다. 분명히 오천리로 입력한 내비게이션이 엉뚱한 곳으로 안내하는 바람에 40분 늦게 도착한 여자만은 막 밀물의 끝자락이어서 방조제 높은 곳까지 바닷물이 찰랑댔다. '그래, 어디 불쑥 찾아왔다고 덥석 손잡아 주는 여자만이라면 매력이 없지.'

오천리 마을회관을 출발한 대열을 관기방조제에서 만나 따라붙었다. 일제 강점기 때 만든 관기방조제는 더 고치고, 둑을 높여 옥답이 유지되고 있다. 과연 방조제 이전의 해안선을 상상하면 그 굽이가 얼마나 길지 가늠이 안 될 정도다.

이번 36차 국토대장정은 2기 종주단이 새롭게 구성되었다. 유기준 S&T모티브 사장이 단장을 맡았고, 박명수 경영지원본부장이 부단장이며 2015년 입사한 조효종 신입사원부터 30년 차 사원까지 모두 37명이다. 올해 S&T 창업 37주년을 맞아 종주단도

품이 깊고 넉넉한 여자만을 걷고 있는 국토대장정 참가자.

37명이란다. 운 좋게도 윤치호 차장과 양홍석 과장 등은 1기에 이어 2기 종주단을 계속하고 있다. 종주단은 해안누리를 열고, 마지막 청소까지 하며 행진을 최종 마무리하는 봉사자다.

국토대장정 깃발을 든 새내기 종주단 조효종 사원은 기수단이 힘들지 않으냐는 말에 "문제없습니다. 기분 좋습니다"고 답했다.

가도 가도 해안누리

논두렁이 있는 곳은 다 모를 심으려고 물을 대 놓았다. 바다와 둑 하나를 경계로 논이 있으니 어디가 논이고 바다인지 쉽게 구별할 수 없었다. 여자만은 조용하고 넉넉하여 도무지 바다라는 실감이 나지 않았다. 갈대가 무성한 갯벌엔 물이 빠지기 시작하면서 곳곳에 게 구멍이 돋아나기 시작했다.

소라면으로 접어들었다. 해안누리 한편에 자투리 꽃밭이 있다. 꽃양귀비가 반긴다. 2007년부터 2년간 소라면민들이 '추억의 고향길 조성 사업'을 통해 만든 꽃밭이다. 군데군데 정자도 있다. 초여름인데도 한낮 온도가 26도를 넘어서며 여름 날씨를 방불케

물이 빠진 여자만은 도무지 바다라는 실감이 나지 않았다.

했지만, 바다에서 시원한 바람이 불어 그리 덥지 않았다.

복산2구 갯벌을 지나 쉼터에 도착했다. 넓은 공터에는 특이하게 작은 조각상 하나가 있다. '염원'이라는 조각상은 두 손을 하트 모양으로 모아 그 속으로 여자만을 바라볼 수 있게 해 놓았다. "지구별의 보물, 여자만은 해 질 무렵 아름다운 추억의 바다가 된다"고 쓰여 있다. 이 길이 노을이 아름다운 '해넘이길'이라는 걸 알 수 있다.

쉼터에는 금방 지은 듯한 화장실이 있었는데 알고 보니 S&T모티브가 편의를 위해 임시로 만든 화장실이라고 했다. 많은 인원이 움직이면 그만큼 품이 많이 든다.

한참을 쉰 대열이 다시 출발한다. 선착장에 작은 어선 한 척이 한가롭다. 난데없이 많은 길손이 오니 동네 사람들이 "으디서 왔소"라고 놀라며 관심을 보인다.

달천마을이다. 달천은 섬달천과 육달천으로 구분한다. 섬달천은 달천도이고 육달천은 해안 마을이다. 여자도는 섬달천에서 갈 수 있는데 예전에 교통이 좋지 않을 땐 여수에서 여자도까지 뱃길로 5시간이 넘는 오지였단다.

도로에 모판이 즐비하다. 아예 모를 도로에서 키운 듯하다. 이제 곧 저 모들은 물 댄 논에서 뿌리를 내리고 커 갈 것이다.

하트 모양의 두 손 사이로 여자만이 보이는 조각상.

S&T 국토대장정 참가자들이 도로에서 모판이 자라는 육달천 마을 해안누리를 걷고 있다.

썰물 드는 무렵에

육달천마을에서 해안도로는 마을 안쪽으로 이어진다. 주말을 맞아 도회서 온 식구들까지 가세해 양파 수확이 한창이다. 달천 양파는 덩치가 커서 아이 머리통만 한 것도 있다. 흙이 불그레한 것이 토질이 좋다. 여자만을 내려다보는 밭에는 옥수수가 허리만큼 자랐고, 고추도 지지대에 의지해 몸집을 키우고 있다. 전동카를 타고 나온 할머니들도 밭에서는 꼬부랑 허리로 열심히 일한다.

햇볕 쨍쨍한 한낮. S&T모티브 유기준 사장이 종주단에 "서둘 필요 없다. 충분히 쉬면서 가자"라고 한다. 지원팀이 건네준 수박화채가 시원해 한 그릇 더 먹었다.

말 그대로 활처럼 휜 만이 일품인 궁항마을은 경치가 빼어나 노을 구경에 으뜸이라고 한다. 한낮이니 석양까지는 도무지 기다릴 수는 없다. 유 사장은 "이런 곳은 노을 질 무렵에 걸어야 제맛"이라며 "여수 밤바다를 보려면 저녁까지 있어야 한다"고 농담을 했다.

장척마을에 도착했다. 여덟 그루 정자나무가 푸름을 자랑하고 있다. 최근엔 마을 이름을 장척갯벌노을마을로 따로 지어 갯벌 체험 행사도 하는 모양이다. 이미 썰물이 시작돼 저 멀리 복개도까지 바닷길이 열렸다. 이곳 갯벌에는 멸종위기종인 붉은발말똥게와 갯게가 서식한다. 게들은 바닷물이 빠져나간 갯벌에서 기지개를 켠다. 점심 도시락을 받았건만 늦게 온다던 S&T그룹 최평규 회장은 일정이 생겨 끝내 오지 못했다. "물이 들 때는 모릅니다. 물이 빠질 때 비로소 바위가 드러나죠." 걸으면서 모티브 박성현 이사가 한 이야기가 떠올랐다.

최 회장의 빈자리가 컸다. 난 자리가 선명해 다들 흥을 못 낸다. 막걸리 잔도 오래 비워지지 않았다. S&T중공업 정석균 사장은 "중심이 없으니 너무 허전하네요"라며 특유의 입담도 그만 썰물에 실어 보낸다.

심은 지 70년이 된 장척마을 느티나무는 푸를 대로 푸르러 넓고 시원한 그늘을 만들어 주었다. 큰 나무는 그렇게 품이 넉넉하다.

course
: 여수 오천리 마을회관~장척갯벌노을마을 :

여수 민속촌 '중촌마을'
일몰 명소 '달천마을' 따라 놓인 해안도로

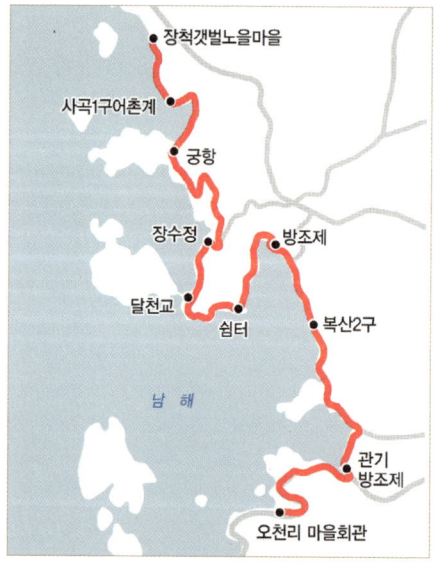

- **총 거리**   12.4km
- **소요시간** 3시간 10분
- **난이도**   ★★☆☆☆
- **코스**   전남 여수시 화양면 오천리 마을회관~관기방조제~복산2구~방조제~쉼터~달천교~
               장수정~궁항~사곡1구어촌계~소라면 장척갯벌노을마을

○ **코스 소개**   걷는 내내 여자만과 함께한다. 오천리를 출발하면 바다를 가로막아 농지를 만든 관기방조제 둑길이 나온다. 일제 강점기인 1922년 일본인 고뢰농장이 만든 이 둑은 이후 방조제 안쪽이 농지가 되면서 쌀과 목화를 재배해 일본으로 가져갔다고 한다. 해안도로는 특유의 리아스식 해안을 따라 만들어져 구불구불하나 높낮이가 거의 없어 걷기 좋다. 복산어촌계가 관리하는 갯벌을 지나면서 주위는 한층 넓어진다. 여자만도 넉넉하게 잘 보인다. 다만 걷는 도중에 화장실이 없어 생리적 요구를 해결하기가 조금 힘들다. 포장도로이지만 자전거 이외는 거의 눈에 띄지 않아 쾌적한 것은 좋다. 달천마을을 지나면서 잠시 해안로가 끊기기 때문에 마을로 들어서서 멋진 언덕을 넘어가면 궁항이다. 궁항에서 장척갯벌노을마을까지는 해안누리로 이어진다.

○ **주변 볼거리**   이번 코스 주변에는 독특한 마을이 있다. 여수의 민속촌이라 불리는 소라면 현천리 중촌마을이다. '여수갈매기'라는 블로그를 운영하는 한창진 씨에 따르면 이 중촌마을은 지난 100년 동안 쌍둥이가 38쌍이 태어나 기네스북에 올랐다. 이상하게도 같은 현천인 데도 그 옆 오룡마을에서는 쌍둥이가 없단다. 중촌마을에 쌍둥이가 많이 태어난 것은 부엌이 동쪽으로 돼 여수 쪽 쌍봉우리를 보는 것과 국사봉 약수 덕택이라는 설이 있다고 한다. 벌교보다 꼬막축제가 먼저 열렸다고 자랑하는 달천마을은 일몰이 기가 막히는 곳이다. 한때는 여수해양엑스포 자리가 들어선다고 해서 들뜨기도 했단다. 마을과 마주하고 있는 섬달천은 다리로 연결돼 걸어서 들어갈 수 있다. 일몰 명소는 달천과 궁항 사이 언덕. 달천은 옛날 소라포 달래도라고 불렸는데 송강 정철 선생의 둘째 형인 청사 정소 선생이 을사사화를 피해 숨어 지낸 곳이라고 한다. 이번 코스의 종착지인 장척마을은 장척갯벌노을마을이란 멋진 이름을 하나 더 갖고 있다. 썰물 때는 마을 앞 복개도까지 걸어 들어갈 수도 있고 여자만 갯벌에서 꼬막도 캐고, 맨손 고기잡기 체험도 할 수 있다. 체험 문의 061-691-8777.

● 경북 포항시 발산마을~호미곶광장

다정한 연인·가족과
손잡고 걷는 예쁜 길

포항 호미곶 해안누리는 이육사 시인이 '청포도'에서 읊조린 것처럼 '하늘 밑 푸른 바다가 가슴을 활짝 여는 곳'이었다.
37차 국토대장정 참가자들이 대동배1리에서 대동배2리로 가는 해안누리를 따라 경쾌하게 걷고 있다.

"내 고장 칠월은 청포도가 익어 가는 시절…." 광야의 시인이자 독립투사였던 이육사는 칠월을 청포도가 익어가는 시절로 읊었다. 시인의 혜안이 8월에 광복이 올 것을 알았던 것일까. 해방 한 해 전 겨울 중국의 일제 감옥에서 쓸쓸히 생을 마친 시인의 시비가 포항 호미곶 해안누리에 우뚝 서 있다. 한낮 기온이 30도를 오르내리는 6월. 이맘때 청포도는 무럭무럭 자란다. 따가운 햇볕을 고스란히 받으며 280여 명의 제37차 S&T 국토대장정 참가자는 '알알이' 호미곶까지 걸었다.

하늘 아래 푸른 바다가 가슴을 열고

동해를 보니 가슴이 뻥 뚫린다. 시작부터 상쾌하다. 이른 아침 다소 흐린 날씨 속에서 길을 나섰다. 길섶에서 풀 냄새가 강하게 났다. 이제 막 도로 갓길에 있는 풀을 누군가 벤 것이다. 파릇파릇한 기운이 발길에 묻어났다. 그래서인지 이번엔 유달리 신혼부부가 많이 참가했다.

눈길을 끄는 주인공은 S&T모티브 2기 종주단 박영환 대리. 종주단은 대열 선두에 서는데 중간에서 가고 있어 슬쩍 시비를 걸었다. "왜 종주단이 뒤에 있지요?" 그랬더니 "아, 아내와 같이…"라면서 새신랑의 얼굴이 빨개졌다. 아침 안개가 걷히면서 막 내리쬐는 햇볕 때문인가. 부인 김은영 씨 또한 1기 종주단에서 활약한 터다. 부인이 퇴사 후 결혼을 했지만, 두 사람은 국토대장정과 인연이 있다. 나란히 걷는 모습이 부럽다.

영일만의 푸른 바다가 해안누리로 몰려온다. 자전거 몇 대가 대열을 앞서간다. 낮은 언덕을 오르는데 호미곶의 아름다운 풍광을 읊은 시를 새긴 조형물이 나타난다. '구만리에서'라는 시에는 "한눈팔지 말아라 낮이 지나면 밤이고 밤이 지나면 낮이 되지만"이라는 구절이 있다. 때론 두 눈 부릅뜨고 살아야 할 순간이 있긴 있다.

발산2리 입구에 장군바위가 있다. 해변에 우뚝 솟은 바위는 늠름해서 가히 장군이라 부를 만했다. 발산2리엔 모감주나무와 병아리꽃나무 군락이 천연기념물로 지정돼 있는데 가 보지는 못했다. 모감주나무는 키가 크고 줄기가 굵으며 열매로 염주를 만들기 때문에 염주나무라고 한다. 병아리꽃나무는 소박한 박꽃 같은 하얀 꽃이 피는 키 작

종주단원인 부부가 나란히 걸으며 이야기를 나누고 있다.

발산마을 광곤바위.

은 나무다.

동해면에서 호미곶면으로 경계를 넘는다. 호미곶에서 가장 지대가 높다는 한달비문재. 모두 거친 숨을 내쉬며 오르막길을 오른다. 구급차 한 대가 대열 가까이 다가왔다.

흰 돛단배가 곱게 밀려서 오면

이제 일곱 살인 오수한 군을 노리고 온 것이 분명하다. 국토대장정 행사의 처음과 끝을 느린 속도로 따라다니는 구급차는 불의의 사고에 대비하는 것이지만, 평소엔 걷다가 지친 사람을 태워 주는 역할을 한다. 구급차 기사도 이젠 어느 지점에서 아이들이 지칠 것이란 걸 오랜 경험을 통해 잘 알고 있다. 이번엔 수한이가 지목되었다. 기사는 '힘들면 차에 타라'고 유혹을 했다. 하지만 수한이는 단호했다. "안 타요!" 재차 유혹하자 "작은누나나 엄마가 타면 저도 탈래요" 하고 맞받아쳤다.

구급차 기사는 소기의 목적을 달성하지 못하고 다른 '먹잇감(?)'을 찾아 떠났다. S&T모티브 자품생산기술팀 김송미 대리의 막내인 수한 군은 큰누나 수빈(초등 4학년) 양, 작은 누나 수연(초등 2학년) 양과 함께 단골 참가자다.

언덕을 내려와 대동배1리를 지난다. 흰 돛단배 같은 파도가 여기도 곱게 밀려온다. 항구 바로 옆 바위 위에 소나무 하나가 제대로 자리를 잡았다. 해안에 도로를 냈는데 유달리 바닷물이 맑았다.

도로 차단석 아래 융단처럼 깔린 식물이 있어 자세히 보니 갯메꽃이다. 벌써 꽃이 지고 열매를 맺었다. 갯메꽃은 아스팔트의 틈새를 비집고 들어가 뿌리를 내리고, 해안에서의 오랜 삶을 이어가고 있다.

깃발을 힘차게 늘고 해안도로를 걷고 있는 국토대장정 대원들.

    대동배1리 마을회관 앞에는 파트장들로 구성된 지원팀이 수박화채를 마련해 놓았다. 두 그릇을 마시듯이 먹었다. S&T모티브 유기준 사장이 포항 문어를 미리 준비했다. 수고하는 파트장들을 접대하는 자리였다. 슬쩍 꼽사리 끼었다. 포항 문어는 달고 맛이 좋았다.
    S&T그룹 최평규 회장은 중공업 참가자가 모인 자리에 앉았다가 한 당찬 여성이 듬뿍 담아 건넨 잔을 연거푸 받고는 적잖은 내상을 입었다는 소문이 돌았다.

하이얀 모시 수건을 마련해 두렴

30분의 달콤한 휴식을 끝내고 다시 걸음을 재촉했다. 햇볕은 따가웠지만 시원한 바닷바람이 불어 그리 덥지는 않았다. 종주단도 나무 그늘이 있는 도로의 이쪽저쪽을 오가며 대열을 안내했다.

대동배2리를 지나 구만리 해안도로로 접어든다. 지난해 9월 결혼해 아직 깨소금 냄새를 물씬 풍기는 S&T모티브 최승우 씨와 부인 방현진 씨가 다정하게 걷고 있다. 승우 씨는 스무 살 때 부인 현진 씨를 처음 만나 연애를 하고 결혼했다. 나중에 장인 방극산 씨가 같은 회사에 근무하는 것을 알게 되었단다. 참 귀한 인연이다. "장인어른 모시고 국토대장정 행사 한 번 나오세요" 했더니 "걷는 걸 좋아하시지 않는데 한번 말씀드리겠습니다"고 했다. 시인 이육사는 청포도를 받칠 하이얀 모시 수건을 마련하고 광복을 기다리지 않았던가.

호미숲 해맞이터를 지나 독수리바위 앞에 섰다. 멀리 수중 등대와 교석초(다릿돌)가 독특한 풍경을 연출하고 있다. 독수리바위는 영락없이 비상하려는 독수리 형상이다. 대보항을 지나 호미곶 해맞이광장으로 들어서는데 포장마차가 즐비했다. 포장마차를 눈여겨봤던지 모티브 박명수 상무가 "메뉴판에 커플 3만 원, 부부 4만 원, 불륜 5만 원이라고 써 놓았더라"고 말해 모두 박장대소했다.

막걸리로 점심을 해결한 최평규 회장은 "홀아비한테는 이게 최고의 식사"라며 도시락은 저녁용으로 챙겼다. 시간이 흐르자 햇볕이 최 회장 등 뒤로도 강하게 내리쬐기 시작했다. "제가 오늘 딱 보고 반대쪽에 앉으려다가 회장이 너무 약빠르다는 소릴 들을까 봐 여기 앉았어요." 밀려오는 햇볕 덕분에 마주 앉은 사람과 거리가 점점 가까워지면서 분위기는 더 무르익었다.

S&TC 김도환 사장이 "S&T 국토대장정 발자취를 따라 코리아 둘레길이 준비되고 있다"고 기분 좋은 소식을 알렸다. 준비한 막걸리는 기어코 동났다. 새해 해돋이를 알리는 해맞이광장의 거꾸로 가는 시계는 째깍째깍 잘도 가고 있다.

호미곶면 해맞이광장의 상생의 손 앞에서 국토대장정 참가자들이 파이팅을 외치고 있다.

course

: 경북 포항시 발산마을~호미곶광장 :

호미곶 해맞이광장 이육사 '청포도' 시비
자연과 역사 즐기다

- **총 거리**   12.12km
- **소요시간** 3시간 20분
- **난이도**   ★★☆☆☆
- **코스**   경북 포항시 남구 동해면 발산마을~장군바위~한달비문재~대동배1리~대동배2리~
                구만해안길 입구~호미숲 해맞이터~독수리바위~대보항~호미곶면 해맞이광장

○ **코스 소개**　　영일만을 왼쪽에 두고 호미곶 해맞이광장을 향해 걷는 길이다. 영일만의 파도는 동해 특유의 세찬 기운은 보여 주지 않지만, 탁 트인 전망은 보는 이의 가슴을 시원하게 해 준다. 포항에서 호미곶광장으로 접근하는 주도로가 구룡포에서 뚫렸기 때문에 상대적으로 차량 통행량이 적다. 덕분에 쾌적하게 해안누리를 즐길 수 있다. 특히 동해안 자전거도로와 일치하기 때문에 도로 한쪽에 여유가 있다. 대동배1리와 2리는 어촌 특유의 정감이 물씬 묻어나며, 구만해안길로 접어들면 동해가 손에 잡힐 듯 가깝다. 도로에도 나무 그늘이 꽤 있어 햇볕을 가려 주기도 한다. 호미곶광장 앞은 바다 깊숙한 곳까지 산책로를 만들어 놓았다.

○ **주변 볼거리**　　독수리바위에서 보이는 수중 등대가 있는 곳은 교석초(다릿돌)라는 지명이 남았다. 옛날 마고할멈이 영덕 축산까지 다리를 놓으려던 흔적이라고 한다. 이곳은 수심이 얕은 암반지대라서 너울이 많이 인다. 특히 북동풍이 불 때 끊임없이 밀려오는 너울은 장관이다. 또한 이곳은 갑신정변의 주역으로 능지처참된 김옥균의 인팔이 뿌려진 현장이라고도 한다. 내동배마을에는 아홉 마리 용이 살다 승천했다는 구룡소가 있다. 이 구룡소는 높이가 40~50m 정도이며, 둘레가 100여m의 움푹 팬 기암절벽이다. 프랑스인이 설계하고 중국인 기술자가 시공한 호미곶 등대는 1908년 4월 11일에 착공, 그해 11월 19일에 준공, 12월 20일에 점등했다. 등대 옆 등대박물관에는 등대 사료를 전시한 등대관과 디지털 체험 공간, 운항체험관과 야외 전시장, 모형 등대, 바다전망대 등 다양한 볼거리가 있다. 대보리에는 이육사의 '청포도' 시비가 있다. 시인은 포항 남구 일월동 옛 포도원에서 시상을 떠올려 청포도 시를 지었다고 한다. 호미곶의 상징이 된 상생의 손은 새천년을 축하하며 희망찬 미래에 대한 비전을 제시한다는 차원에서 1999년 6월 제작에 착수한 지 6개월 만인 그해 12월에 완공됐다.

● 울산 화암등대길~일산회센터

파도, 조선소 엔진, 뱃고동…
9色 소리길

38차 S&T 국토대장정 참가자들이 문무대왕의 호국 얼이 서린 울산 대왕암을 둘러본 뒤 구름다리를 건너오고 있다. 이번 코스는 슬도 명품 파도소리와 대왕암 몽돌 소리를 접할 수 있는 소리 여행길이기도 했다.

만나면 좋은 사람이 있듯이, 걸으면 기분 좋은 길이 있다. 울산 대왕암 해안누리는 그런 길이다. 비가 온다고 해서 잔뜩 걱정한 지난 주말. 비가 오지 않았다. 그래서 복권에 당첨된 것처럼 기분이 좋았다. 38차 S&T 국토대장정 길은 생각만 해도 '아빠 미소'가 퍼지는 길이다. 어촌의 투박한 삶과 자연, 그리고 소리와 가슴 뜨거워지는 전설이 거기에 있었다.

방어진, 아 방어진

몇 번이고 스마트폰 일기 예보를 열어 보았다. 도무지 비를 피할 여지는 없어 보였다. 여벌 옷을 비닐에 꽁꽁 싸고, 비옷도 잘 챙겼다. 출발지인 화암등대길에 도착하기 직전, 차창 밖을 보니 아직 우산을 들고 다니는 사람이 없었다. 그래서 일단 내렸다. 하늘엔 먹구름이 낮게 깔렸지만, 당장 비가 올 것 같지는 않았다. 화암등대는 현대중공업 공장에 둘러싸여 들어간 곳으로 돌아 나와야 한다. 등대로 갈 때는 차도로 걸었고, 나올 때는 방파제 위로 난 산책로를 걸었다. 동해가 시원했다.

38차 국토대장정 참가자 300여 명이 긴 대열을 이뤘다. 바다에서 푸른 비람이 불이 종주단이 들고 가는 깃발을 세차게 흔들었다. 출발이 장엄하다. "오늘 비가 올 것 같아요?" 긴 대열 속에서 뚜벅뚜벅 힘찬 걸음을 딛던 S&T그룹 최평규 회장이 물었다. 최 회장은 "새벽 4시에 일기 예보를 봤는데 어제 초저녁에 천둥 번개를 동반한다던 폭우 예보가 새벽엔 그냥 비로 바뀝디다. 지금 비가 오지 않으니 걷기에 좋을 것 같아요."

서른여덟 번의 국토대장정 행사를 하는 동안 궂은 날은 기억에 많지 않다. 특히 비가 온다고 했지만, 막상 걷기 시작하면 개거나, 종착지에 도착한 뒤에 비가 오는 '행운'이 한두 번이 아니었다. 그래서 다들 국토대장정 행사에서 날씨 걱정은 제쳐 놓았다. '이번에는 예외가 없구나'라고 생각했는데 또 행운이 찾아왔다. 정말 소문대로 최씨 성 그룹 회장의 기가 유독 센 때문인가.

방어진이다. 울산 하면 현대, 그 가운데서도 동구 방어진 일대는 '현대그룹'과 분위기를 같이한다고 했다. 최근 조선 경기 불황으로 현대중공업 상황이 좋지 않은 탓인지 방어진 회 타운 일대도 숨이 죽은 분위기다. 그래도 이른 아침부터 방수 앞치마를 입은 횟집 아저씨 아주머니들이 바쁘다. 갑자기 많은 사람이 나타나자 "어디서 왔나"라며 친근하게 묻는다.

항구에는 커다란 배들이 정박해 있다. 방어진항은 신라 때인 6세기에 생긴 국제항으로 1929년 철공조선이 설립돼 우리나라 근대 조선 공업의 발상지이기도 하다. 방어진항 일대엔 적산가옥도 많이 남아 있어 근대 분위기가 물씬 나는 곳이라 관광자원화 움직임도 활발하다.

소리가 보이는 등대

방어진항을 지나자 슬도등대로 가는 방파제가 보인다. 파도가 치면 거문고 소리를 낸다는 슬도까지 성큼성큼 들어간다. 울산 동구는 슬도의 파도소리에서 모티브를 얻었던지 소리를 테마로 하는 관광 자원을 상품화했다. 이른바 소리 9경(景)은 섬 전체가 구멍이 뚫린 바위로 이뤄져 바닷물이 드나들 때마다 거문고를 타는 듯한 소리가 난다는 슬도의 파도 소리와 동축사 새벽 종소리, 바다 안개가 짙게 깔린 날 들리는 울기등대 소리, 대왕암공원 몽돌 구르는 소리, 옥류천 물소리, 현대중공업 엔진 소리, 주전해변 파도 소리, 신조선 뱃고동 소리, 마골산 바람 소리 등이다.

나팔 모양의 조형물이 있는 광장에서 파도 소리를 들으며 쉰다. S&T모티브 유기준 사장이 차가운 캔 맥주 하나를 건네며 날씨 이야기를 한다. "우리 종주단 대원들과 내기를 했어요. 37명의 단원 중 오직 8명만 비가 오지 않는다고 했습니다." 유 사장도 감히 일기 예보를 거역하고, 비가 오지 않는 쪽을 선택했다고 했다. 지원팀이 준비한 오이가 상큼했다.

지난 5일 개관한 이곳 슬도 입구의 소리체험관 야외 광장엔 '에코 튜브'가 설치돼 있었다. 상대방과 34m 거리인데도 옆에서 말하는 것처럼 선명하게 들렸다. 어른들이 더 재미있어했다.

파도 소리를 들으며 휴식을 취하던 S&T모티브 박승희 차장은 고3인 딸 지원 양과

저 멀리 고래 그림이 그려진 슬도등대가 보인다.

소리체험관 광장의 나팔 모양 조형물

소리체험관의 에코 튜브 체험

함께 '다이어트 트레킹'을 왔다고 했다. 딸이 입시 스트레스로 체중이 좀 불었는데 최근 운동을 열심히 했다는 것. 마침 국토대장정이 있다기에 딸과 함께 다이어트도 할 겸 나왔다는데 정작 지원 양은 점심 메뉴를 더 궁금해했다. 오늘 점심이 횟밥이라는 걸 아느냐고 물으니 지원 양은 "어머, 저 회 정말 좋아하는데" 하면서 손뼉을 쳤다.

잘 정돈된 해안누리길을 따라 대왕암으로 간다. 멀리 바다로 뻗어 나간 황금색 바위가 대왕암이었다. 궂은 날씨에도 해녀들의 물질은 쉼 없이 이어지고 있었다.

바다에 호국 옴이 있다

해송 숲이 길게 이어지더니 어른 주먹만 한 몽돌이 해변에 쫙 깔렸다. 이 몽돌이 파도에 휩쓸리면서 내는 소리가 울산 동구 '소리 9경'의 하나이다. 몽돌이 짜그락거리는 소리가 듣기 좋았다. 그리고 대왕암이 있었다.

신라 문무대왕 왕비의 넋이 깃들었다는 대왕바위다. 동떨어진 바위까지 건너가는 구름다리가 잘 정비돼 바다로 한껏 뻗어 나간 높은 바위까지 올라가 볼 수 있었다. 푸른 동해가 넘실거린다. 시원한 바람이 불어 오래 머물고 싶었다. 붉은 공룡이 엎드린 듯한 형상의 대왕바위 위에서 모두 걸음을 멈추고 푸른 동해를 바라보았다.

가랑비가 살짝 뿌리기 시작했다. 대왕암에서 종착지인 일산해수욕장 회센터까지는 2km 정도. 내기의 향배가 궁금해지는 대목이다. 대왕암공원의 해송 숲 사이를 걷는데 바닷가 절벽에 붉은 나리꽃과 노란 원추리가 지천이다. 이른 봄부터 지금까지 한 송이 꽃을 피우기 위해 치열하게 살았다.

나리꽃과 원추리처럼 두 여인이 사이좋게 걷고 있었다. 알고 보니 1기에 이어 2기 종주단에서도 활약하고 있는 분들의 부인이었다. 지금 이 정도면 비가 오느냐고 물으니 "온다"고 망설임 없이 대답했다. 신랑이 비가 온다는 쪽에 내기를 걸었단다. 부창부수다.

일산회센터 초장집이 꽉 찼다. 횟밥을 게 눈 감추듯 먹고 나니 유리창 너머가 촉촉이 젖어오기 시작했다. 팔리지 않은 현대중공업의 원유 시추선이 바다에 떠 있다. 최평규

동해에 붉은 공룡처럼 누운 대왕암.

회장은 "어려운 때일수록 화합과 뚜벅뚜벅 걷는 평상심이 필요하다"고 말했다.

폭우를 피했고, 맛난 것도 먹었다. 최 회장이 "모든 게 잘 진행되었으니 이제 비만 오면 집에 가지 말자"고 천명하자 창밖엔 폭우가 내리기 시작했다. 그날 초장집 막걸리가 꽤 많이 팔렸단다.

course

: 울산 화암등대길~일산회센터 :

몽돌과 소나무 숲 눈길
곳곳 기암괴석 솟아 자연이 빚은 진경산수

- **총 거리**   11km
- **소요시간** 3시간 10분
- **난이도**   ★★☆☆☆
- **코스**   울산 동구 화암등대길~방어진회센터~방어진항~슬도등대~소리체험관~몽돌해변~
           대왕암~송림 산책로~일산해수욕장~일산회센터

○ **코스 소개**   울산 방어진항의 생동감 넘치는 분위기와 슬도등대의 고즈넉함, 울산 대왕암의 신령한 기운을 동시에 느낄 수 있는 코스다. 염포산 산줄기가 동해로 뻗어 바다와 만난 화암등대길에서 장쾌한 동해를 보며 해안누리를 시작한다. 잠시 주택가를 지나 방어진항에 들어서면 각종 횟집이 즐비하다. 방어진항의 둥그런 만을 돌아서 슬도 입구에 다다르면 바다를 향해 길게 뻗은 방파제가 있다. 슬도까지 걸어서 갈 수 있다. 슬도를 돌아 나와 해안누리를 걷다 보면 대왕암이 멀리 보이고, 물질하는 해녀와 갯것을 따는 주민들 모습이 평화롭다. 몽돌과 소나무 숲이 좋은 해안을 지나 대왕암공원 입구에 서면 기암괴석이 눈앞에 펼쳐진다. 자연이 빚은 한 폭의 진경산수화다. 대왕암의 기암괴석을 두루 감상하며 일산해수욕장으로 나오면 긴 백사장에 피서객들이 북적인다. 종착지인 일산활어시장에서 오래 쉬기 딱 좋다.

○ **주변 볼거리**   슬도 입구에 있는 소리체험관에서는 세상에 존재하는 다양한 소리를 들을 수 있다. 야외 전시장과 실내 전시장이 있는데 아이에는 어릴 적 종이컵에 실을 연결해 놀던 추억이 떠오르는 '에코 튜브' 등이 있다. 실내에는 울기등대의 무산(霧散·바닷가 안개를 뚫고 퍼지는 등대의 경적) 소리 등을 들을 수 있고, 전자 거문고를 연주할 수도 있다. 소리박물관 입장료는 1천 원(성인)이다. 청소년 700원, 어린이 500원. 대왕암공원은 1906년 등대가 생기면서 지정된 아주 오래된 공원이다. 울기공원이 일제의 잔재여서 2004년 대왕암공원으로 이름을 고쳤다. 1만 그루가 넘는 해송이 시원한 그늘을 만들어 산책하기에 그만이다. 해안누리 인근 염포산에 있는 울산대교전망대는 높이 63m(해발 203m)로 주변 전망이 빼어나다. 전망대에 올라가면 2015년 5월 개통한 국내 최장이자 동양에서 3번째로 긴 현수교인 울산대교와 울산의 3대 산업인 석유화학, 자동차, 조선 산업단지 및 울산 7대 명산을 두루 조망할 수 있다.

● 부산 남구 오륙도~민락수변공원

환상의 바닷길, 잊지 못할 낭만에 젖다

제39차 S&T 국토대장정 참가자들이 오륙도의 배웅을 받으며 해맞이광장으로 오르고 있다. 동해안 해파랑길의 시작점이기도 한 이곳은 빼어난 바다 풍광을 자랑한다.

잔뜩 찌푸린 하늘이 기어코 터지고 말았다. 먼 곳에 있는 태풍 영향이었다. 비는 오지 않는다는 예보를 믿었다. 하지만, 현실은 녹록지 않았다. 이른 아침 부산 남구 용호동 오륙도선착장이 보이는 곳에 도착했을 때 가늘게 시작한 비가 시간이 지날수록 굵어졌다. S&T 국토대장정 행사 때마다 늘 도와주던 하늘이었지만, 이번은 아니었다. 좌고우면할 겨를이 없었다. 위기는 정면돌파. 빗속을 걸었다. 2시간쯤 지났을까. 온몸을 적시던 비가 마침내 그쳤다. 민락수변공원에 도착했을 때는 젖은 몸도 말랐다. 언제 그랬느냐 싶게 하늘은 맑게 갰다.

첫걸음처럼 시작하다

해파랑길이 예서 시작된다. 부산 오륙도 해맞이광장이다. 해파랑길은 동해의 떠오르는 해와 푸른 바다를 길동무 삼아 걷는다는 뜻. 부산 오륙도에서 시작하여 강원도 고성 통일전망대까지 770km다. S&T 국토대장정은 이미 해파랑길의 많은 구간을 다녀왔다. 39차 국토대장정을 해파랑길 시작점에서 걷게 된 것은 우연치고는 의미가 깊다. S&T 창업 37주년 기념식도 함께했다. 비가 오기에 최평규 회장의 기념사는 채 1분도 걸리지 않았다.

비를 맞고 기다리는 참가자를 위한 배려였다. 소통은 어쩌면 상대의 마음을 헤아리는 것인가 보다. 깃발을 선두로 해맞이광장으로 오르기 시작했다. 오륙도가 일렬로 서서 처음처럼 시작하는 국토대장정 대열을 배웅해 주었다. 짧은 기념식이 열리는 동안 우려하는 이가 많았다. 하지만 누구도 걸음을 되돌리려 하지는 않았다. 내리는 비를 마냥 맞고 있던 S&T모티브 이병완 전무는 "비가 오면 젖고 바람이 불면 옷이 마르겠지"라며 초탈한 표정을 지어 주변 사람을 달랬다.

준비한 우산을 꺼내거나, 비옷을 입었다. 30분쯤 걸었을까. 줄곧 오르막길에다가 비가 와서 걸음이 다들 빠르다 보니 한 여성이 지친 기색이 역력했다. 주변 동료들이 그녀의 이름을 부르기 시작했다.

"수옥아, 힘드나? 쉬어라." "힘내라!" "지름길로 가도 돼." 듣자 하니 그들은 전·현

구름다리가 멋진 이기대 해안산책로.

부서 동료였다. 직장 동료가 장대비 속에서 격려의 말 한마디씩을 보태니 수옥 씨가 다시 힘을 냈다. 위기가 닥쳤을 때 함께 마음 쓰고 도와줄 수 있는 동료가 있다는 것은 무엇보다 든든한 배경이다.

길이 좁았다. 바다에 가까이 붙은 이기대 해안산책로는 비가 오니 수로로 변했다. 비탈길에서는 미끄럼에 조심해야 했다. 온몸이 땀과 비로 젖어들었다. 길이 험해서 주최 측이 어린이를 동반한 가족 참가자에겐 양해를 구했다고 했다.

장대비를 뚫고 이기대

숲 터널을 지나니 조망이 확 트이는 곳이 나왔다. 농바위 전망대다. 농바위는 장롱바위로 제주도 출신 해녀들이 이곳에서 물질하면서 이정표로 삼기 위해 붙여 놓은 이름이라고 한다. 자세히 보니 바위가 서랍이 있는 장롱처럼 생겼다.

해운대 우동항에서 바라본 마린시티와 광안대교.

군데군데 덱 길도 있고, 바다 조망이 좋아 걷기가 한결 쉽다. 빗줄기도 살짝 약해지니 여유가 조금 생긴다. 전망대가 있는 곳에서는 잠시 쉬며 경치도 구경했다. 누구라 할 것 없이 속옷까지 홀딱 젖었다. 묘한 동질감이 느껴졌다. 싫은 기색을 보이는 사람은 없었다. 강철은 뜨거운 불 속을 견뎌낸 뒤에야 더 단단해진다는 말이 실감 났다. 느닷없이 찾아온 장대비는 모두의 결속력을 다지는 담금질이었다.

드넓은 이기대 해변광장에 도착했다. 억수같이 내리던 비가 그쳤다. 삼삼오오 모여 저마다 가져온 음식을 나누어 먹었다. 마침 그 자리엔 매점이 있었는데 주인은 이 장면이 곱지 않았던 모양이다. 느닷없이 빗속을 뚫고 800명이 넘는 사람들이 왔는데 기대했던 수익이 나오지 않으니 그럴 만도 하겠다.

마침 지원팀 김영조 과장이 가게에 왔다. 매점에 있는 아이스크림을 다 사 주었다. 찌푸렸던 주인아주머니의 얼굴이 환하게 밝아졌다. 음식을 나누며 쉬던 참가자들이 한자리에 모였다. 멀리 마린시티와 광안대교를 배경으로 힘차게 파이팅을 했다.

바람도 살랑살랑 불기 시작했다. 해변광장에서 섶자리로 가는 길은 곳곳에 덱과 구름다리가 놓여 쾌적하게 걸을 수 있었다. '발도행(발견이의 도보여행)'이라는 도보여행 모임의 부산 운영자인 S&T모티브 고기홍 씨가 한번 뒤를 돌아보라고 했다. 연이은 구름다리와 덱 길이 환상이었다. 광안대교와 마린시티가 펼쳐지는 부산 최고의 바다 풍경을 만끽하며 용호만매립부두에 도착했다. 작은 빨간 등대 하나가 환영해 주었다.

콧노래 부르며 광안리

사실은 지금 걷고 있는 곳이 바다였단다. 2005년부터 4년간 바다를 메워 땅을 만들었다. 이른바 용호만 공유수면 매립사업이다. 바다는 줄었고, 그 자리에 마천루가 들어서고 있다. 매립지의 가장자리로 해안누리가 나 있다. 어느덧 광안대교 아래를 지나 광안리해수욕장에 한발 다가선다.

삼익비치아파트 해안로는 산책을 즐기는 사람, 자전거나 인라인을 타는 사람들로 북적댄다. 뜻밖의 손님이 있었다. 아이를 데리고 온 가족 참가자가 여기서 기다렸다가 속속 합류했다. 비록 구간의 절반만 걸을 수 있지만, 아이들과 함께 걷기 위해 오전 내내 기다린 마음을 헤아려 본다.

화려한 광안리해수욕장을 지나 민락활어센터 앞을 지난다. 회타운 2층에 있던 아주머니들이 고개를 내밀고 진귀한 구경이라도 난 양 관심을 보인다. 나중에 놀러 오라는 말도 빼놓지 않는다.

민락수변공원에 앉았다. 파도가 손에 잡힐 듯 가까웠다. S&T 창업 37주년을 맞아 S&T 대상을 받은 3명도 함께했다. S&T모티브 김형철 전무, S&T중공업 장성호 이사, S&TC 장동준 부장이 영예의 주인공이다.

전 구간을 사원들과 걸은 '막걸리파' 최평규 회장이 잔을 들었다. 푸른 파도가 넘실거렸다. 회사 생일을 자축하며 S&T모티브 파트장 모임에서 준비한 떡케이크를 고루 나눠 먹었다. 특식은 미역국이었다.

광안대교가 잘 보이는 이기대 해안누리.

"올여름은 참으로 무짐게 뜨거웠다"고 운을 뗀 최 회장은 "위기가 전방위로 오고 있지만 위기는 우리에게 또 한 번 도약하는 기회"라고 말했다. 그렇게 비가 퍼붓던 하늘이 닫히더니 급기야 반짝 해가 났다. 야외라 비 올 때까지만 먹자고 했는데 이날 점심자리가 또 길어졌다.

course

: 부산 남구 오륙도~민락수변공원 :

해안산책·숲·덱길···
부산 최고 걷기 명소

- **총 거리**   11.06km
- **소요시간**   4시간 10분
- **난이도**   ★★★☆☆
- **코스**   부산 남구 오륙도~해맞이광장~이기대 해안산책로~해변광장~섶자리~광안대교~
삼익비치 해안로~광안리해수욕장~민락활어시장~민락수변공원

○ **코스 소개**　　동해안 해파랑길의 시작점인 오륙도 선착장 광장에서 시작한다. 바다를 조망할 수 있는 아찔한 유리 바닥 전망대 '스카이 워크'에 올라서면 일대가 해맞이광장이다. 오륙도가 한눈에 들어온다. 덱 길을 따라 이기대 해안산책로로 접어든다. 울창한 숲이다. 길은 겨우 교행이 될 정도로 좁다. 해안 벼랑에 길을 냈기 때문에 약간의 오르내림도 있다. 비가 오는 날이면 미끄러질 수도 있다. 그래서 난이도 등급이 조금 올랐다. 이기대 해변광장은 넓은 광장과 해변 조망이 좋다. 멀리 마린시티와 광안대교가 잘 보인다. 해변광장에서 해안으로 난 덱 길을 따라가면 군데군데 구름다리도 있어 걷는 재미가 좋다. 섶자리를 지나면서 도심으로 들어서게 된다. 용호동 부두는 일반인의 접근이 금지돼 있지만, 정박한 요트와 부경대 실습선 나라호도 하나의 멋진 풍경이 된다. 광안대교 밑을 한참 우회하는 자전거도로를 따라가면 길을 건너지 않고도 삼익비치 해안으로 갈 수 있다. 자전거와 공유해야 하는 길이니 다소 주의해야 한다. 삼익비치 해안로의 벽화를 구경하며 광안리해수욕장을 지나 민락항을 거쳐 민락수변공원에 이르는 길은 부산 최고의 걷기 명소로 손색이 없다.

○ **주변 볼거리**　　이기대공원은 해안산책로뿐만 아니라 공원산책로도 잘 갖춰져 있어 운동을 즐기는 주민들이나, 갈맷길을 걸으려는 시민이 많이 찾는 곳이다. 해마다 여름이면 이기대 큰고개쉼터에서 반딧불이축제가 열릴 정도로 청정 자연을 자랑하는 곳. 이기대에서 발견되는 반딧불이는 등판은 검고 앞가슴에 무늬가 없는 주황색을 띠는 파파리반딧불이와 우리나라 반딧불이 가운데 가장 크고 빛이 밝은 늦반딧불이 등 2종이다. 광안리해수욕장은 광안대교가 있어 멋진 경관을 자랑한다. 광안리해수욕장 인근에는 민락동 공영자전거 무료 대여소와 남천동 공영자전거 무료 대여소가 있어 얼마든지 무료 자전거를 즐기면 된다. 남천해변공원, 민락해변공원, 민락수변공원엔 갖가지 조형물과 그늘막 시설 등이 갖춰져 있어 느긋하게 쉬어가기에 좋다.

5부

● 민락수변공원~옛 송정역

해변과 마을, 그리고 바다
'아~ 아름답다'

제40차 S&T 국토대장정 참가자들이 푸른 바다를 옆에 두고 옛 동해남부선 철길을 지나고 있다. 멀리 동백섬과 광안대교, 오륙도까지 멋지게 보인다.

수영강이 바다와 만나는 곳에서 강으로 거슬러 오르는 연어떼 같은 거대한 대열을 보았다. 마침 붉은 태양이 떠올랐다. 태양을 등지고 성큼성큼 다가오는 맨 앞자리에서 보이는 반가운 얼굴. 유기준 S&T 국토대장정 종주단장이 가슴을 활짝 열고 진하게 안아준다. 따듯하다. 올해 첫 S&T 국토대장정에 나선 300여 참가자는 모천으로 회귀하는 연어처럼 힘차게 차가운 새벽 공기를 가른다.

보라 동해에 떠오르는 태양

밤새 바람이 불고 맹추위가 창문 밖에서 서성였다. 아마도 참가자 모두의 한결같은 마음은 '더는 날씨가 나빠지지 않아야 한다'는 거였다. 지난해(2016년) 9월에 39차 S&T 국토대장정을 끝내고 걸음을 멈췄던 민락수변공원에 다시 모였다. 바다에서 부는 바람은 어느 때보다 차가웠다. 막 부산에서 올겨울 기록적인 한파가 시작된다는 날이었다.

움츠린 어깨가 걷기 시작하자 조금씩 펴진다. 때맞춰 붉은 태양도 솟아올라 살을 에는 차가운 공기도 서서히 힘을 잃어 갔다. 유독 붉은 아침 태양이 얼굴에 비치자 이제 생기가 돈다. 민락교에 올랐다. 수영강을 따라 내려오는 북풍이 차다. 하지만 이미 시작한 걸음은 탄력이 붙었다. 단숨에 요트경기장까지 걸었다.

요트경기장에 즐비한 배들은 희망을 말하고 있다. 정박하는 배의 이미지는 휴식과 기다림으로 볼 수 있지만, 대양을 항해하기 위한 준비로 더 걸맞다. 이제 저 거친 바다로 나아갈 배들을 보며, 새해 첫 발걸음을 더욱 힘차게 딛는다. 국토대장정 행사 단골 참가자들과 눈인사를 나누며 안부를 묻는다. 반가운 얼굴과는 손을 잡고 흔들며 격한 인사를 나눴다.

마린시티 해안산책로에 접어들었다. 광안대교와 멀리 오륙도까지 한눈에 들어온다. 초고층 빌딩이 숲을 이루고, 바다는 멀리 수평선까지 펼쳐진다. 풍경이 황홀하다. 이런 독특함은 여기 마린시티 해변이 아니고선 어디에서 볼 수 있겠는가.

아빠와 함께 걷는 아이가 있다. 이용희 과장의 아들 규형(8) 군. 올해 초등학교에 들어간다고 했다. 고사리 같은 빨간 손이 춥지도 않은 모양이다. 그렇게 1월은 새로 시작해운대해수욕장에 모인 300여 명의 참가자들.

하는 달이다.

누구 머리 위에 이글거리나

이른 시각이지만 누리마루 앞에는 관광객으로 보이는 이들도 많았다. 누리마루는 2005년 11월 APEC 정상회의 회의장으로 사용한 명소. 한국 전통 건축인 정자를 현대식으로 표현했다. 지붕은 동백섬을 닮아 둥글다. 오후 6시까지 개방한다. 입장은 오후 5시 마감.

동백나무는 막 꽃잎을 열기 시작했다. 원래 섬이었지만, 육지와 연결된 동백섬은 이제는 튀어나온 곶부리 형태여서 해운대 해수욕장과 광안리해수욕장을 함께 볼 수 있다. 등대에서 한참을 쉬며 숨을 고른다.

마린시티 영화의 거리에 있는 조형물.

해운대해수욕장 백사장이 시작되는 곳에 모두가 모여 기념사진을 찍었다. 한국 최고의 해수욕장이라 살짝 들떴을까. 참가자들의 마음은 동심으로 돌아간다. "15분간 쉬었다 가겠습니다." 말이 떨어지기 무섭게 배낭을 여는 사람들. 준비한 뜨거운 음료와 간식을 펼쳐 놓으며 소풍 나온 사람처럼 백사장 여기저기에 퍼질러 앉았다. S&T그룹 파트장들은 아직 따끈따끈한 치킨을 내놓는다. 추운 겨울 해변에서 따뜻한 음식을 먹을 수 있었던 것은 이들의 부지런함과 준비성 덕분이다.

겨울 해운대의 또 다른 주인공은 갈매기. 그렇게 사람과 친근할 수가 없다. 새우깡을 들고 갈매기와 사귀는 이들이 여럿 있다. 덕분에 구경하는 사람도 덩달아 즐겁다. 큰 가방을 끌고 해변을 찾은 여행자. 아이들의 손을 잡고 파도와 노는 가족. 평화로운 해변 곳곳에 태양은 골고루 평등한 빛을 뿌린다.

백사장이 끝나니 철길. 옛 동해남부선 철로로 접어든다.

우리 간직함이 옳지 않겠나

대열의 맨 앞에 안효진 사원의 아들 성주(12) 군이 있다. 깃발을 들고 가고 싶다고 자발적으로 나선 참. 종주단장인 S&T모티브 유기준 사장이 해수욕장에서 성주가 힘차게 구호를 외치는 것을 보고 칭찬한 것에 고무됐을까. 어라! 뒤에서 남병택 사원의 딸 효경(11) 양이 또 뛰어나온다. 화동처럼 아이들이 대열의 맨 앞에 서게 되었다. 효경과 나란히 걷던 성주가 갑자기 "얘와 결혼하겠다"고 선언한다. 그러자 효경은 "나 남자친구 옛 동해남부선 철길의 터널을 빠져나오는 종주단.

있는데" 한다. 아이들의 신속한 의견 교환과 정리에 어른들의 웃음보가 터졌다.

오래된 터널이 나왔다. 짧은 순간 어둠 속이다. 멈추면 어둠은 이대로 지속하지만, 계속 걸으면 터널을 빠져나온다. 기차 차창 너머로만 보았던 아름다운 바다 풍경이 느리게 펼쳐진다. 해변과 마을과 바다, 그리고 등대. 청사포와 구덕포 즈음을 지날 때마다 나직한 탄성을 질렀다. 아~ 아름답다.

제 일을 다 한 송정역사는 '시민갤러리'라는 간판을 달았지만 사용하지 않는 듯했다. 더는 기차가 오지 않는 넓은 옛 송정역 곳곳에 자리를 펴고 점심을 먹는다. 오랜만에 만난 서먹함도 잠시. 막걸리 한 순배가 돌자 화기애애해진다.

  S&T그룹 최평규 회장은 첫 잔을 들며 '개미구멍 조심하자'는 건배사를 했다. 작은 소홀함이 큰 재난을 부른다는 '제궤의혈(堤潰蟻穴)'이라는 사자성어를 신년사로 삼은 이유를 되새긴 것. 우리 강토를 걷는 것이 너무 행복하다는 최 회장은 "산과 바다를 누비는 도전 정신과 38년의 축적된 경쟁력을 에너지로 글로벌 위기까지 돌파하자"고 말했다.

  동장군이 심술을 부렸다. 뜨거운 국물도 쉬 식어 버리는 찬 바람이 이따금 몰아쳤다. "오늘은 여기까지 합시다." 최 회장이 남은 막걸리 잔을 깨끗하게 비우더니 쿨하게 일어섰다.

시민갤러리로 새로 태어난 옛 송정역.

course

: 민락수변공원~옛 송정역 :

화려한 부산
이곳에 총집합

- **총 거리** 13.04km
- **소요시간** 4시간 30분
- **난이도** ★★★☆☆
- **코스** 민락수변공원~민락교~요트경기장~영화의 거리~동백섬~해운대해수욕장~미포 입구~
옛 동해남부선 철로~구덕 철길~옛 송정역

○ **코스 소개**　　단언컨대 가장 화려한 부산의 모습을 볼 수 있다. 민락수변공원에서 보는 마린시티의 스카이라인은 황홀하다. 도보 여행자를 위한 길 안내도 잘 돼 있다. 민락교는 육교로 오른다. 겨울 강바람이 세차지만, 수영강이 바다와 만나 몸을 섞는 기수역은 오묘한 자연의 이치를 생각하게 한다. 수영만 요트경기장 광장에는 88올림픽 성화대가 있다. 즐비한 요트는 이국적인 풍경을 연출한다. 요트경기장 광장에서 보는 아이파크와 제니스는 보는 이를 압도하는 건축미를 보여 준다. 2016년 태풍 차바로 난리를 겪은 마린시티방파제는 복구공사를 마쳤다. 하지만 걷는 데 큰 불편은 없다. 운촌항을 돌아가면 동백섬이다. 산책로가 잘 나 있다. 해운대 백사장은 바다 가까이 걸을 것! 파도가 당신의 잠자는 꿈을 일깨워 줄 것이다. 미포 입구 도로를 잠시 올라가면 옛 동해남부선 철로가 시작된다. 여기서부터 옛 송정역까지는 논스톱이다. 다만, 철로에는 자갈이 깔렸고, 보폭과 어긋나는 침목 때문에 걷기가 다소 고생스럽다. 난이도에 검은 별 하나가 더 느는 것은 이 때문이다.

○ **주변 볼거리**　　수영만 요트계류장은 규모로 국내 최대. 세일 요트와 파워 요트가 즐비하다. 관리초소에서 허락하면 계류장 안쪽을 돌아볼 수 있으니 여유를 가지고 구경해도 좋다. 마린시티 바닷가 산책로는 영화의 거리. 관객의 사랑을 받았던 한국 영화의 주요 장면과 소개 글이 방파제에 새겨져 있다. 각종 영화 관련 조형물도 푸른 바다를 배경으로 서 있다. 동백공원은 누리마루가 있어 유명하지만, 최치원 선생이 썼다고 전하는 각석 '海雲臺'도 유명하다. 동백섬 등대에서 바라보는 바다 풍경은 낮과 밤이 모두 탁월하다. 해운대해수욕장은 더 말해 무엇하랴.

● 가덕도 선창마을~대항마을

봄이 오는 길목,
가덕의 푸른 바다로

제41차 S&T 국토대장정 참가자들이 종주단 깃발을 선두로 가덕도 천성마을을 지나 대항고개로 올라서고 있다. 가덕도 코스는 부산에서 가장 먼저 봄을 맞이할 수 있는 걷기 코스 중 하나이다.

장항을 지나 고갯마루에 올라서자 서쪽에서 바람이 불었다. 매운바람의 뒤끝은 그래도 훈훈했다. 입춘(2월 4일)이 훌쩍 지났으니 춘풍이다. 1592년 임진왜란 당시 나라가 누란의 위기에 처했을 때 이순신 장군도 서쪽에서 왔다. 그리고 가덕도 천성항에서 배를 모아 부산포해전을 승리로 일궈 냈다. 가덕도는 부산포 승리의 시작이자 끝이었다. 겨울바람이 차가운데도 500명이 넘는 이들이 국토대장정에 나섰다. 그것은 도전이다. 봄이 곧 올 것을 아는 희망의 발걸음이다.

바다는 육지가 되었네

가덕도는 부산의 맨 남쪽 마을. 그래서인지 가덕도는 더 따뜻한 느낌이다. 아무렴 봄 맞이는 남쪽에서 해야지. 마침 정월대보름인 2017년 2월 11일 제41차 S&T 국토대장정은 가덕도 서쪽에서 이루어졌다. 가덕대교를 건너 선창마을 입구 버스 정류장에 내렸다. 토요일 이른 아침인데도 항구의 컨테이너 운반 크레인은 열심히 움직이고 있다. '생각했던 것보다 수출입 물량이 없는 것은 아니구나' 하는 생각이 들었다. 가덕도에 오니 나라 걱정을 더 하게 된다. 이곳은 임진왜란 부산포해전의 진승지다.

조금씩 오르막이 이어진다. 발아래 넓은 바다는 거의 메워진 상태. 곧 항만 시설이 들어설 것이다. 한때 바다 한가운데 둥실 떠 있던 입도는 이미 육지가 되었다. 신항 입구 곧 사라질 토도만 외롭다. 그런데 대열은 후끈하다. 오수빈, 수연, 수한 초등학생 삼남매를 토닥이며 S&T모티브 김송미 과장이 종종걸음 걷는다. 아이들은 저마다 배낭을 메고 제 몫을 한다. 지고 가는 물 한 병과 바나나 한 쪽이 앙증맞다. 김 과장은 올해 승진했단다. 종주단원인 유현훈 대리도, 늘 촬영하느라 종횡무진 바쁜 안승환 대리도 과장이 되었다.

율리를 지나다가 반가운 나무를 보았다. 일주도로 공사로 잘릴 위기에 처했다가 2010년 해운대 APEC 나루공원으로 이사를 한 할배·할매 팽나무의 자손수다. 그 옆에 할배·할매 나무의 친구 나무도 여전히 늠름하게 자리를 지키고 있다. 오래 사귄 벗은 아름답다. 현대모비스 대표이사와 현대로템 대표이사 부회장을 지낸 한규환(67) S&T중

할배, 할매 나무 자손수 옆에 있는 팽나무.

공업 부회장이 S&T그룹 새 식구가 되었다. 한 부회장은 이번 코스를 거뜬히 완주했다.

신항 전망대를 지나 장항고개에 올라섰다. 내리막 솔숲 사이로 바다가 언뜻 보이더니 백옥포를 지나자 그림 같은 풍경이 펼쳐진다. 가덕의 푸른 바다다.

학교는 박물관이 되다

연대봉을 등지고 두문만을 바라보는 두문마을을 지난다. 조선 중종 때인 1544년 천성보가 설치되면서 마을이 형성됐다고 한다. 문헌에 있는 마을 형성 시기야 그렇지만, 마을 한가운데 지석묘가 있는 것으로 봐서 사람은 꽤 오래전부터 살았음이 분명하다. 앞바다엔 숭어와 전어, 문어, 새우, 피조개, 성게가 지천이라고 하니 살기가 좋았을 것이다. 바다와 바짝 붙은 해안누리길까지 파도가 올라온다. 모두 좌측통행으로 바꿨다.

멋진 포즈를 보인 S&T모티브 FA팀.

　동뫼를 오른쪽으로 끼고 나지막한 언덕에 살짝 올라서니 천성마을이다. 폐교를 개조한 록봉어린이민속교육박물관이 있다. 1950~1990년대 생활용품과 추억의 학교관이 있다고 한다. 박물관 입구 마당에 경운기를 개조한 보트 트레일러가 있다. 멋진 아이디어다. 서중선착장 넓은 공터에서 쉰다. 광장 한쪽엔 정월대보름을 맞는 달집을 벌써 만들어 놓았다. 사람들은 달을 맞으면서 달집을 태우고 한 해의 안녕을 기원할 것이다.
　쉬는 시간을 맞아 단체 사진을 찍는 팀이 유독 많았다. S&T모티브 유기준 사장이 "팀별 사진 콘테스트를 해서 순위에 들면 회식비를 쏜다고 약속했다"고 말했다. 이런 분위기 속에 모티브 특수개발팀이 100% 참석해 팀워크를 과시했고, S&T저축은행도 전 직원이 참석해 함께 걸으며 단결력을 보였다.
　쉬는 시간에 한 잔 얻어 마신 전주 모주 때문일까. 속이 따뜻해서 추위가 저만치 달아났다. 천성마을을 지나 다시 길을 나선다. 마을버스 정류장에서 교통 지도를 하고 있던 동네 어르신들이 "이제 어디로 가노, 연대봉 가나"라고 물었다. 대항마을까지 간다고 했더니 "연대봉을 가야지" 한다. 마을 사람들의 연대봉 자랑이 대단했다. 연대봉(459.4m)은 가덕도의 최고봉이자 천성봉수대가 있는 곳. 연대봉에 우뚝 솟은 바위는 옛 봉수대 자리라고 하는데 멀리서도 잘 보였다. 바위에 올라가지는 못한다.

바다는 항상 푸르르다

다시 오르막길을 오른다. 대항고개다. 고갯마루에는 넓은 광장과 화장실 등 편의 시설도 있다. 이곳이 연대봉 정상을 오르는 데 가까운 코스이기 때문에 등산객이 많다. 무엇보다 남쪽이 탁 트여 거가대교와 거제도 일대를 보는 조망이 좋다. 관광안내소도 있어 요청하면 문화 해설을 해 준단다.

산허리로 난 오래된 길을 따라 대항마을로 내려선다. 실상 대항마을이 부산의 최남단에 있는 마을이다. 대항은 밝은 햇볕 아래 반짝이는 바다를 안고 있었다. 대항은 가장 큰 항이라는 뜻의 '한목'이라고도 부른다. 매년 3~5월이면 가덕도 전통 어로 방법인 '육수장망(陸水張網) 숭어들이'가 120여 년이 지난 지금도 이어지고 있다. 망잽이가 숭어 떼를 보고 알리면 바다에 있던 배에서 그물을 들어 잡는 방식이다. 육수장망은 육지와 바다에서 공동으로 작업한다는 뜻이다.

대항마을 좁은 골목을 지나는데 집 사이로 바다가 보였다. 회색 담벼락 속 열린 바다는 더욱 푸르렀다. "자연산 아니면 5000만 원." 한 횟집의 안내판을 보고 깜짝 놀랐다. 자신감의 표현이겠다. 넓은 항구 입구에 황금 숭어가 펄떡 뛰어오르는 조각 작품이 있다.

항구의 남쪽 끝에 있는 작은 공원에서 점심을 먹었다. 김이 풀풀 올라오는 대구탕이 나왔다. 예로부터 '가덕 대구'라는 말이 있는데 따뜻하고 시원한 대구탕을 먹을 수 있어 좋았다. 정월대보름이라 땅콩이 든 부럼도 있다. 집에서도 먹기 힘든 다양한 음식에 모두 입이 벌어진다.

대항마을에 있는 황금 숭어 조각상.

　참가자들도 모두 대구탕을 드시냐고 물어 확인한 S&T그룹 최평규 회장이 "오늘 밤 완벽한 보름달이 뜬다니 새해에는 웃을 일이 많았으면 좋겠다"고 덕담했다. 분위기가 무르익자 갑자기 내복 입고 온 사람을 찾은 최 회장은 "내복 입은 분들은 더 드시고 오시라. 우린 추워서 먼저 일어나야겠다"며 좌중을 한바탕 웃겼다.

course
: 가덕도 선창마을~대항마을 :

대항 어촌체험마을
쉴 곳, 볼거리 넉넉

○ **총 거리**　12.36km
○ **소요시간**　3시간 50분
○ **난이도**　★★★☆☆
○ **코스**　부산 강서구 가덕도동 선창마을~율리~장항~백옥포~두문마을~동뫼~서중선착장~
천성마을~대항고개~대항마을

○ **코스 소개**   제41차 가덕도 코스는 가덕도의 서편 해안선을 두루 섭렵할 수 있다. 가덕대교를 건너 선창마을 입구 버스 정류장에서 시작한다. 아직 건설 중인 부산항 신항 남컨테이너부두를 오른쪽에 두고 걷는다. 신항은 2020년 완공 예정이다. 육지가 되어 버린 장항선착장을 지나 장항고개를 넘으면 백옥포다. 넓은 바다가 보이는 두문마을의 직선 해안로는 장쾌하다. 두문마을에서 천성마을까지는 무난하다. 동뫼를 지나 천성마을에 들어서면 마을이 제법 크다는 느낌을 받는다. 하지만 옛 초등학교는 폐교가 되어 민속교육박물관으로 변신했다. 천성에서 대항으로 가기 위해서는 또 대항고개를 넘어야 한다. 인내심이 필요하다. 가덕도 최고봉인 연대봉을 오르는 등산로가 시작되는 지점인 대항고개 정상의 광장 쉼터에는 푸드트럭이 몇 대 나와 있어 추위와 허기를 달래 준다. 광장 쉼터를 지나면 서부터 도로가 한적해 쾌적하게 지날 수 있다. 대항마을은 어촌 체험마을이어서 쉴 곳과 각종 볼거리가 넉넉하다.

○ **주변 볼거리**   가덕도의 행정 주소는 부산 강서구 가덕도동이다. 부산에서 가장 큰 섬이지만, 영도와 마찬가지로 다리로 육지와 연결돼 섬이라고 하기엔 쑥스럽다. 특히 거가대교는 침매터널을 통해 거제도와 통영으로 이어지니 가덕도는 남해안 교통의 중심으로 우뚝 섰다. 가덕도 해안누리를 걷는 동안 거가대교는 늘 좋은 볼거리가 되어 준다. 장항과 대항의 신석기 유적과 두문마을의 두문지석묘는 선사 시대부터 가덕도에 사람이 살았다는 증거다. 백옥포는 해변이 특히 아름답고, 외양포에는 러일 전쟁 당시의 일본군 포진지가 아직 남아 역사의 상흔을 되짚어 볼 수 있다. 발품을 팔아 가덕도 최고봉인 연대봉에 오르면 천성봉수대를 볼 수 있다. 연대봉 정상에서 보는 남해 풍경은 일품이다. 최소 1주일 전에 허락을 받아야 방문할 수 있는 가덕등대도 한번 가 볼 만하다.

● 송정해수욕장~기장 월전마을

봄 바다가 건네는 향긋한 추파를
누군들 견디랴

이른 아침 송정해수욕장은 고요했다.
해안누리를 따라 S&T 국토대장정 참가자들이 깃발을 앞세우고 출발하고 있다.

부치지 않는 우체통과 해동용궁사.

바다에서 막 나온 미역이 햇볕에 제 몸을 말리고 있다. 마른미역은 언젠가 다시 물을 만날 것이다. 그때는 산모나 생일을 맞은 사람의 기쁨으로 존재할 것이다.

해동용궁사 바위에 '인생은 모두 자신의 업을 따라간다'는 글귀가 새겨져 있다. 불교에서 업은 몸과 입과 뜻으로 짓는다. 내뱉은 말과 동작과 생각은 인과응보가 되어 업이 된다. 그렇다면 길을 걸어도 업을 짓는 일. 하여 소중한 발걸음을 뗀다. 바다가 너무 아름다운 송정해수욕장에서 기장읍 월전마을까지 봄기운을 느끼며 걸었다.

결코 부쳐지지 않을 편지

날씨 맑음. 풍속은 초속 5m. 기온 8~15도. 42차 S&T 국토대장정은 부산 해운대구 송정해수욕장에서 시작했다. 이른 아침이라 해변은 텅 비어 있었다. 끊임없이 밀려오는 파도를 벗 삼아 450여 명의 참가자가 경쾌한 발걸음으로 해파랑길을 걷는다.

오랑대를 배경으로 찍은 단체사진.

　해수욕장이 끝나자 죽도공원이다. 옛날 경상좌수영의 화살을 만드는 대나무를 채취한 곳이라 죽도다. 지금은 소나무가 멋있게 자랐다. 아늑한 송정항에는 출어를 기다리는 배들이 정박하고 있다. 본격적인 어촌 풍경은 이제부터다.
　이번 코스는 걷는 내내 봄 바다 내음을 맡을 수 있었다. 서울 출신 S&T모티브 유기준 사장은 "부산에 이렇게 좋은 길이 있는 줄 몰랐다"며 "꼭 다시 한번 와 보겠다"고 스스로 다짐했다. 해수욕장을 벗어나 작은 언덕을 넘자 공수마을. 미역 작업이 한창이다. 사람 키보다 훨씬 긴 미역이 먹음직하다. 아침부터 어촌의 분주한 풍경은 보는 이에게 생동감을 물씬 준다. 이것이 힐링.
　길이 좁아지면서 잠시 숨을 고른다. 웬 초등학생 옆에 여성들이 둘러서서 손을 내밀고 있다. 아빠가 S&T저축은행에 다니는 초등 3학년 최현지 양이다. 푸짐한 간식 보따리를 들었는데 이모들이 너도나도 달라고 하니 아낌없이 나눠 준다. 급기야 자기 먹을 것 하나만 남았다. 염치없이 손을 내밀었다. 젤리 서너 개를 선뜻 내준다. 말랑하고 달콤한 마음이 느껴졌다.

해안누리는 해동용궁사를 지난다. 바닷가에 특이한 우체통 하나가 있다. 편지를 부칠 수는 있으나 배송은 하지 않는다고 써 놓았다. 마음으로 쓰는 편지가 분명했다. 그렇다면 편지를 쓰거나 넣을 필요도 없는 것. 푸른 동해를 편지지 삼아 한 줄기 바람으로 쓴 편지 한 통을 우체통에 집어넣는다. 모두가 행복하기를.

너의 손을 내가 잡으마

송정 옛동해남부선 철길을 걸을 때 발랄하게 선두에 서서 기억에 남았던 초등 4학년 남효경을 한 달여 만에 또 만났다. 저도 알은체를 한다. 남자 친구는 잘 있느냐고 물으니 의외의 답이다. "저 남자 친구 없는데요." 순간 당황했다. 그랬더니 "아 저 '남사친'은 있어요"라고 말했다. 아저씨가 모를까 봐 친절하게 설명을 해 준다. "남자, 사람, 친구요!" 세대를 넘어 소통은 그렇게 이루어졌다.

한국 수산과학의 메카 국립수산과학원 벽에는 고래가 헤엄치는 벽화가 있다. 한쪽은 진짜 바다, 한쪽은 바다 그림이어서 바닷속을 걷는 기분이다. 할아버지 할머니와 함께 3대가 함께 온 S&T모티브 박성주 차장의 아들 건휘(7)가 혼자 걷는다. 그때 효경이가 손을 잡아 준다. 아는 애냐고 물으니 모른단다. 꼰대 같은 질문을 했다. 효경이의 동생까지 세 아이가 손을 잡았다.

사진작가들이 좋아하는 일출 명소 오랑대공원에 도착했다. 참가자들이 한자리에 모여 기념사진을 찍었다. 깃발을 선두로 긴 대열이 해안누리를 따라 서암마을로 간다. 그런데 선두에서 함께 걷던 S&T그룹 최평규 회장이 보이지 않았다. 나중에 들으니 봄 바다의 꿈에 빠져 해물 포장마차를 지나치지 못하고 잠시 샛길로 빠졌다고 했다. 그러고 보니 향긋한 봄 바다 향이 진동한다. 그러게 이 바다가 건네는 추파를 누군들 견디랴.

'대변초등학교'는 이름이 독특해 전국에 알려진 곳. 운동장에서 뛰노는 아이들은 티

없이 맑고 꿋꿋하다. 학교 정문 옆에는 흥선 대원군이 세운 '척화비'가 서 있다. 인근에서 온 고등학생들이 척화비를 배경으로 사진을 찍는다. 교문 위에는 전인권의 노랫말 '새로운 꿈을 꾸겠다 말해요'라는 플래카드가 있다. 곰곰이 새겨보니 새 학기에 걸맞은 내용이다. 대중가요의 노랫말을 교문에 떡하니 붙인 선생님의 센스가 돋보인다.

월전 꽃동산에 부는 바람

멸치는 크기가 작은 어류인데 대변항 멸치 조형물은 거대했다. 4월에는 멸치축제가 열린다. 장어통발 어선에서 마침 장어를 내리고 있다. 커다란 그물에 든 장어를 크레인을 이용해서 물차로 옮기는데 선원들의 표정이 환하다. 만선이다. 장어 집산지인 대변항에 장어 요리가 유명한 것은 당연지사. 군침이 돌았다.

대열을 지원하는 승합 차량이 지나간다. 운전자가 달라졌다. 모티브 인사홍보팀 김영일 과장이다. 3년간 국토대장정 행사 때마다 승합차를 운전하며 대열을 도왔던 전임 홍순인 차장은 결산세무팀으로 발령 났다. 탑차를 운전하는 문일관 파트장은 한결같이 커피와 물을 실어나르며 국토대장정 뒷바라지를 하고 있다.

대변항을 조금 지나 넓은 해변에 영화 '친구' 촬영지 안내판이 서 있다. 영화의 결말

일출 명소로 잘 알려진 오랑대공원을 출발해 대변항으로 가는 행렬.
봄을 머금은 바다는 향긋했다.

을 아는지라 네 친구가 물장구치는 천진한 장면이 처연하다. 작은 항구 월전마을에 도착했다. 산뜻하게 노란색 봄옷으로 차려입은 종주단이 양옆으로 늘어서 격려의 손뼉을 쳐 준다.

바다 흥취를 미리 물씬 느꼈던 최평규 회장이 도시락 두 개를 내놓는다. "바다가 너무 좋아 해삼 한 알에 소주 딱 두 잔 하고 왔다"며 걷는 이들에게 너무 미안해 해삼과 멍게를 사 왔다고 말했다. 최 회장과 함께 바다 흥취에 빠졌던 S&T중공업 한규환 부회장은 "전복죽은 절대 먹지 않았다"며 너스레를 떨었다. 수평선이 보이는 월전 꽃동산에서 따뜻한 봄 햇살을 쬐며 봄을 맞는다.

course

: 송정해수욕장~기장 월전마을 :

어촌 풍경에
동해 내음 물씬

- **총 거리**   12.5km
- **소요시간**   3시간 40분
- **난이도**   ★★☆☆☆
- **코스**   부산 해운대구 송정해수욕장~공수마을~해동용궁사~수산과학관~동부산관광단지~오랑대공원~서암마을~신암마을~대변항~월전마을

○ **코스 소개**   제42차 S&T 국토대장정 코스는 부산 갈맷길 1코스의 중심이자 해파랑길 2코스와 3코스가 겹친다. 어촌 풍경이 고스란히 담겨 있고, 동해 특유의 바다 내음이 물씬 풍기는 곳이다. 송정해수욕장의 늠름한 파도와 헤어진 뒤 미역 냄새가 물씬 풍기는 공수마을을 지나 작은 고개를 넘어가면 해동용궁사다. 기장8경의 하나인 시랑대가 여기에 있다. 동부산관광단지(오시리아관광단지) 개발이 한창인 곳에는 대형 건축 공사가 진행 중이지만, 걷는 데 큰 불편은 없다. 다섯 명의 선비가 놀고 갔다는 전설이 있는 오랑대에는 매일 치성을 드리는 전통 굿이 열린다. 서암마을까지 해안누리길은 넓고 평탄해 걷기에 좋다. 매년 4월에 멸치축제가 열리는 대변항은 벌써 북적댄다. 각종 해산물 코너가 많아 주당은 그냥 지나치기 힘들다. 월전항에도 활어시장이 있어 유혹은 끊임없다.

○ **주변 볼거리**   공수어촌체험마을에서 조간대 체험장(051-723-1919)을 운영하고 있다. 바다는 하루 두 번씩 물이 들고 나는 밀물과 썰물이 있다. 밀물 때 바닷물에 잠기고, 썰물 때 드러나는 곳을 조간대라고 한다. 공수마을 조간대에는 검정꽃해변밀미잘이나 납작벌레 서북손, 큰뱀고둥 등 다양한 해양 생물을 만날 수 있다. 또 작은 만에서 이뤄지는 후릿그물 체험장은 유명하다. 후릿그물 체험은 배 위에서 그물을 친 뒤 육지에서 그물 양쪽 밧줄을 잡아당겨 그물 안에 갇힌 고기를 잡는 방식이다. 1997년 개관한 국내 최초의 수산 해양 종합 전시관인 수산과학관은 수산 해양에 관한 과학 기술의 발전 과정과 미래상을 소개하고 있다. 수족관 등 15개 주제별 전시관에는 참고래 실물 골격과 국내 최대 크기의 산갈치 박제 등 7300여 점의 전시물이 있어 아이들의 교육장으로도 훌륭하다. 매주 월요일은 휴관한다.

● 맥도강 생태공원~신호공원

30리 벚꽃길…
꽃이 걷는지, 사람이 걷는지

벚꽃이 일제히 피었다. 낙동강 하굿둑으로 이어지는 강서 낙동강 변 30리 벚꽃길이 환하다.
벚꽃 터널 속을 제43차 S&T 국토대장정 참가자들이 걷고 있다.

낙동강 하구 30리 벚꽃길은 화려했다. 실하게 자란 벚나무가 터널을 이뤘다. 탄탄대로 꽃길을 걷는다. 대열이 기러기처럼 길게 늘어섰다. 두루미나 기러기, 가마우지는 무리를 지어 이동할 때 V자 혹은 I자 모양의 편대로 난다. 이를 '안항(또는 안진)'이라고 한다. 흔히 맨 앞에 가는 새가 지도자인 것으로 사람들은 생각하지만, 아니다. 안항의 이유는 오직 앞선 새가 날개를 칠 때 흘러나오는 기류를 뒤따르는 새가 이용함으로써 에너지를 아끼기 위해서다. 앞선 이는 희생이다.

허락된 시간은 일주일

행사를 앞두고 출근 때마다 고개를 들어 벚나무를 보았다. 꽃눈이 벌어지더니, 어떤 나무는 성급하게 먼저 나래를 편다. 잠깐 외롭지만, 다가올 꽃세상을 예고한 것. 제43차 S&T 국토대장정은 벚꽃이 피는 시기를 일부러 맞췄다. 오직 한 해 한철 한 시기. 해마다 벚꽃이 피겠지만, 올해 꽃은 오직 이때뿐이다. 370여 명의 참가자가 벚꽃 터널 속으로 걸어간다. 그곳은 꿈동산이어서 발걸음이 가볍다.

"지겨도록 꽃을 보게 될 겁니다." 코스를 사전 답사한 S&T모티브 김영조 과장이 말했다. '지겨워도 좋아요. 꽃만 볼 수 있다면….' 속으로 답했다. 마침 '강서 낙동강변 30리 벚꽃길 축제'가 열린 4월 첫날인 1일 부산 강서구 맥도생태공원을 출발해 신호공원까지 가는 길은 꽃과 바다, 그리고 사람이 고마운 길이었다. 이 길을 주말에 다시 가면 반드시 꽃비를 만날 수 있을 것이다.

여느 때처럼 국토대장정 종주단이 길을 연다. 한참을 가다 갑자기 선두가 멈춘다. 꽃을 구경하려나 생각했는데 조금 늦게 도착한 S&T중공업 식구를 기다리는 것이었다. 이른 아침인데도 산책 나온 사람이 많다. 가족 단위로 꽃구경을 온 사람도 많다. 봄은 모든 이의 가슴을 설레게 하는 모양이다.

삼각대까지 펼쳐 놓고 사진을 찍는 아마추어 사진가가 있다. 날씨가 흐려 아직 태양이 제힘을 발하지 못하는 상황이라 괜찮으냐고 물었더니 "분위기 최고네요" 하고 말해 줬다. '저도 좋네요.'

'염막쉼터'라고 현판이 붙은 정자가 있다. 염막은 갈대발을 만들던 발막섬과 염전이 있던 염밭섬이 합쳐져 한 마을이 된 곳. 원래 둑 바깥에 마을이 있었으나 1965년 대홍수 이후 제방 안쪽으로 이주했다고 한다. 염막쉼터를 지나자 멀리 하굿둑이 보인다.

구부정한 을숙도대교

하굿둑 왼쪽 인도를 지나 육교를 건넌다. 육교에 올라서자 광활한 을숙도 전경이 한눈에 보인다. 군데군데 핀 벚꽃은 수묵화에 연분홍 물감을 뿌려 놓은 듯 황홀하다. 낙동강하구에코센터가 거기 있었다. 겨우내 AI 때문에 문을 닫았다가 며칠 뒤에나 개장한다고 했다. 직원들이 분주하게 손님맞이를 준비하고 있었다. 실내에 들어섰더니 정식 개관은 하지 않았지만, 원한다면 전시관은 볼 수 있다며 2층으로 올라가라고 안내해 주었다.

을숙도는 경작지와 준설토를 모아 두던 땅이었으나 2000년 초반부터 생태공원으로 조성했다. 지금은 자연과 인간이 공존하는 실험이 한창이다. 2층에는 넓은 창이 있어 인공 습지의 새들을 관찰할 수 있는데 창문에는 버드 스트라이크를 방지하기 위해 맹금류 모양의 그림을 붙여 놓았다.

휴식에 들어간 참가자들이 삼삼오오 모여 간식을 먹고 있다. 벚나무 서너 그루가 서 있는 작은 언덕이 예뻐 보여 그곳으로 갔다. 물론 벚꽃이 예뻐 간 것만은 아니다. 거기서 어여쁜 봄처자들이 까르르 웃으며 사진을 찍고 있었기 때문이다. 단체 사진을 찍어주며 호감을 샀다. 가지고 있던 간식도 아낌없이 주었다.

창원에 있는 S&T저축은행 직원이라고 했다. 사진을 멋지게 찍어줬으니 특별 금리로 대출해 줄 수 있냐고 물었다. 마침 가계 대출 담당 직원이 있던 모양. "우리 은행 '쯔이(걸그룹 트와이스 멤버)'예요. 여주희 씨를 찾으세요." S&T의 쯔이를 만나다니. 미처 사인을 받지 못한 것이 후회스럽다.

강서구 어업복지회관을 지나 명호교를 건넌다. 갓 수확한 물김이 대형 마대에 담겨 있다. 흔하지 않은 풍경이라 눈길이 자꾸 간다. 갈미조개가 제철인 명지 선창회타운,

을숙도 낙동강 하굿둑 전망대와 물문화관.

그리고 굽은 을숙도대교. 생태계 보호 구역에 다리를 놓느라 활처럼 휘었다. 다른 의견도 있지만 자연과 인간의 소중한 소통이다.

여긴 철새 보호 구역

멀리 대마등이 보인다. 낙동강 하구 삼각주에 발달한 여러 섬 중 하나다. 기다란 섬에 나무가 빼곡하다. 낙동강이 실어온 흙과 모래가 오랜 세월 섬을 만들었다. 자연의 솜씨는 위대하다. 지금은 낙동강 곳곳에 보가 생겨 물 흐름이 사실상 끊긴 상태. 변화무쌍한 낙동강 하구의 조화를 더는 볼 수 없을 것 같아 안타깝다.

명지 갈대밭 뒤로 멀리 보이는 대마등.

　명지동 안내판이 있다. 고려 시대부터 사구가 형성됐는데 500년 전부터 사람이 살았다고 한다. 신증동국여지승람에 '큰비 등 천재지변이 있을 때마다 섬 어디선가 재난을 예고하는 소리가 울렸다'고 적혀 있어 유래한 지명이다. 지진 등 자연재해를 사람보다 먼저 알아채는 개구리, 고니, 오리 등 동물들의 소리라고 짐작해 본다. 언젠가 겨울 주남저수지에서 들은 철새 울음소리는 생각보다 커서 깜짝 놀랐던 기억이 있다.
　갈대와 잔잔한 바다 풍경이 이국적이다. 갈대밭에 우뚝 선 감시 초소까지도 멋진 풍경이 된다. 신호대교로 서낙동강을 건넌다. 횡단보도에서 신호를 기다리고 있는데 S&T중공업 파트장 한 분이 맨발이다. 발바닥이 아프지 않으냐고 물으니 "왜 아프지 않겠어요" 한다. 개성이 강하다. 다리를 건너니 신호철새인공서식지. 공단을 만들면서 한쪽에 철새를 위한 자리를 마련했다. 소나무가 예쁜 신호공원 입구다. 솔숲 사이로 난 길을 택한다. S&T모티브 유기준 사장은 "비가 올까 노심초사했는데 다행히 다 걸을 때까지 하늘이 도왔다"고 말했다. 다소 긴 거리라 모두 지친 기색이 역력했다.

점심 자리에 둘러앉았다. 식사를 다 마치자 비가 쏟아지기 시작했다. 차양이 좁아 비가 등 위로 떨어졌다. S&T그룹 최평규 회장이 "돌아앉자"며 역발상을 제안했다. 더는 비를 맞지 않았다. 봄꽃을 보았고, 봄비를 만났다. 춘흥에 겨운 최 회장은 몇몇과 명지 명물 갈미조개 식당으로 향했다. 최 회장이 갈미조개를 유독 사랑했던가. 최 회장이 식당에 들어서자 주인이 "오전에 오신 분이네요"라고 알은체했단다.

course

: 맥도강 생태공원~신호공원 :

꽃길과 물길의 만남
꽃비 쏟아져요

- **총 거리**   17.5km
- **소요시간** 4시간 30분
- **난이도**   ★★★☆☆
- **코스**   부산 강서구 맥도생태공원~벚꽃 터널~명지시장~을숙도 에코센터~명호교~
          을숙도대교~낙동강 철새도래지~신호대교~신호철새인공서식지~신호공원

○ **코스 소개**   꽃길보다 좋은 길이 있을까마는 제43차 국토대장정 코스는 꽃과 함께 낙동강 하구의 넉넉한 물길을 볼 수 있어 좋다. 강서 낙동강변 30리 벚꽃길의 마지막 구간인 맥도생태공원에서 명지시장 입구까지는 원 없이 벚꽃을 볼 수 있다. 명지시장 입구에서 하굿둑을 지나 을숙도로 들어간다. 에코센터를 한 바퀴 돌아 나오며 하굿둑을 경계로 위의 낙동강과 아래인 남해를 번갈아가며 볼 수 있다. 이어 명호교까지는 전형적인 어촌 풍경을 볼 수 있다. 을숙도대교를 지나면서 하구는 점점 넓어진다. 멀리 바다로 힘차게 뻗어 나간 다대포 몰운대와 나무가 빼곡하게 자란 대마등을 감상하며 낙동강철새도래지를 지난다. 준족이라면 여기서 해안누리를 따라갈 수도 있다. 이번에는 전체 거리가 다소 길어 신호대교를 바로 건넜다. 신호공원은 솔숲이 아름답다. 신호공원에서 가덕도가 손에 잡힐 듯 가깝다.

○ **주변 볼거리**   명지시장에는 회타운이 있다. 가을이 시작되는 시기에 전어축제가 유명하다. 언제라도 푸짐한 회를 맛을 수 있다. 명지 신창 회타운에는 길미조개가 한창이다. 길미조개(대 5만 원, 중 4만 원, 소 3만 원) 샤부샤부는 여행자의 지친 속을 달래 준다. 을숙도 낙동강하구에코센터는 각종 볼거리가 많아 반드시 들러야 하는 곳이다. 지상 3층 건물 전시관에는 각종 습지 자료와 동물 박제, 탐조대 체험교실 등이 있다. 20명 이상의 단체 관람이나 프로그램 체험은 예약해야 한다. 하구 답사와 식물 관찰, 갯벌 체험도 할 수 있으며 생물 그림 뜨기, 족적 뜨기 등도 체험할 수 있다. 매주 월요일과 1월 1일만 휴무. 오전 9시부터 오후 6시까지 운영하지만 입장 마감은 오후 5시까지다. 무료. 051-209-2000.

● 삼락생태공원~구포대교

벚꽃 진 뒤 펼쳐진 녹음에
마음까지 짙푸르다

대저생태공원의 광활한 유채밭 사이로 걸어가고 있는 S&T 국토대장정 참가자들.
더러 노란 유채꽃이 아직 남아서 참가자들을 반겼다.

꽃이 진다고 바람을 탓하지 말자. 봄이 지나면 여름인 것을.

정직한 자연의 섭리가 미덥다. 낡은 것은 가면 새것이 오고, 어둠이 지나면 새 아침이 밝아온다. 신록이 눈부신 날 S&T 국토대장정은 낙동강 삼락습지생태공원에서 구포대교까지 걸었다. 소슬 부는 강바람은 이마를 간질였고, 경쾌한 발걸음은 대지와 입맞췄다. 350여 명의 참가자는 여름 준비에 바쁜 박새처럼 지저귀며 즐거워했다.

이팝나무가 꽃을 제대로 피웠다. 옛사람들은 꽃의 모양새를 보고 풍년을 점쳤다는 나무. 이밥같이 풍성한 꽃 무더기를 보고 있자니 절로 배가 불렀다. 공원 산책로를 성큼성큼 걷는다. 이른 아침이지만 걷는 사람, 자전거를 타는 사람이 꽤 많다.

사달이 생겼다. 버스 여러 대로 출발했는데 일부가 길을 잘못 들어 15분가량 늦게 도착한 것이다. 창원의 S&T중공업 등에서 온 일행이 하염없이 기다리게 되자 최평규 회장이 몸소 '정리맨'으로 나섰다. 다수가 기다려 준 덕에, 늦었지만 서둔 덕에 다행히도 제44차 S&T 국토대장정에 참석한 전원은 삼락습지생태공원에서 함께 출발할 수 있었다.

이번 코스는 모든 길이 평지라 유모차도 꽤 보인다. 바퀴도 아무런 장애 없이 다닐 수 있는 쾌적한 길이다. 봄까지 유모차에 의지했던 단골 참가자 박서준(7)은 이제 혼자서도 잘 걷는다. 유모차도 아예 가지고 오지 않았다.

국토대장정 총책임자였던 S&T모티브 유기준 사장도 한결 여유롭다. 선두가 아니라 후미에서 참가자를 챙긴다. 알고 보니 이번 회부터 단장 자리를 김형철 전무에게 '양도'한 것. 직위가 있으나 없으나 책임질 일은 유 사장의 몫이겠지만, 단장이든 아니든 한결같은 모습이 좋다.

버드나무가 하얀 솜털 씨앗을 풀풀 날린다. 함박눈처럼 휘날리는 꽃씨가 살짝 불편하다. 마음을 고친다. 씨앗을 부드러운 솜털에 실어 나르는 어미의 마음을 헤아렸다. 편안해진다. 마스크가 없어도 괜찮다. 수양버들 솜털 씨앗은 미세먼지처럼 잔혹하지 않다.

낙동강대교를 건넌다. 중간쯤에 갑자기 다리가 출렁거렸다. 앞서가던 아주머니가 불안해한다. 옆의 동료가 손을 잡아 준다. 조금씩 흔들리는 다리는 무너지지 않는다. 오직 강한 것만이 부러진다.

녹음 만발 30리 벚꽃길

낙동강대교를 건너 맥도생태공원에 도착했다. 43차 국토대장정 출발지다. 넓어 쾌적한 공원에서 각자 준비한 간식을 먹으며 쉬었다. 오랜만에 S&T모티브 노동조합 간부

삼락공원 이팝나무 산책로를 걷는 종주단.

2명이 참석했다. 짧은 휴식 시간, 최 회장과 합석한 노조 간부들은 막걸리를 나눠 마셨다. 바야흐로 신록의 계절. 작은 차이는 큰 동질감 안에서 녹았다. 대세는 푸름. 신록을 당해 낼 재간은 누구에게도 없다.

    대열이 다시 움직인다고 했다. 좋은 분위기가 이어지길 원했는지 최 회장이 그만 패를 드러냈다. "한 잔 더 먹으면 딱 좋겠는데." 승부에서는 아쉬운 사람이 늘 진다. 하지만 식구끼리 지고 이기는 것이 대수랴.

    맥도생태공원에서 대저생태공원까지는 30리 벚꽃길. 벚꽃이 진 뒤라 아쉬울 줄 알았는데 녹음이 짙어 더 극적인 풍경이 연출되었다. 모자를 벗었다. 땀이 삐질삐질 난 이마가 시원했다. 강서구가 조각공원을 만들어 놓았다. 유명 작가들의 시비를 세워 벚꽃길을 찾는 이에게 볼거리를 제공한 것이다.

맥도생태공원 벚꽃길에서 짙은 녹음 아래를 걷노라면 온 세상이 푸르게 느껴진다.
붉은 영산홍이 손을 흔들어 주었다.

    벚꽃길 덕두쉼터 정자에는 물과 간식이 놓여 있었다. 안내글이 있어 읽어 보니 마라톤 선수를 위한 간식이었다. 부산갈매기마라톤 대회장이 마련한 것. 그러고 보니 오는 길에 노인 서너 분이 달리며 "우리는 태종대에서 임진각까지 달립니다"라고 외쳐 박수를 받았는데 그 팀인 것 같았다. 해안누리를 걷는 것과 내륙을 관통하여 달리는 데에 묘한 동질감이 생겼다.
    물차가 와서 주변 꽃나무에 물을 주고 있다. 이제 막 심은 나무가 말라 죽을 것을 우려해 뿌리가 내릴 때까지 관리하는 것이다. 문득 쉴 때 본 유채 한 포기가 생각났다. 특이하게도 야외 탁자 가운데 홈을 통해 올라와 꽃을 피웠다. 자연의 존재는 이렇듯 강하다.

꽃보다 유채가 아름다워

노산 이은상 시인의 '낙동강' 시비가 있다. "보아라 가야 신라 빛나는 역사 / 잊지 마라 이 강을~ 내 혈관에 피가 된 줄을~." 굵직한 시어가 주변 풍경과 어울려 울림이 된다. 이은상 시인의 동상과 시비를 지나자 대저생태공원이 펼쳐진다. 너른 유채밭 속으로 긴 대열이 천천히 들어선다.

전국 최대 규모라 불리는 곳. 하지만 꽃피는 시절이 살짝 지나 노란 유채꽃은 드문드문하다. 이제 결실의 계절. 봄날 이 들판을 물들였던 유채꽃은 소임을 다한 뒤 열매를 맺고 있다. '꽃보다 유채!' 열매가 또 아름다운 것은 지난 시기 화려함을 씨앗에 갈무리하기에 그렇다. 싹을 틔우고, 꽃을 피우고, 때로 흔들리면서 생명을 품었기에 열매도

대저생태공원엔 군데군데 정자가 있어 쉬어 가기에 좋다.

어여쁘다.
 늦깎이 유채꽃들은 그래도 아직 남아 뒤늦게 이곳을 찾은 이들에게 위안이 되었다. 연인, 친구, 가족끼리 가는 봄날을 만끽하고 있었다. 산책로 입구 쪽에서 "아이스케키~"라는 소리가 들려 쳐다보았다. 얼음통을 가져다 놓고 장사를 하고 있다. 유 사장이 아예 그 옆에 서서 지나가는 이들에게 아이스크림을 나눠 준다. 시원하고 달콤한 것에 살짝 행복해진다. 산책로가 끝날 즈음에 또 다른 아이스크림 장사가 있었는데 포장지와 막대를 들고 가는 이들을 보더니 쓰레기를 달라고 했다. 두 아이스크림 장수의 관계는 알 수 없지만, 그 마음 씀씀이가 고맙다. 막대와 포장지를 버리지 않고 손에 쥔 그 마음도 꽃보다 아름답다.

둘러앉은 점심 자리에 김치말이 국수가 나왔다. 이제 시원한 것이 필요한 계절이다. 완주한 최평규 회장이 옛날부터 다리 밑이 여름철 명당자리라며, 오늘 점심 자리가 좋은 자리라고 했다. "그늘도 있지만, 다리의 구조물이 바람을 일으키는 유체역학에서 비롯된 거예요." 엔지니어 출신다운 과학적인 분석이었다. 유채밭에서 시원한 바람이 불어 땀을 말린다.

"밥은 나중에. 막걸리부터 먹읍시다." 지조 있는 술꾼을 자처하는 최 회장이 잔을 높이 들었다. 노란 꽃들이 까르르 웃었다.

course

: 삼락생태공원~구포대교 :

낙동강 조망하며
여유 부릴 수 있어

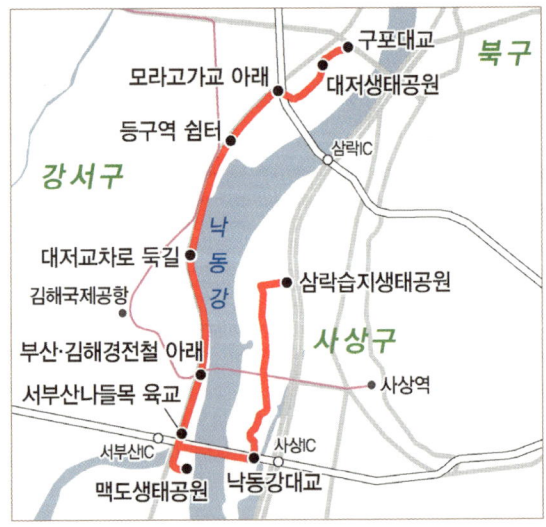

- **총 거리**   13.32km
- **소요시간**   3시간 40분
- **난이도**   ★★☆☆☆
- **코스**   삼락습지생태공원~낙동강대교~맥도생태공원~서부산나들목 육교~부산·김해 경전철~
대저교차로 둑길~등구역 쉼터~모라고가교 아래~대저생태공원~구포대교

○ **코스 소개**   삼락습지생태공원과 맥도생태공원, 대저생태공원은 낙동강을 끼고 쾌적하게 구성돼 있어 걷기에 아무런 불편이 없다. 군데군데 편의 시설과 즐길 거리가 많아 걷는 내내 여유를 부릴 수 있는 코스이다. 특히 햇볕이 따가워지는 시기이지만, 코스 대부분이 그늘이어서 피부 미용 걱정을 하지 않아도 된다. 삼락습지생태공원에서 출발해 낙동강대교를 건너기는 수월하다. 인도도 잘 돼 있어 넓은 낙동강 하구를 조망하며 걷는 풍경이 일품이다. 낙동강대교는 차량이 많이 운행하는 경우 흔들리기도 하는데 색다른 느낌을 연출한다. 맥도생태공원에서 모라고가교까지는 30리 벚꽃길. 벚꽃은 지고 없지만, 신록이 우거져 몸과 마음까지 짙푸르러진다.

○ **주변 볼거리**   삼락생태공원은 사상구 엄궁동에서 삼락동 강서낙동대교까지의 둔치로 낙동강 하류 철새 도래지(천연기념물 제179호) 내에 있다. 습지, 철새 먹이터, 잔디 광장, 야생화 단지, 자전거 도로, 산책 코스, 오토캠핑장, 수상 레포츠타운 등 각종 편의 시설이 있다. 습지 가운데로 산책로가 조성돼 나조를 즐기기에 좋다. 맥도생태공원은 옛 농경지인데 지금은 철새 먹이터와 휴식지다. 탐방로, 습지 덱, 연꽃단지, 수생 식물원 등과 축구장, 야구장 등의 체육 시설 및 퍼걸러, 화장실 등 편의 시설을 갖추고 있다. 벚꽃이 필 때 사람이 많이 찾는다. 대저생태공원은 신덕습지를 비롯한 크고 작은 습지와 작은 수로, 유채꽃 단지, 각종 체육 시설이 조성돼 있다. 공원 양쪽 끝에 체육 시설과 편의 시설이 있고 나머지는 녹지로 구성했다. 특히 구포대교 아래에 있는 대단위 유채경관단지(37만㎡)에서 매년 4월 유채꽃축제가 열린다.

● 통영 연화도 일주

연꽃 봉오리처럼
섬들이 '피었다'

출렁다리를 지나 용머리가 시작되는 바위봉에 올랐다.
점점이 뿌려 놓은 듯한 섬과 끝없이 펼쳐진 바다,
연화도 해안누리 일주 반환점인 이곳에서 보는 풍경은 황홀하다.

연꽃이 피려면 아직 멀었다. 조바심에 견딜 수 없었다. 푸른 5월이었고, 엉덩이가 들썩였다.

바다에 핀 연꽃이라도 기어코 봐야 했다. 한 달에 한 번 가기로 정한 국토대장정 팀이 신명이 났다. 대저생태공원 유채꽃을 보러 간 지가 엊그제 같은데 이번엔 바다 건너 통영 연화도로 갔다.

'국토대장정'을 이끄는 단장이 바뀐 뒤 부쩍 활발해진다는 이야기도 있지만, 실상은 국토대장정을 하며 늘 고생하는 종주단과 지원단을 위한 보너스라는 게 정설.

그렇게 푸른 남해로 달려갔다.

너는 늠름한 장보고호

경남 통영시 산양읍 삼덕항에 도착했다. 분주한 어민들 사이를 지나 연화도로 우리를 데려갈 351톤급 장보고호 앞에 섰다. 신라 때 해상왕 장보고 장군과 같은 이름이라 든든하다. 최대 승선 인원은 315명에다가 승용차도 47대나 실을 수 있는 카페리다. 210여 명의 제45차 S&T 국토대장정 참가자들이 차례로 배에 올랐다. 가슴이 설렌다. 이 바다는 미국 식품의약청(FDA)이 인정한 청정 해역. 맑고 깨끗한 바다이니 곱게 아껴야겠다.

모두 선실에서 나와 주변 어장과 섬들을 구경하며 사진을 찍느라 분주하다. 연화도 해안누리 트레킹은 초반 30분이 가풀막이어서 힘들다고 '선상 음주'를 자제하라는 공지가 있었건만 체력에 자신 있는 분들은 이미 곳곳에서 파티를 벌였다. 그도 그럴 것이 배를 타고 섬 여행을 떠나는데 가만히 앉아 풍경만 보는 것은 좀 사치였다. 곰삭은 홍어 안주가 있는 자리에 슬쩍 앉아 막걸리 몇 잔을 들이켰더니 그만 기분이 좋아졌.

알고 보니 장보고호는 해남과 보길도를 오가던 배. 언제부터 통영으로 온 것인지는 알 수 없지만 장보고호를 연화도에 주고 아쉬웠는지 보길도에는 '뉴장보고호'가 생겼다.

40분 남짓 걸려 도착한 연화도는 첫인상이 아늑했다. 하늘에서 보면 활짝 핀 연꽃이어서 연화도라고 부르는 섬. 꽃잎이 살짝 길을 열어줘 부드럽게 발을 내렸다. '환상의 섬 연화도'라는 글을 커다란 돌에 새겨 놓았다. 연화도는 유독 불교와 인연이 깊다고 한다. 그래서 연화사라는 큰 절도 있고, 사명 대사와 관련한 전설도 많다.

치마폭 같은 연화항을 돌아 등산로 입구로 가는데 연화도 이장님이 "좋은 곳에 오셨으니 구경 잘 하시고 농작물 지켜 주고, 쓰레기 버리지 말아 달라"고 말한다. 그래서인지 걷는 내내 흔히 볼 수 있는 빈 물병 하나도 보지 못했다. 바다도 그렇고 섬도 깨끗하다.

염화미소와 염화시중

연화도는 100여 가구에 170명의 주민이 산다. 작은 분교 하나가 있다. 연화봉을 향해 올라가는 길은 섬천남성이 큰 잎을 하늘거리며 반겨 주는 코스였다. 그런데 제법 오르막이 거칠었다. 다들 체력이 좋은지 쉬지도 않고, 처지지도 않으니 긴장감이 들었다. 벤치가 보였지만 지나쳤다. 누군가 "벤치는 쉬라고 있는 거 아닌가. 쉼터가 있다는 이야기는 여기서 쉬어가란 뜻이겠지"라고 말했다. 백번 옳은 말이다. 하지만, 아미타대불이 우뚝 서 있는 연화봉이 1차 휴식처라 거침없이 내달린다.

"고생은 여기까지"라고 S&T모티브 김영조 과장이 하는 무전 소리를 들었다. 앞뒤 안내자와 무전을 주고받으면서 길을 안내하는데 맨 앞에서 길을 인도하는 사람은 사전 답사를 한 이혁섭 파트장이다. 이 파트장은 늘 대열보다 멀찍이 앞서 나가기 때문에 국토대장정 사진에 좀처럼 등장하지 않아 집에서 곤란한 일을 겪었다. 아들이 "아빠 맨날 답사도 가고 국토대장정 가면서 회사 홈페이지 사진에는 한 번도 안 나오네요?"라고 의심하고 있단다.

'아들아. 사진이 중요한 게 아니다.' 부처님이 연꽃을 드시니 제자 가섭이 웃었다. 진심은 마음에서 마음으로 전해지는 것을.

연화봉의 남쪽 푸른 바다에 피어나는 연꽃 봉오리처럼 섬들이 펼쳐진다. 비진도, 용초도, 장사도, 대적도, 소덕도, 가왕도, 어유도, 매물도, 소매물도, 소지도, 대구을비도, 국도, 좌사리도, 외초도, 초도, 갈도, 녹운도 그리고 욕지도.

연화봉에서 모두 한자리에 모여 파이팅을 외친 뒤 용머리를 향해 천천히 내려갔다. 연화 도인과 사명 대사가 정진했다는 토굴이 있다. 덱 길을 따라 내려가니 오른쪽으로 보덕암 가는 길에 웬 푸드 트럭? 차와 음료를 제공하는 문일관 파트장이 운영하는 S&T카페(?)다. 연화도를 찾은 사람들이 트

연화봉 정상에 모인 국토대장정 참가자들

용머리는 푸른 대양을 향해 힘차게 헤엄치는 형상을 하고 있다.

럭 앞을 지나가며 '음료수는 파는 거냐? 오이는 한 개 얼마냐'고 묻는 통에 공짜로 나눠 주고 있었다. 문 파트장의 푸드 트럭이 졸지에 나눔 밥차가 되었다.

바다가 뚜벅뚜벅 왔다

용이 바다로 달려가는 듯한 형상의 용머리 바위는 보덕암에서 봐야 제격이다. 종주대보다 먼저 섬을 샅샅이 답사하던 S&T그룹 최평규 회장과 모티브 유기준 사장이 좋은 풍경을 혼자 보기 아깝다며 와서 보라고 했다. 기운찬 용머리는 연화도의 숨은 비경이다.

부처님 진신사리를 모셨다는 석탑을 지나 동두마을로 가는 길을 걷는다. 왼쪽과 오른쪽 아래가 모두 바다이니 참 특이한 해안누리길이다.

느릿느릿 걸으니 명물 출렁다리가 나온다. 출렁다리 아래는 에메랄드빛 바다. 아찔함을 느끼며 용머리바위에 섰다. 시원한 바람이 불어 몸을 말리는데 정신까지 맑아진다. 용머리에서는 되돌아 나온다.

이런 코스이기에 선착장과 출렁다리를 왕복하는 셔틀버스가 인기다. 옛 까꼬막길 입구에서 보덕암 갈림길로 가서 연화사로 내려간다. 수국이 여름을 기다리며 한껏 덩치를 키우고 있다.

연화분교 운동장에 둘러앉아 점심을 먹었다. 나가는 배 시간이 제법 남았다. 도시락을 비운 사람들이 삼삼오오 사라졌다.

S&T중공업 신순정 차장이 고등어회 먹자계를 즉석에서 꾸렸다. 목표는 출발할 때 봐 둔 선착장 노점 횟집. '등이 푸른 자유'가 힘차게 유영하는 것을 익숙한 솜씨로 횟집 사장이 접시에 담았다. 한 점 고등어회를 입안에 넣는다. 푸른 바다 한 토막이 몸속에서 출렁거렸다.

장보고호가 다시 왔다. 2층 뒤쪽 명당에 앉은 최 회장이 오전의 홍어에 이어 이번엔 해삼과 멍게로 유혹한다. 엉겁결에 고등엇값을 치렀던 S&T중공업 김수엽 상무도 함께했다. "연화도가 백두대간의 끝자락이라는 말이 있습니다." 백두대간을 완주한 김 상무의 주장은 팩트 체크가 필요했지만 아무도 더 따지지 않았다. 용머리를 국토의 막내 산줄기라 불러 주어도 좋겠다.

연화도를 뚜벅뚜벅 누빈 최 회장이 바다를 보며 빙긋이 웃는다. 함께 앉은 이들도 미소로 화답한다. 때론 말이 없어도 마음으로 통한다.

course

: 통영 연화도 일주 :

불교의 성지
연화사도 유명

- **총 거리** 9.3km
- **소요시간** 4시간 20분
- **난이도** ★★★☆☆
- **코스** 연화선착장~등산로 입구~연화봉~보덕암~출렁다리~용머리~옛 까꼬막길~
보덕암 갈림길~연화사~연화분교장~연화선착장

○ **코스 소개** 통영시 욕지면 연화도로 가려면 통영 여객선 터미널이나 통영 미륵도 삼덕항에서 출발하는 연안 여객선을 타야 한다. 삼덕항에서 출발하면 운항 시간이 통영에 비해 짧아 많이 찾는다. 삼덕항에서 연화도로 가는 배는 선사 사정에 따라 출항 시간이 달라질 수 있으니 반드시 사전에 문의하여야 한다. 삼덕항에서 가려면 경남해운(055-641-3560)에 알아보면 된다. 통영에서 출발하려면 통영여객선터미널(1666-0960)로 문의하면 된다. 연화도 해안누리 일주 코스는 대체로 무난하지만, 선착장에서 연화봉을 오르는 길이 조금 힘들다. 이 코스만 지나면 어디든 쉽게 걸을 수 있다. 중간에 들를 곳도 몇 군데 있으나 대체로 3시간이면 코스를 마무리할 수 있다. 시간이 부족하면 출렁다리에서 연화선착장까지 주민이 운영하는 셔틀버스(3000원)를 이용해도 된다. 연화봉의 조망은 일품이며, 동두마을 뒤편 용머리가 시작되는 봉의 전망도 장쾌하다.

○ **주변 볼거리** 보덕암에서 바라보는 용머리 절벽이 일품이다. 보고 오지 않으면 후회할 풍광. 해수관음상이 있는 보덕암은 기도 도량으로도 잘 알려졌다. 연화봉에는 아미타내불이 우뚝하나. 이웃 초도와 욕지도 조망이 훌륭하다. 우도도 손에 잡힐 듯 가깝다. 연화사는 유래가 500년이 넘은 것으로 알려진 사찰. 연화 도인이 창건한 이후 사명 대사가 수도한 곳이다. 불교의 성지라고 해서 불교도들이 많이 찾는 곳. 연화선착장의 활어횟집은 관광객을 유혹한다. 청정 가두리에서 키운 고등어회는 일품이다.

● 남해지족어촌마을~물건방조어부림

숲과 바다 그리고 바람…
이 맛에 걷는구나!

제46차 S&T 국토대장정 참가자들이 경남 남해군 삼동면 양화금마을을 지나고 있다.
행렬 뒤로 물금산이 보이고, 그 옆에 방파제와 양식장 등 푸른 바다가 그림처럼 펼쳐진다.

완벽한 회사, 완벽한 사람은 없다. 부족함 속에서도 좀 더 나아지기 위해 서로를 보듬고, 채워 주는 과정이 있을 뿐이다. 알고 보면 늘 '공사 중'인 우리네 삶처럼 말이다. 현장 경영과 소통을 강조해 온 그룹 최고경영자(CEO)의 의지가 무엇보다 컸겠지만 2013년 3월 이래 4년여를 이어온 S&T그룹의 국토대장정도 그 연장선에 있지 않을까 싶었다.

2017년 6월 3일 경남 남해군 삼동면 일원으로 찾아간 제46차 S&T 국토대장정에 동행했다. 지족어촌체험마을을 출발해 물건리 방조어부림에 이르기까지 약 12km를 걸었다. 하늘은 구름 한 점 없이 맑았고, 바람은 더없이 싱그러웠으며, 신록은 푸르름을 더해 가는 중이었다. S&T그룹 직원뿐 아니라 그들의 가족까지 총 260명의 '뚜벅이'들이 해안선을 따라 줄지어 걸을 땐 일대 장관을 이루었다.

남해 지족해협 죽방렴과 갯벌

부산과 창원을 각각 출발한 버스가 약 2시간 20분 만에 도착한 경남 남해군 삼동면 지족어촌체험마을. 5대의 대형 버스가 종주단 일행을 속속 내려놓자 일시 불란하게 걷기 시작했다. 마흔여섯 번을 이어오는 동안 S&T 국토대장정 종주단이 만든 색깔이었고, 익숙함의 다른 표현이었겠지만 그 어떤 세리머니도 없다는 게 조금은 당황스러웠다.

머쓱함을 달래는 듯 바다 쪽으로 자연스럽게 시선이 갔다. 물살이 빠르고 수심이 얕은 갯벌에 수백 개의 말목이 브이(V)자 대형으로 뻗어 있다. 남해도와 창선도 사이를 흐르는 좁은 바다, 즉 지족해협에서만 볼 수 있다는 약 550년 전통의 어업 방식인 '지족해협 죽방렴'이다. 현재는 23개의 죽방렴만 등록돼 있다고 지족어촌계 관계자는 말했다. 원래는 참나무를 말목으로 사용했지만 2003년 태풍 '매미'가 몽땅 휩쓸고 가 버려 플라스틱으로 대체되는 중이란다. 바다에서 막 건져 올린 멸치를 삶는 작업은 볼 수 없었지만 지족해협의 강한 물살을 이겨 낸 죽방멸치의 쫄깃한 식감이 생각나 입맛이 다셔졌다.

종주단은 경남해양과학고를 지나 금송리 전도마을로 향했다. 전도마을 앞 갯벌에

남해 지족해협 죽방렴.

선 쏙과 조개잡이를 하는 갯벌 체험이 한창이다. 전도마을 어귀에서 만난 한 어르신은 "쏙은 한 달에 한두 번 빼고 가능하지만 바지락이나 우럭조개는 잡을 수 있는 날이 한 달에 며칠 안 되기 때문에 꼭 물때를 확인하고 오라"고 넌지시 일러 준다.

이름도 어여쁜 '꽃내' 권역

전도마을을 끼고 해안가로 들어섰더니 바다가 더 가까워졌다. 푸른 바다는 아침 햇살을 받아 옥빛으로 빛났고, 반짝반짝 은색 물비늘을 자랑했다. 전도방파제를 지나쳐 남해청소년수련원 쪽으로 방향을 잡았다.

출발한 지 30여 분 만에 산길로 접어들었다. 크고 작은 밭뙈기가 산기슭에 작은 계단처럼 형성됐다. 농사를 짓기엔 척박해 보였지만 한 뼘이라도 더 농지로 일구기 위해 애썼을 남해 사람 특유의 끈질긴 생명력이 느껴졌다.

남해청소년수련원을 거쳐 남해유스타운을 벗어나자 다시 바다가 나오고 드넓은 갯벌이 펼쳐졌다. 항공 촬영을 위해 동반한 드론이 갯벌 위를 힘차게 날아올랐다. 보기만 해도 시원했다. 종주단은 바다 아랫길로 내려와 물 빠진 갯벌과 모래밭의 경계선을 따라서 걸었다. 갯벌을 걷자 잠시나마 자연에 안긴 포근한 느낌이 들었다. 아빠 엄마와 함께 걷고 있는 아이들 표정이 특히 밝아 보였다.

둔촌 갯벌이 거의 끝나는 지점에서 다시 콘크리트 길로 올라섰고, 이내 화천마을로 들어섰다. 둔촌, 화촌, 금천마을 등 남해군에서 '꽃내' 권역이라고 부르는 곳이다. 꽃내는 화천(花川)의 순우리말 표기. 5km 지점인 '꽃내활성화체험센터'에서 잠시 쉬어가기로 했다. 꽃내 권역 8개 마을이 공동 운영 중인 이 센터는 숙박과 갯벌 체험이 가능한 시설이다. 사전 답사팀이 실내 식당을 예약해 둔 덕에 건물 안팎으로 삼삼오오 흩어져 각자 준비해 온 간식을 먹었다.

S&T모티브 모터사업본부 모터영업팀의 강현순(39) 과장은 처가 쪽 가족이 대거 참가해 무려 17명을 기록했다. 충북 청주와 충남 아산에서 금요일 밤 출발해 이날 오전 2시에 도착한 뒤 5시께부터 움직여서 피곤했을 텐데도 "걷는 내내 스트레스를 한 방에 날려 보낸 느낌"이라고 강 과장의 큰 처형 박정숙(43) 씨가 말했다.

길을 잃어서 놓친 것과 얻은 것

30여 분간의 휴식이 끝나고 종주단은 다시 출발했다. 이번에도 기자는 영문을 몰라 꾸

꽃내 권역을 걷고 있는 국토대장정 참가자들.

물대다 맨 뒤로 처졌다. 다행히 S&T그룹 최평규 회장 역시 막걸리 한 잔의 유혹을 뿌리치지 못해 후미로 처지면서 말벗이 됐다.

스물일곱 나이로 삼영기계공업사(현 S&TC)를 창업한 뒤 S&T중공업, S&T모티브, S&T모터스 등을 인수 합병하면서 S&T홀딩스 대표이사 회장이 된 그, '한국 제조업의 명맥을 이어 온 작은 역사'라고 말하던 S&T중공업 한규환 대표이사 부회장의 말이 생각나 약간은 조심스러웠는데 의외로 소탈했다. 최 회장은 여전히 직원들이 건네는 한 잔의 막걸리에 행복해하고, 롯데 자이언츠 팬으로서 야구장을 찾아 야구를 즐기고, 젊은 사람들과의 소통 일환이겠지만 '에픽하이'의 노래 '트로트' 가사를 죽어라고 외우는 중이었다.

그런데 최 회장의 이야기에 빠져 있는 사이, 난감한 상황이 발생했다. 길을 잃은 것이다. 할 수 없이 홍성진 인사홍보팀장에게 긴급 'SOS'를 쳤다. 종주단 일행은 양화금 마을을 지나는 중이었다. 잰걸음으로도 30분 가까이 차이가 나는 곳이라고 했다. 종주단을 앞뒤에서 보호하던 승합차 한 대가 우리를 태우러 왔다. 민망한 순간이었지만 전체 일정에 지장을 주지 않기 위해 약 2km 구간은 차를 탔다.

사실, 따지고 보면 금천회관 앞을 지나다가 누군가 버려 놓은 산호초를 살피느라 지체했고, 가마마을 입구에서 만난 '빛깔 곱고 씨알 굵은' 남해 특산물 마늘을 손질하던 부부와 이야기를 나눈 게 전부였던 것 같은데 잘못된 길에서 헤맨 20여 분이 컸던 것 같았다. 길을 잃은 덕분에 남들은 못 간 노루목방과제까지도 가 보았고, 좋은 길동무에 매료될 수 있었다.

환상의 숲 '물건방조어부림'

양화금 마을회관 앞에서 다시 일행과 이어졌다. 뒤처진 직원 몇 사람도 만났다. 건강상 무리가 따르지 않을까 염려한 S&T모티브 유기준 대표이사 사장이 앰뷸런스 탑승을 권했지만 직원들은 마다했다. 국토대장정에는 S&T중공업 소속 앰뷸런스도 늘 따라붙었다.

이제 남은 구간은 약 4km. 약간의 오르막이 시작됐다. 흙길이 아닌 아스팔트여서 발바닥이 편하진 않았지만 도로 양옆이 푸른 숲이라는 건 인상적이었다. 차량 통행량도 많지 않았다. 나날이 푸르름을 더해 가는 초록의 향연을 제대로 만끽했다. 바다 물빛과는 다른 푸르름이었다. 사람의 눈을 가장 편안하게 한다는 그 초록 빛깔이 땡볕 아래를 걷는 종주단에겐 한 줄기 바람 같은 위안이었다.

삼양수산을 끼고 돌자 내리막길이다. 반대편 산 중턱에 오렌지색 지붕이 병풍처럼 펼쳐지는 독일마을이 한눈에 들어왔다. 풍광 좋은 곳은 펜션과 호텔 등 각종 숙박업소가 이미 점령 중이었다. 삼동문화마을 펜션 숲을 끼고 해안가로 내려서자 이날의 종착지인 물건해변의 방조어부림이 나타났다.

환상의 숲이었다. 수령 300년이 넘는 1만여 그루의 나무가 1.5km 넘는 해안을 감싸듯 반월형을 그렸다. 비밀의 숲속을 걷듯 나무덱을 밟는 동안 '와~' 하는 탄성이 절로 터져 나왔다. 시원한 바닷바람이 송골송골 이마에 맺힌 땀방울을 식혀 주었다. 종주의 기쁨인지 환상의 숲과 바람 덕분인지 모를 기쁨이 샘솟았다. '이 맛에 걷는구나'라는 생각이 들었다. 걷는 내내 최 회장이 강조한 남해가 왜 '보물섬'인지도 알 것 같았다. 그렇다. 마음을 힐링하는 데는 더도 덜도 아닌 쪽빛 바다 하나면 충분했다.

제46차 구간을 완주한 S&T 국토대장정 종주단이 물건해변에서 파이팅을 외치고 있다.

course

: 남해지족어촌마을~물건방조어부림 :

가을 마늘·한우 축제
가족과 나들이 '강추'

- **총 거리**   약 12km
- **소요시간**   3시간 20분
- **난이도**   ★★★☆☆
- **코스**   남해 지족어촌체험마을~남해청소년수련원~꽃내활성화체험센터~삼동문화마을~
물건방조어부림

○ **주변 볼거리**　　국토대장정 출발 지점에선 대한민국 명승 제71호인 '남해 지족해협 죽방렴' 구조물을 먼발치에서 볼 수 있지만 남해지족갯마을(055-867-1277)에서 바지락 캐기와 고둥 잡기 등 바다 체험도 가능하다. 천연기념물 제150호인 '물건방조어부림'은 약 300년 전에 마을 사람들이 인공적으로 만든 숲. 강한 바닷바람과 해일 등을 막아 농작물과 마을을 보호하고, 물고기가 살기에 알맞은 환경을 만들어 물고기 떼를 유인하는 어부림 구실을 동시에 하고 있다. 물건방조어부림은 높이 10~15m인 팽나무·푸조나무·참느릅나무·말채나무·상수리나무·느티나무·이팝나무·무환자나무 등의 낙엽 활엽수와 상록수인 후박나무가 주를 이룬다. 물건 해변으로 내려서기 전 산 중턱을 올려다보면 보이는 독일마을과 남해 파독전시관(남해군 삼동면 독일로 89-7·055-860-8611)도 들러볼 만하다. 파독 광부와 간호사들이 기부한 물건이 전시된 파독전시관은 2014년 7월 완공됐다. 한편 남해군은 매년 가을 '보물섬 마늘축제&한우잔치'를 연다. 축제 때 방문하면 남해스포츠파크를 통한 다양한 해양 레포츠 체험도 할 수 있다. 문의 남해군(055-860-3114).

● 금산 복곡탐방지원센터~상주 은모래비치

나에게 묻고 나를 찾는 '구도의 길'

남해 금산에 올라 은모래 가득한 해변과 바다를 하염없이 보았다. 또 산 아래 솔향 풍기는 상주 은모래비치에서는 기암괴석이 우뚝 솟은 금산을 보았다. 그저 올랐고, 내려왔을 뿐인데 보이는 세상은 너무 달랐다. 두 풍경은 어느 곳이 더 낫다고 굳이 비교할 필요가 없다. 지난여름은 너무 뜨거워 국토대장정에 나서는 발걸음을 잠시 붙잡긴 했지만 오래 심술을 부리진 못했다. 그리운 이들은 다시 만났고, 그렇게 같은 길을 걸었다. S&T와 함께하는 국토대장정은 부지런히 우리 강토의 구석구석을 찾을 테다.

금산에서 쌍홍문을 지나 황금빛 가을 들판을 걸어 상주 은모래비치에 도착했다.
한껏 높아진 푸른 하늘이 반긴다.
상주 은모래비치 방조림에서 향긋한 솔향을 만끽하며 긴 상념에 잠긴다.

그리운 것은 저 너머에 있다

경남 남해군 이동면 한려해상국립공원 금산 복곡1주차장에서 대형 버스가 멈췄다. 길이 좁아 더 올라가지 못한다. 제47차 S&T 국토대장정에 나선 460여 명의 참가자가 미니버스에 차례로 올랐다. 버스는 꼬불꼬불 돌아 복곡안내센터가 있는 제2주차장까지 올라간다.

"예전에는 이 길이 비포장이었어. 걸어서 오르기도 했지. 벌써 20년이 훌쩍 넘었네." 흔들리는 차 안에서 중년의 사내들이 추억에 잠긴다. 집채만 한 텐트와 버너, 코펠을 저마다 하나씩 들고 금산으로 오르던 떠꺼머리 행렬을 상상한다. 더러 멋쟁이들은 기타도 둘러멨으리라. 낯설지 않은 그 풍경이 아득하다.

복곡안내센터에서 내려 창원에서 오는 S&T중공업 참가자들을 기다렸다. S&T그룹 최평규 회장도 도착했다. "이렇게 살아 있으니 만나네요. 반가워요." 최 회장이 유머러스하게 활짝 웃으며 만나는 이들의 이름을 일일이 불러 주며 손을 잡았다.

널찍한 숲길을 따라 긴 대열이 이동한다. 20분 정도 걸어 언덕 하나를 넘으니 보리암 경내다. 암자로 바로 내려가지 않고 금산 정상이 있는 오른쪽 길로 간다. 이정표가 있다. 금산 정상 100m다. 그런데 길이 막혔다.

"정상에는 가지 맙시다. 길이 좁아 400여 명이 오르면 안전사고 위험이 있어 생략하기로 했습니다." 지원팀인 이장형 파트장은 단호했다. 살짝 난감했다. S&T모티브 박종길 이사가 지나가며 '그분 기자'라고 이야기해 주었으나 문은 열리지 않았다. 결국 몇 분 뜸을 들인 끝에 "사진 한 장만 찍고 올게요" 하고 양해를 구해 간신히 허락을 받았다.

어렵게 오른 금산 꼭대기. 현존하는 가장 오래된 최남단 봉수대에서 본 풍경은 아득하여 멀리 수평선까지 이어진다. 가야 할 상주 은모래비치도 한눈에 들어온다.

쌍홍문에서 땀을 말리다

금산 꼭대기의 커다란 바위 '문장암'엔 한자로 새긴 각자 "유홍문(由虹門) 상금산(上錦山)"이 있다. 조선 중기 한림학사 주세붕이 쓴 글씨로 '홍문으로 말미암아 금산에 오른다'란 뜻이다. 홍문은 보리암 아래 쌍홍문을 말한다. 주세붕도 반하게 한 홍문을 만나고 싶어 마음이 바빠졌지만, 일단 보리암으로 가야 한다.

커다란 바위에 누군가가 작은 나뭇가지 하나를 받쳐 놓았다. 바위야 천년을 저 모양으로 앉았을 터이지만, 작은 기둥 하나를 슬쩍 끼워 넣은 이의 장난기가 웃음을 불렀다. 바위 주변엔 고마리꽃과 보라색 예쁜 꽃을 피운 누린내풀이 지천이다. 누린내풀은 생김새와 달리 냄새가 고약하여 집 근처에는 심지 않는다고 한다. 그래서 이름도 꽃이 아니고 풀인가? 하지만 금산 정상 누린내풀은 장미보다 더 아름답다. 금산은 예부터 기도 도량. 누군가는 "금산은 자신에게 질문하고 찾는 곳"이라고 표현했다.

내 뜰이 아니어서 누린내풀 꽃이 예뻤을까. 정상 입구로 다시 내려가니 아무도 없다. 급한 마음에 걸음을 재촉했다. 단군성전 갈림길에서 화엄봉은 눈길만 주고 서둘렀더니 다행히 보리암에 사람들이 있다.

화엄봉을 지나 보리암을 배경으로 본 바다는 너무 아름다워 한려해상국립공원의 백미라 불러 주고 싶다. 허왕후가 가져온 돌로 만들었다는 보리암 파사 삼층 석탑은 실은 화강암이어서 전설과는 다르다는 안내판이 있다. 사실과 전설 사이의 틈은 크지만, 탑을 세운 뜻은 변하지 않는다.

돌계단을 터벅터벅 내려오며 제법 땀줄기가 솟는다. 쌍홍문에는 동굴 입구가 낮으니 머리를 조심하라는 안내판이 붙어 있다. 한마디로 쉽게 머리 숙이면 된다. 동굴에서 최 회장 일행이 쉬고 있다. 최근 S&T그룹의 식구가 된 S&T모티브 구본준 부사장과 S&T중공업 권정원 부사장이다. 중공업엔 김진규 부사장도 함께 새 식구가 되었다. 식구가 느는 것은 참 좋은 일이다. 동굴 속은 무척 시원하여 떠나기 싫었다.

벼 익는 마을 지나 은모래해변

더 쉬고 싶었지만 중심 대열이 이미 하산하여 자리를 떴다. 내려오다가 뒤돌아보니 무지개 문이 아니라 영락없는 해골 형상이다. 주세붕이 그토록 금산에 오르고자 했던 이유가 쌍홍문이라는데 그도 해골을 보았을까. 보리암을 창건한 원효 대사는 해골바가지 물로 남해 보리암과 바다로 물결치듯 뻗어 나간 산 그림자를 보며 잠시 걸음을 멈춘다.

득도를 했다는데 금산 보리암이 주는 메시지는 혹 생과 사를 초월한 구도의 길이 아닌지. 올라가기보다 내려오기가 힘든 금산에서 화두를 하나 얻어 상주 은모래비치로 간다.

구간은 짧지만 쌍홍문을 통과하는 금산 하산로는 대단했다. 평소 산을 자주 다니지만 무릎이 살짝 아파 왔다. 상주 은모래비치 우회로로 들어서 작은 언덕 하나를 넘으며 살짝 몸이 지쳐온다. S&T모티브 유기준 사장이 성큼성큼 앞서가며 "아자 아자 힘내세요"라고 격려해 준다. 고개를 드니 황금 들판이 펼쳐진다.

수확을 앞둔 들판을 지나니 마음이 넉넉해진다. 김장 갈이를 하는지 밭 가는 농부의 손길도 분주하다. 상주 은모래비치에 도착했다. 마침 밀물이어서 한껏 기세 좋게 바닷물이 육지로 올라왔다. 모두 모여 금산을 배경으로 단체 사진을 찍는다. 별도의 기념식도 기념사도 없이 S&T그룹 창업 38년을 자축하는 소박한 자리. 멀리 금산이 흐뭇하게

수확을 앞둔 황금 들판을 지나면 마음도 넉넉해진다.

내려다보고 있다.

  아름드리 방풍림이 있는 나무 그늘에서 점심을 먹는다. 최 회장이 "술은 인간이 만든 가장 위대한 발명품의 하나"라며 잔을 치켜든다. 1960~1970년대 창업한 우리나라 기업의 약 10%만 생존해 있는 엄혹한 현실에서 38개 성상을 쌓은 것은 단지 행운만이 아닐 것이다. "근자필성(勤者必成)." 부지런한 손끝에서 성공이 나온다고 최 회장이 말했다. 100년을 푸른 은모래비치의 소나무들이 고개를 끄덕였다.

course

: 금산 복곡탐방지원센터~상주 은모래비치 :

술 익는 남해 독일마을
10월 맥주축제

- **총 거리**   7km
- **소요시간**   3시간
- **난이도**   ★★★★☆
- **코스**   한려해상국립공원 금산 복곡탐방지원센터~금산 정상~보리암~쌍홍문~
  금산탐방지원센터~상주 은모래비치 우회로~상주한려해상체육공원~상주 은모래비치

○ **코스 소개**　금산은 해발 700m가 넘는 높이로 바닷가 산 중에서는 꽤 높은 산이다. 그래서 이번 코스는 산을 오르는 시간을 최대한 줄이고 하산 위주로 잡았다. 하지만 내려오는 길도 만만찮아 체력 안배를 잘 해야 한다. 우선 복곡저수지 위에 있는 금산 제1주차장까지 오른 뒤 미니버스를 이용하는 편이 좋다. 승용차의 경우 제2주차장이 있는 한려해상국립공원 복곡안내센터까지 갈 수 있으나 주차장이 만차일 땐 아래 주차장에서 대기하거나 미니버스(편도 1000원)를 이용해야 한다. 물론 걸어서 오를 수도 있다. 거리는 약 4.2km로 1시간 이상 걸린다. 보리암은 문화재 관람료가 있다. 어른 기준 1인 1000원. 단체 30인 이상은 1인 800원. 고등학생 이하는 무료다. 한려해상국립공원 주차료는 성수기(5~11월) 승용차 기준 5000원. 비수기는 4000원이다. 복곡탐방지원센터에서 보리암까지는 길이 좋으나 금산탐방지원센터로 내려가는 하산로는 돌계단이어서 험하다. 느긋하게 하산해야 안전사고를 예방할 수 있다. 금산탐방지원센터에서 상주 은모래비치 우회로까지는 일반 도로다. 차량 통행은 잦지 않으나 주의할 것. 우회로에 들어서면 한적해진다. 가을로 접어든 시골 풍경을 만끽할 수 있다.

○ **주변 볼거리**　금산 주변에는 일월봉, 제석봉, 상사봉과 단군성전이 있다. 모두 보리암에서 짧게는 10분, 길게는 25분이면 도착할 수 있기에 천천히 둘러보면 된다. 금산탐방지원센터 직전에 있는 왕복 1km 자연관찰로도 좋다. 자연관찰로를 한 바퀴 돌면 꽃대 하나에 여러 개의 꽃이 가지마다 피는 쑥부쟁이와 여름엔 다섯 마디, 가을엔 아홉 마디가 된다고 해서 구절초라는 닮은꼴 꽃을 구분할 수 있는 능력이 생긴다. 돌아오는 길엔 유명한 남해 독일마을에 들러도 좋다. 독일 정통 소시지와 맥주를 맛볼 수 있다. 매년 10월엔 남해 독일마을에서 맥주축제가 열리니 맥주 마니아는 기억해 둘 일이다.

● 울산 선바위~태화강체육공원

연어는 강을 거슬러 오르고, 우리는 물길 따라 걷고

울산 태화강 용금소 인근 산책로를 제48차 S&T 국토대장정 참가자들이 걷고 있다.
푸른 가을 하늘과 맑은 강물이 어우러진 멋진 풍경 끄트머리엔 울산 태화루가 우뚝 솟아 참가자들을 반기며 기다린다.

S&T 국토대장정

태화강(太和江)은 평화로웠다. 해마다 연어가 돌아오는 모천. 마침 북태평양 푸른 바다 수만 킬로미터를 여행하고 어머니의 강으로 돌아오는 연어를 맞이하는 플래카드가 다리마다 내걸렸다. 영험하게 우뚝 솟은 선바위에서 시작한 발걸음은 원시의 형태를 그대로 간직한 강을 따라 드넓은 하구로 향한다. '베리끝' 옛길을 지나니 십리대밭 푸르름이 여전하다. 태화강대공원 곳곳에 피어나는 가을꽃들. 모처럼 화창한 주말. 380여 명의 S&T 가족은 거친 물살을 가르는 연어처럼 힘차게 걸었다.

강물을 거슬러 오르는

한눈에 보기에도 예사롭지 않은 기세를 뿜고 있는 선바위는 과연 태화강의 명물이었다. 작은 보가 물을 가두어 옛 정취는 많이 사라졌겠지만, 시인 묵객이 두루 다녀갔을 법한 절경은 여전했다. 태화강의 자연환경과 생태 자료를 볼 수 있는 태화강생태관은 선바위가 보이는 곳에 자리 잡고 있었다. 이른 아침이라 입장할 수 없었지만, 야외 전시장에 핀 각종 연꽃과 멸종 위기종 가시연을 실물로 본 것만으로도 행운이었다.

48차 S&T 국토대장정은 대도시 울산을 가로지르는 태화강의 진면목을 볼 수 있도록 여정을 잡았다. 태화강은 길이가 47.54km로 울산 울주군 두서면 백운산 탑골샘에서 발원, 울산 남구 매암동에서 동해와 만나는 울산의 젖줄이다. 한때 오염돼 생명이 살기 힘들었으나 1990년대 후반부터 각고의 노력을 들여 지금은 1급수를 유지한다. 연어가 돌아오는 강이니 생태는 두말할 것도 없다.

생태관에서 출발한 긴 행렬이 천천히 선바위교를 건넌다. S&T그룹 최평규 회장이 반소매 차림으로 대열을 지켜보고 섰다. 이른 아침이라 그런지 의외로 날씨가 차가워 다들 잔뜩 웅크리고 있으니 힘내라고 기운을 북돋우는 것이다. 강을 건너 선바위를 멀리서 구경하고 다시 하류로 향한다. 아무래도 쌀쌀하여 겉옷을 꺼내 입었는데 30분쯤 걸으니 몸도 풀리고 아침 햇살까지 퍼지자 한결 나아졌다. 반짝이는 은빛 물결이 이제 그만 겉옷은 벗어도 좋다고 신호한다.

태화강물이 살아난 것과 동시에 지자체가 강변에 산책로와 체육공원은 물론 자전거도로까지 만들어 걷기 좋게 해 놓았다. '울산은 부자 도시여서 태화강에 편의 시설이 많고 공원 관리도 잘되고 있다'는 분석에 고개가 끄덕여졌다. 돈도 돈이겠지만, 강을 살리고자 한 사람들의 의지도 곁들여졌으리라. 그렇게 연어는 이맘때 강을 거슬러 오르고, 우리는 물길을 따라 바다로 걸어가고 있다.

참 고마운 길입니다

이번에는 유독 가족 참가자가 많다. 지난번 남해 보리암에 갔을 때 내리막길이 가팔라

태화강대공원 곳곳에 피어난 가을꽃들 사이로 걷고 있는 참가자들.

고생한 분이 많았다는 소문이 돌았는데, 이번에는 거리는 조금 길지만 도보 여행에 최적화된 길이라 어린이도, 연세 드신 분도 많이 보였다. S&T모티브 사전 답사팀은 전동 스쿠터를 활용해 평소 다른 지역보다 답사를 한결 쉽게 끝냈다는 후문.

베리끝을 지난다. 울산 옛길 답사 동호인들이 태화강 벼랑에 난 옛길과 지명을 찾아냈단다. 절벽엔 덱 길을 만들어 강물 위를 걸을 수 있다. 베리끝을 지나자 신삼호교다. 긴 휴식 시간을 가졌다. 부서 최다 참여자인 S&T모티브 모터사업부 팀은 자축의 자리를 마련했고, 최근 난제를 해결한 S&TC는 모처럼 많은 인원이 참여해 기분 좋게 청명한 가을을 누렸다.

신삼호교를 지나자 가을꽃이 무성하다. 둔치엔 운동장도 여럿 있다. 길도 넉넉해 연인이나 가족이 손을 잡고 걸어도 아무런 문제가 없었다. 엄마가 둘째를 가져 아빠와 둘

이 오붓하게 걷던 네 살 김소율은 다리가 아파 아빠가 해 주는 목말을 탔다. 한껏 키가 커진 아이가 환하게 웃는다. 돌 된 아기를 포대기로 안은 한 아빠는 엄마 손을 잡고 꽃밭에서 가족 기념사진을 찍고, 아내와 함께 온 한 종주단원은 선두 대열을 무단이탈(?)해 행복한 데이트를 즐긴다. 이 모든 것이 길이 평탄하고, 아름답기에 가능한 풍경이다. 참 고맙다.

이번엔 전동스쿠터를 탄 S&T모티브 유기준 사장이 앞질러 간다. 비록 종주단장의 지위는 물려줬지만, 누가 뭐래도 대열을 지킬 책임이 있는 분. 전방의 안전을 애써 확인한 유 사장이 되돌아와 다시 성큼성큼 걷는다.

태화강대공원에 들어서자 십리대밭이 먼저 반긴다. 대숲 나들이의 훼방꾼 모기를 잡는 포집기가 곳곳에 설치돼 쾌적하다. 대숲은 공기 속의 비타민이라는 음이온을 많이 방출하는 곳. 걷는 만큼 건강이 좋아진다니 기분 좋다.

태화루엔 짜장면이 없다

푸른 가을 하늘과 울긋불긋 피어나는 가을 꽃이 어울려 피었는데 어디선가 풍악 소리가 들린다. 가을은 축제의 계절. 관용의 대명사 처용을 기리는 문화제 준비가 한창이다. 십리대밭교를 막 지나 만나는 샛강 다리 위에 사람들이 멈춰 섰다. 바닥이 보이는 투명한 강물에 숭어와 팔뚝만 한 누치가 유유히 노니는 것을 구경하는 참. 사람이 가까이 있는데도 물고기는 도망가지도 않는다. 자연과 인간의 함께 누리는 여유다.

물속이 명주실 한 타래를 풀어도 닿지 않을 만큼 깊어 태화사 용들의 안식처였다는 용금소를 휘돌아 걷는다. 멀리 태화루가 보인다. 646년에 지은 태화루는 임진왜란 때 불탔는데 2014년 울산 시민의 문화적 자긍심을 세우기 위해 복원했다. 울산이 고향인 듯한 분이 재미있는 이야기를 했다. 외지에서 온 친구들에게 태화루에 가자는 이야기를 했더니 "짜장면을 시키면 되는데 왜 가서 먹느냐"고 볼멘소리를 했다는 것. 듣고 있다가 갑자기 웃음이 터졌다.

태화교 아래를 지나 태화강체육공원으로 접어들었다. 동호인들의 축구 경기가 한창이다. 한 중년 선수가 멋지게 드리블을 하더니 기어코 골키퍼까지 제치고 골을 넣었다. "녹화 경기도 아니고, 실시간으로 진행하는 경기에서 골을 볼 수 있는 일은 흔치 않다. 행운이다." 골 장면을 목격한 이의 관전평도 멋졌다. 참 운수 좋은 날이다.

넓은 둔치 곳곳에 점심 자리가 펼쳐졌다. 태화강 십리대숲에 숨은 조롱박 터널과 들국화 평원, 수수밭까지 살살이 돌아보고 오느라 마지막에 도착한 최평규 회장이 왜 이리 힘이 없느냐며 시원한 막걸리를 우동 사발에 가득 부어 모두에게 일일이 돌렸다. "힘들고 어렵다고 주눅 들지 맙시다. 좀 활기차게 합시다. 내일 죽더라도 '꽥' 하는 것이 S&T 도전의 역사"라고 했다. 금세 사기가 오른 이들의 건배 구호 소리가 한 옥타브 올라갔다. 드높은 파란 가을 하늘이 한층 더 높아졌다.

course
: 울산 선바위~태화강체육공원 :

주말 태화강대공원 벼룩시장도 열려요!

- **총 거리**   12.35km
- **소요시간**   3시간 40분
- **난이도**   ★★☆☆☆
- **코스**   울산 태화강생태관~점촌교~구영교~베리끝~신삼호교~태화강둔치~태화강대공원~ 십리대밭교~태화루~태화강 체육공원

○ **코스 소개** 온전히 울산의 젖줄 태화강을 끼고 걷는 '생태누리'다. 태화강 상류인 선바위에서 바다로 이어지는 하류 쪽으로 이동하기 때문에 고저 차이가 거의 없으며 천천히 해발 고도가 낮아지기에 쾌적하게 걸을 수 있다. 유명한 십리대숲이 있는 태화강대공원까지는 원시 태화강의 느낌을 만끽할 수 있다. 때마침 연어가 돌아오는 계절이라 운이 좋으면 모천으로 회귀한 연어의 힘찬 몸짓을 볼 수도 있을 것이다. 구영교에서 신삼호교 사이의 벼랑길은 옛길을 복원한 구간인데 베리끝이란 지명이 있을 만큼 강변 절벽 위로 길이 나 있다. 덱을 설치해 편안하게 걷는다. 태화강대공원은 마침 노란 들국화가 막 피어나고 있다. 가을이 깊을수록 푸른 대숲은 더욱 짙어지고 들국화와 코스모스는 만발할 것이다. 십리대숲은 관리가 잘 돼 미로처럼 얽힌 길도 잘 찾아갈 수 있도록 설계해 놓았다. '대공원'이란 이름에 걸맞게 볼거리가 많다. 주말이면 벼룩시장도 열리니 지갑에 현금을 미리 준비해 가는 것이 좋다. 전체 코스 중 유일한 오르막이 강변 산책로에서 태화루로 오르는 짧은 길이다. 태화루에서 내려다보는 풍경도 멋지다. 자연과 도시가 공존하는 꿈같은 현실을 눈으로 확인할 수 있다. 태화강 체육공원에는 넓은 핑킹과 운동 시설이 있어 늘 사람들이 북적댄다.

○ **주변 볼거리** 태화강생태관은 태화강 곳곳의 자연환경과 태화강을 터전으로 살아가는 동물과 식물의 이야기가 펼쳐진다. 물길을 따라 흐르는 시간 속에서 강과 사람이 만나는 모습을 보여 주는 생태교육장. 매주 토요일엔 '사계절 생태 과학 교실'이 열리고, 태화강에 연어가 돌아오는 가을과 어린 연어를 방류하는 3월엔 '연어 생태 체험 교육'이 마련된다. 관람료 성인 2000원. 관람 시간 오전 9시~오후 6시. 백룡이 살았다는 백룡담 푸른 물속에 우뚝 서 있는 선바위는 멀리서 바라볼 수 있다. 생태관에서 11km 떨어진 곳에는 신라 충신 박제상을 기린 사당 유적지도 있어 둘러볼 만하다.

● 하동 쌍계사~평사리공원

십리벚꽃길과 섬진강100리길의 '가을 유혹'

가을 분위기가 물씬 풍기는 섬진강100리길을 S&T 국토대장정 참가자들이 걸어가고 있다. 섬진강 은모래는 여인의 살갗처럼 부드러웠고, 푸른 녹차밭과 단풍 든 벚나무는 강렬한 가을 풍경을 선사했다.

'퍼 가도 퍼 가도 마르지 않을 섬진강'이 고소성 앞에서 여울을 만나 세차게 제 몸을 흔들어 댄다. 살아 있다. 빨갛게 익은 탐스러운 악양 대봉감이 길손을 유혹한다. 섹시하다. 쌍계사 청학루 맞배지붕을 받치고 1000년을 지나도록 제 모습을 잃지 않은 주춧돌은 새로운 기둥에도 얼굴 한번 찌푸리지 않고 안아 준다. 든든하다. 벚나무 단풍이 꽃잎처럼 휘날리며 깊어가는 가을, 하동 십리벚꽃길과 섬진강100리길을 이어 걸었다.

섬진강에 물고기가 뛰노네

예나 지금이나 섬진강은 물고기가 많은 강이었던 모양이다. 제49차 S&T 국토대장정 시작점인 지리산 쌍계사에 팔영루가 있다. 통일신라 때 스님 진감 선사가 섬진강에서 뛰노는 물고기를 보고 팔음률로 '어산(魚山)'이란 불교 음악을 작곡했는데 그 인연으로 누각 이름을 지었다. 팔영루 굵은 기둥에 기대어 서서 십 리 밖에 유장하게 흐르는 섬진강을 상상한다. 싸늘한 새벽 가을 공기에 오히려 머리가 맑아진다. 지리산이 품은 '한국의 알프스' 경남 하동에서 280여 명의 S&T 가족과 함께 걸었다.

    쌍계사 입구 주차장에서 절까지 올라 대웅전 앞마당에 모로 선 국보 진감 선사 탑비를 구경했다. 국토대장정 참가자들이 다소 높은 곳에 있는 금당과 쌍계사의 중심 대웅전 일대를 은어 떼처럼 누빈다. 일명 '금당'이라 불리는 육조정상탑전은 특이하게 법당 안에 7층 석탑이 들어앉았다. 전각 현판은 명필 추사 김정희 선생의 글씨라고 한다. 콸콸 쏟아지는 감로수 앞에서 가족사진을 찍는 이도 있다.

    한 달 만에 만나는 반가운 분에게는 합장했다. 모두의 바람처럼 우리에게 좋은 일이 더 많이 생겼으면 좋겠다.

    쌍계사를 지나서 본격적으로 십리벚꽃길을 걷는다. 이번에는 유달리 유모차를 타고 온 가족 참가자가 많다. 2인승 유모차를 밀고 가는 아빠의 어깨가 늠름하다. 봄이면 벚꽃이 만발하는 길. 가을엔 단풍 든 벚나무 잎이 흩날린다. 녹차의 고장답게 지나가는 곳곳에 차밭이 있다. 부챗살처럼 둥글게 가꾼 차나무가 탐스럽다. 수십 년에 걸쳐 나무를 다듬어야 가능한 모양이다. 그 수고를 생각하니 거룩하고 아름답다. 차나무든 물건

연인이 손을 잡고 걸으면 사랑이 이루어진다는 쌍계사 십리벚꽃길에 단풍이 한창이다.

이든 명품은 오랜 세월 사람의 정성이 담긴 손길을 통해야 탄생하는 법이다.
　화개중학교를 지나니 화개면 소재지다. 그 유명한 화개장터에 도착했다.

남도대교에서 잔치 한마당

마침 영남과 호남의 화합을 기원하며 만든 남도대교에서 잔치가 벌어졌던 모양이다. 11월 3일 광양과 하동, 구례 사람들이 한데 어울려 신명을 나눴단다. 행사 플래카드가 붙어 있다. 화개장터는 몇 해 전 화마를 극복하고 북적댔다. '올베(올벼)쌀'에 눈길이 갔다. 햅쌀로 만든 딱딱하지 않은 찐쌀이라고 했다. 반 되들이로 팔아 무게 때문에 살 생각은 없었지만, 맛은 보고 싶었다. 사지 않을 것을 뻔히 알면서도 맘씨 좋은 주인은 맛보라며 덥석 한 움큼 올베쌀을 쥐어 주었다. 옛 화개나루터에 도착할 때까지 구수한

오랜 세월 잘 가꾸어진 하동의 명물 녹차밭.

정이 입안에 퍼진다.

 화개천이 섬진강과 만나는 합류 지점에서 정비 작업을 하던 이들이 "저기 물고기가 논다"고 섬진강을 가리켰다. 은빛 비늘이 번뜩 빛났다. 화개천과 만나는 섬진강이다. 하동 화개면과 구례 간전면을 잇는 남도대교는 2003년 개통했다. 교각 아치는 반은 붉고, 반은 파란색이다. 태극을 상징한다고 했다. 그 아래 섬진강은 유유히 바다로 흐르고 있다.

 화개나루터부터는 '섬진강 100리 테마로'. 곳곳에 하동과 섬진강을 상징하는 쉼터가 있다. 처음 만난 곳은 천년녹차쉼터. "지리산과 섬진강이 하동 녹차를 낳았다"는 시 구절을 안내판에 적어 놓았다. 막 피기 시작하는 하얀 녹차꽃에서 달콤한 향기가 났다.

 소설가 박경리 선생이 "축축이 젖은 모래는 여인의 살갗처럼 부드러웠다"고 표현한 섬진강 은모래를 바라볼 수 있는 은모래쉼터를 지나 두꺼비바위쉼터에서 오래 쉰다. S&T모티브 FA팀의 '섬진강 처녀' 서재경 대리가 어머니와 박혜숙 씨와 함께 왔다. 여수에 사는 어머니가 정성스레 준비한 더덕구이와 주꾸미 무침에다가 맛난 여수막걸리를 가져왔다. 체면 차리지 않고 빈 잔을 거푸 내밀고 말았다.

대나무와 흰 모래밭 어우러져
이번 국토대장정엔 S&T 해외 법인장이 모두 참석했다. 마침 법인장 정기 회의 다음 날이라 다들 시간을 낸 모양이다. 폴란드, 중국, 인도, 미국 등지에서 근무하는 분들이다. 한 법인장은 간식을 먹는데 젓가락 담당자가 늦게 도착하자 직접 비닐장갑을 끼고 일일이 사람들 입에 안주를 넣어 주었다. 오래 외국 생활을 했어도 마음 씀씀이는 여전히 한국인이다. 내년이나 내후년에 또 귀국하면 국토대장정에 꼭 참석하겠단다.

 다시 걸음을 재촉한다. 다소 코스가 길어 살짝 지칠 즈음 은모래 섬진강이 속살을 드러낸다. 모래가 많아 '모래가람'이라고도 했다는 섬진강이다. 대나무쉼터와 팽나무쉼터를 지난다. 최 참판댁 가는 갈림길까지 지나자 평사리공원이다. 마침 악양 대봉감 축제가 한창이다. 참가자들은 축제 장터에서 쇠고기국밥을 사 먹었다.

S&T모티브 유기준 사장은 "마침 대봉감축제이고 장터도 열려 평소 준비하던 도시락을 가져오지 않았다"고 말했다. 지역 사람들을 배려한 것이다. 고향이 하동인 종주단원 최현준 파트장은 대봉감 한 상자를 샀다.

생일을 맞은 S&T그룹 최평규 회장에게 직원들이 피로 해소 음료를 선물했다. 특별 제작된 라벨엔 '이 음료는 사랑과 정성을 담은 감성 피로 회복제'라고 쓰여 있었다. 최 회장이 아빠 미소를 지었다. 온몸이 후끈해지는 뜨거운 국밥을 먹는다. S&T중공업 권정원 사장은 그릇을 깨끗하게 비웠다. 맛나기도 했지만 설거지하는 이를 위한 배려였다.

점심 자리가 축제 무대 바로 옆이라 신청하지 않은 음악이 멋대로 흘러나왔다. 노래가 잠시 잦아들자 최 회장은 나직이 가객 정태춘의 '나 살던 고향은' 한 소절을 불렀다. 곽재구 시인의 '유곡나루'라는 시로 만든 노랫말에는 개발 시대 당시 사람들의 아픔이 진하게 배어 있었다.

"그럼 지금 당신의 삶은 어떻습니까?" 섬진강이 물었다.

모래기람이라고 불린 섬진강의 모래밭이 광활하다.

course

: 하동 쌍계사~평사리공원 :

최 참판댁·불일폭포
주변에 명소도 즐비

○ **총 거리**   16.9km
○ **소요시간** 4시간 36분
○ **난이도**   ★★☆☆☆
○ **코스**   하동 쌍계사~쌍계사 주차장~정금교~화개중학교~화개장터~남도대교~
           두꺼비바위쉼터~대나무쉼터~팽나무쉼터~평사리공원

○ **코스 소개**   하동 쌍계사에서 시작하여 평사리공원까지 이어지는 이번 코스는 벚나무 단풍길과 섬진강 길이 어우러진 곳이다. 쌍계사는 일반인 차량이 출입할 수 없으므로 절 아래 주차장에서 걷기 시작한다. 신라 성덕왕 21년 삼법 스님 등이 선종의 육대조인 혜능 선사의 머리를 모시고 와 안치한 쌍계사의 금당과 대웅전을 두루 둘러본 뒤 본격적으로 십리벚꽃길을 걷는다. 매년 4월이면 십리에 걸쳐 화사한 벚꽃이 피어 쌍계사부터 화개장터까지가 십리벚꽃길인데 사랑하는 청춘 남녀가 두 손을 꼭 잡고 걸으면 백년해로한다 해서 '혼례길'이라고도 한다. 내년 봄을 기다릴 연인이 많겠다. 화개장터를 지나 옛 화개나루터로 내려서면 이내 남도대교다. 영호남 화합을 위해 만든 다리로 마침 2017년 11월 3일엔 광양, 하동, 구례 등 3개 자치 단체가 다리 위에서 '영호남 화합 행사'를 진행하기도 했다. 화개나루터부터 평사리공원까지는 섬진강 100리 테마로드다. 두꺼비바위와 마주 보고 있는 녹차연구소까지는 야생차 존, 녹차연구소에서 평사리공원까지는 문학 존으로 명명돼 있다. 녹차밭과, 대나무밭, 팽나무와 은모래 섬진강을 맘껏 구경할 수 있다. 전체적으로 코스는 다소 길지만, 은모래, 두꺼비바위, 대나무, 팽나무 쉼터에서 느긋하게 쉬면서 여유롭게 걸으면 대봉감처럼 잘 익어 가는 섬진강의 가을을 만끽할 수 있다.

○ **주변 볼거리**   평사리에는 최 참판댁이 있다. 소설가 박경리 선생의 토지에 등장하는 최 참판댁을 재현한 이 마을은 전형적인 농촌 풍경과 초가집, 기와집 등 전통 가옥이 즐비한 옛 마을이다. 최 참판댁 대청마루에 서면 평사리 넓은 들판이 한눈에 보인다. 쌍계사에서 산길로 2.4km 올라가면 볼 수 있는 불일폭포는 해발 720m에 위치한 거폭이다. 상단과 하단으로 이루어진 장쾌한 풍광이 일품이다. 민족의 성조인 환인과 환웅, 단군을 모신 청학동 삼성궁은 고조선 시대 소도를 복원한 곳으로 한 번쯤 들러볼 만하다.

하늘, 바람, 길 그리고 사람들
S&T 국토대장정

3쇄 발행　2025년 4월 25일
1쇄 발행　2018년 2월 15일

지은이　이재희

펴낸이　홍석근
편집　김동관, 정미영
디자인　랄랄라디자인

펴낸곳　도서출판 평사리 Common Life Books
주소　경기도 고양시 덕양구 중앙로58번길 16-16, 705호
전화　02-706-1970　팩스 02-706-1971
전자우편　commonlifebooks@gmail.com

ISBN 979-11-6023-232-5 (03980)

책에 나오는 소속과 직책은 대장정 기간 동안 당시를 기준으로 하였습니다.
잘못된 책은 바꾸어 드립니다.
책값은 뒤표지에 있습니다.